孙子思想精义

兵行詭道

邱复兴

著

上海古籍出版社

图书在版编目(CIP)数据

兵行诡道 ：孙子思想精义 / 邱复兴著. -- 上海 ：
上海古籍出版社，2025. 5. -- ISBN 978-7-5732-1526-0

Ⅰ. E892. 25

中国国家版本馆CIP数据核字第20257TW957号

兵行诡道——孙子思想精义

邱复兴　著

上海古籍出版社出版发行

（上海市闵行区号景路 159 弄 1-5 号 A 座 5F　邮政编码 201101）

（1）网址：www. guji. com. cn

（2）E-mail：guji1 @ guji. com. cn

（3）易文网网址：www. ewen. co

浙江临安曙光印刷有限公司印刷

开本 890×1240　1/32　印张 9.75　插页 2　字数 219,000

2025 年 5 月第 1 版　2025 年 5 月第 1 次印刷

ISBN 978-7-5732-1526-0

E·24　定价：58.00 元

如有质量问题，请与承印公司联系

目 录

引 言

　　孙子所处的春秋末期，是我国历史上大动荡、大变革的时代。奴隶制走过了它的鼎盛阶段，已经变成了垂死的社会形态。新兴地主阶级顺应历史发展趋势，利用各种手段与奴隶主阶级展开了夺权与反夺权的斗争，竭力确立本阶段的统治地位。由于现实阶段斗争的推动，孙子摆脱了"辟隐幽居"的生活，经伍子胥推荐，担当吴国将帅，同伍子胥一起辅佐吴王阖闾治理国政，整顿军备，为吴国的致强图霸，为中华民族的军事科学理论的创建，作出了卓越的贡献。

　　孙子十分重视战争，他在兵法十三篇的首篇，开宗明义，首言"兵者，国之大事，死生之地，存亡之道，不可不察"（《计篇》）。承认并提出要人们注意战争这一现象。在这里，孙子虽未能提出"战争是政治的继续""战争是流血的政治""战争是政治通过另一种手段的继续"如此科学的理论命题，但他重视战争，充分认识、肯定战争的地位和作用，把战争看成有关国家生死存亡的政治大事，是难能可贵的。

　　孙子重视战争，但又反对滥用战争。他在《火攻篇》中明确指出："怒可以复喜，愠可以复悦，亡国不可以复存，死者不可以复生。"因此，他主张对战争要慎重对待，"非利不动，非得不用，非危不战。主不可以怒而兴师，将不可以愠而致战，合于利而动，不合于利而止"。要"明君慎之，良将警之"，称此为"安国全军之道"。

孙子之后，著名的军事家吴起也曾指出："恃众好勇，以丧其社稷。"（《吴子·图国第一》）孙膑认为，战争的胜败关系到国家的存亡，战胜了就可以挽救国家的危亡，而使世代延续下去；战败了，就要削地而危社稷。他告诫说，切不可"乐兵""利胜"。"乐兵者亡，而利胜者辱。"（《孙膑兵法·见威王》）轻率用兵就要败亡，一味贪图胜利就会招致耻辱。吴起、孙膑的思想，与孙子的思想是一致的。他们对待战争都持非常慎重的态度。

孙子深知，民心的向背、国力的强弱是决定战争胜负的首要因素。他说："修道而保法，故能为胜败之政。"（《形篇》）汉简《吴问》充分体现了孙子的这一治国强兵思想。吴王向孙子询问，当今晋国的六将军，分而各守晋国的一部分土地，其中谁家先灭亡？谁家可以固守成功？孙子对六卿一一做了分析，最后做出判断，晋国的政权可能最后要落到赵氏手中。他的根据就是，比较起来，赵氏的亩制最大，而所收田赋又最轻，为政者不骄奢，在下者有温饱，再加上不穷兵黩武，因此能得到民众较多的支持，能够取胜其他诸卿，建立一个巩固的封建国家。孙子所说六卿兴亡的先后顺序，与后来历史发展的结果基本符合。

除发展生产，增强国力外，孙子还非常重视建立一支"其疾如风，其徐如林，侵掠如火，不动如山，难知如阴，动如雷震"（《军争篇》）的强大地主阶级武装力量，用战争手段"掠乡分众，廓地分利"，图强争霸，发展、巩固本阶级的经济和政治势力。他主张军队建设不仅要"修道"——修明政治，"令民与上同意也"（《计篇》），而且要"保法"。他说："法者，曲制、官道、主用也。"（《计篇》）他所讲的"法"，指的是军队编制、军需供给、军费使用制度以及各级将吏的职责区分和规定。"保法"就是确保这些规章制度的贯彻执行。

在"保法"方面，孙子不采取强制推行的办法，他很讲究执法的艺术，他说："卒未亲附而罚之，则不服，不服则难用也。卒已亲附而罚不行，则不可用也。"（《行军篇》）"厚而不能使，爱而不能令，乱而不能治，譬若骄子，不可用也。"（《地形篇》）在孙子看来，取得士兵拥护是将帅执行军纪的前提，未亲附而罚之，效果不好；已亲附而不罚之，是娇生惯养，是将之过。

为此，他提出对士兵要"令之以文，齐之以武"（《行军篇》）——用"文"的怀柔手段去管理他们，用"武"的军纪军法使他们整齐一致，使之养成服从的习惯。他认为要使士卒勇敢作战，就要改善管教方法，注意爱护士卒。他说："视卒如婴儿，故可与之赴深溪；视卒如爱子，故可与之俱死。"（《地形篇》）对于作战勇敢，杀敌立功者，他主张物质奖赏："取敌之利者，货也。故车战，得车十乘已上，赏其先得者。"（《作战篇》）他反对虐待降卒，主张"卒善而养之"，以瓦解敌军壮大自己。

对于战争的胜利，孙子有一个千百年来为兵学家们所重视和尊崇的观点，这就是通过"伐谋""伐交"而达到"不战而屈人之兵"的目的。孙子在《谋攻篇》中说："故上兵伐谋，其次伐交，其次伐兵，其下攻城。""凡用兵之法，全国为上，破国次之；全军为上，破军次之；全旅为上，破旅次之；全卒为上，破卒次之；全伍为上，破伍次之。是故百战百胜，非善之善者也；不战而屈人之兵，善之善者也。""故善用兵者，屈人之兵而非战也；拔人之城而非攻也；毁人之国而非久也。必以全争于天下，故兵不顿而利可全，此谋攻之法也。"在孙子看来，进行战争要打谋略仗，要打外交仗，能做到"不战而屈人之兵"，才谓指挥有方。他认为，在战场上同敌人死打硬拼，是无其他良方的表现，进行旷日持久的城寨战，是迫不得已而为之。依照优劣顺序，他把"伐谋"放在第一位，把"伐交"放在第二位，把"伐兵"放在第三位，把"攻城"摆在第四位。下如此明确的定论，并不是孙子偶然的论述，我们从《孙子》十三篇中不难看出，这是他一贯的战略思想，也是他谋略思想之精髓。

但是，我们必须意识到，孙子并不仅仅期求于"不战而屈人之兵"，当"伐谋""伐交"不能实现战略目标时，他就明确主张采取"伐兵"手段，用战争对付对手。

在战场上如何才能克敌制胜呢？对此，孙子有一系列的真知灼见。

"夫未战而庙算胜者，得算多也"，孙子是战争胜负的预知主义者。他认为胜负可以预见，可以预先推断出来，并且认为"先知"是战争取胜的基本条件。他说："故明君贤将，所以动而胜人，成功出于众者，先知也。"如何先知呢？孙子说："先知者不可取于鬼神，不可象于事，不可验于度，必取于人，知敌之情者也。"（《用间篇》）"夫未战而庙算胜者，得算多也；未战而庙算不胜者，得算少也。多算胜，少算不胜，而况于无算乎！吾以此观之，胜负见矣。"（《计篇》）所谓"庙算"，就是战前召开最高军事会议，分析比较敌我双方政治、经济、军事、外交、士气、人的能动性等有关战争诸因素的优劣条件，判明谁胜谁负，预知我方确有取胜把握，再下作战决心，再进行战争。

"胜兵先胜而后求战"，孙子特别重视发挥主观能动性在战争中的积极作用。他认为敌我双方这一对矛盾，矛盾的主导方面是我而不是敌。"故善战者，能为不可胜，不能使敌必可胜。""不可胜在己，可胜在敌。"他指出，昔日善于指挥作战的将帅，都是"先为不可胜，以待敌之可胜"，历来都是"胜兵先胜而后求战，败兵先战而后求胜"。"不忒者，其所措必胜，胜已败者也。"（《形篇》）孙子的这些论述，充分反映了他的朴素唯物主义的观点和积极的奋斗精神。

先敌占领战略要地。《孙子》十三篇，有四篇：《九变篇》《行军篇》《地形篇》和《九地篇》，专讲地理与军事的关系，其他篇章也有涉及地理问题的地方。我们从这些篇章的论述中可以看出，"衢地合交"——先敌占领战略要地，是孙子重要的战略思想。孙子对于这一战略思想有如下的表述："诸侯之地三属，先至而得天下之众者，为衢地。""衢地则合交。""四达者，衢地也。""衢地，吾将固其结。"（《九地篇》）在孙子看来，衢地是最重要的战略要地，先敌占领战略要地，就可以得到天下之利。春秋时期，诸侯林立，各霸一方，有时一个国家与数个国家交错毗连，对某一国家作战往往直接影响到别的国家，或者需要借助别的国家。所以，在战前应该运用外交手段和经济手段，把处于这种战略要地的国家，争取纳入自己盟国之内，使某些本不是本国领土的战略要地，在未战之前已掌握在自己手中，使自身进出自由，使用方便，占尽地利。

"致人而不致于人"。孙子深刻体察到"致人而不致于人"是交战双方力争主动、力避被动，夺取胜利的关键。为此他在《势篇》《虚实篇》中就如何"致人而不致于人"的问题，作了精辟的论述。他在《势篇》中说："故善动敌者，形之，敌必从之；予之，敌必取之。以利动之，以卒待之。"他在《虚实篇》中说："能使敌人自至者，利之也；能使敌人不得至者，害之也。故敌佚能劳之，饱能饥之，安能动之。出其所不趋，趋其所不意。""故我欲战，敌虽高垒深沟，不得不与我战者，攻其所必救也；我不欲战，画地而守之，敌不得与我战者，乖其所之也。"孙子的这种处处调动敌人而不被敌人所调动，始终掌握战场主动权、部队行动自由权的著名论述，为历代军事家所重视，被无数战争所证实，是行之有效的真理。

"杂于利害"。孙子在《作战篇》中指出："故不尽知用兵之害者，则不能尽知用兵之利也。"又在《九变篇》中说："智者之虑，必杂于利害。杂于利而务可信也；杂于害而患可解也。"孙子朴素地看到了事物发展过程中存在着相反相成的两个方面，用兵作战也是如此。他认为，用兵有利有害，利害相杂，利害相连；不尽知用兵之害，也就不懂得用兵之利，当然也不能收其利。因此，智者之虑，必须杂于利害，既要看到利的方面，也要看到害的方面。看到利的方面，才能增强信心，趋利避害；看到害的方面，才能防害避害，变害为利，而收其利。利与害是相反的，是对立的两极，在一定的条件下，利害相连，利与害相互转化。孙子杂于利害的名言，不仅适用于指导战争，也适用于指导其他事业；不仅适用于古代，也适用于今天。它和片面的、形而上学的思想方法是对立的。"杂于利害"，可以说是孙子思想方法的总原则。他的战略、战术指导原则，都是对"杂于利害"进行思考而得出来的结论。趋利避害，转害为利，是他的思想方法的精华。

"择人任势"。孙子说："故善战者，求之于势，不责于人，故能择人而任势。"(《势篇》)所谓"势"，就是态势，是一种必然的趋势。"任势"，即选用有才能的人，根据客观必然性去发挥主观能动性，去争取战争的胜利。孙子指出，择人任势取胜甚易。他形容道："任势者，其战人也，如转木石。""故善战人之势，如转圆石于千仞之山者，势也。"（《势篇》）"胜者之战民也，若决积水于千仞之溪者，形也。"（《形篇》）"激水之疾，至于漂石者，势也；鸷鸟之疾，至于毁折者，节也。是故善战者，其势险，其节短。势如彍弩，节如发机。"（《势篇》）

"择人任势"是孙子作战思想的精华。我们知道，军事家不能超过物质条件许可的范围而企图战争的胜利，然而，军事家可以而且必须在物质条件许可的范围内争取战争的胜利。军事家活动的舞台建筑在客观物质条件的上面。然而，军事家凭着这个舞台，却可以导演出许多有声有色、威武雄壮的活剧来。

"知彼知己"。孙子说："知彼知己者，百战不殆；不知彼而知己，一胜一负；不知彼，不知己，每战必殆。"（《谋攻篇》）"知吾卒之可以击，而不知敌之不可击，胜之半也；知敌之可击，而不知吾卒之不可以击，胜之半也；知敌之可击，知吾卒之可以击，而不知地形之不可以战，胜之半也。""知彼知己，胜乃不殆；知天知地，胜乃不穷。"（《地形篇》）

知彼、知己、知天、知地，并非易事。战场瞬息万变，敌我双方相互引诱欺骗，情况很难掌握。这就要求军事家必须进行唯物辩证的思考，通过现象看本质，上下求索。孙子为了知彼知己，除前面提到的熟知深究"五事""七计"外，他还特别注意"用间"，主张不要吝惜"爵禄百金"，以取得敌军情报。他说："昔殷之兴也，伊挚在夏；周之兴也，吕牙在殷。故惟明君贤将能以上智为间者，必成大功。此兵之要，三军之所恃而动也。"（《用间篇》）

在战场上，孙子十分重视"相敌"。他要求在进军、接敌、对峙、交战等战争全过程中，都要注意观察各种征候，区别真象、假象，正确查明和判断敌情。他并举出"敌近而静者，恃其险也；远而挑战者，欲人之进也"（《行军篇》）等三十二个假象掩盖真实意图的实例，告诫人们不要被假象所迷惑。为了验证判断是否正确，他还要求："故策之而知得失之计，作之而知动静之理，形之而知死生之地，角之而知有余不足之处。"（《虚实篇》）

从上述表述看，孙子的敌情判断，虽然是古老而简单的，但是他所揭示的"知彼知己，百战不殆"的战争指导规律，却给人类的思想智慧之库，增添了无价之宝。这一名言，不仅适用于指导战争，也适用于其他行业。

"出奇制胜"。这是孙子作战思想的主体，为达此目的，他突出强调了以下几个问题。

在进攻行动上，孙子强调突然性，要求"攻其无备，出其不意"（《计篇》）。"出其所不趋，趋其所不意。"（《虚实篇》）"兵之情主速，乘人之不及，由不虞之道，攻其所不戒也。"（《九地篇》）他称："此兵家之胜，不可先传也。"（《计篇》）

在捕捉战机上，孙子强调"避其锐气，击其惰归"，"以治待乱，以静待哗"，"以近待远，以佚待劳，以饱待饥"（《军争篇》）。

在选择作战对象上，孙子强调"避实而击虚"，"进而不可御者，冲其虚也"（《虚实篇》）。"利而诱之，乱而取之，实而备之，强而避之，怒而挠之，卑而骄之，佚而劳之，亲而离之。"（《计篇》）"无邀正正之旗，勿击堂堂之陈。"（《军争篇》）

在战术运用上，孙子强调灵活变换。"兵者，诡道也。故能而示之不能，用而示之不用，近而示之远，远而示之近。"（《计篇》）"故形兵之极，至于无形；无形，则深间不能窥，智者不能谋。"（《虚实篇》）"善动敌者，形之，敌必从之；予之，敌必取之。以利动之，以卒待之。"（《势篇》）"善守者，藏于九地之下；善攻

者，动于九天之上，故能自保而全胜也。"（《形篇》）

在战法运用上，孙子强调，"以正合，以奇胜"。他认为，"战势不过奇正"，作战是以正兵对敌，以奇兵取胜，"三军之众，可使必受敌而无败者，奇正是也。""奇正之变，不可胜穷也。奇正相生，如循环之无端，孰能穷之？"（《势篇》）他指出，善于出奇制胜的人，他的战法就像天地那样变化无穷，就像江河那样奔流不息。

"出奇制胜"是孙子谋略的重要特色，是摧毁敌人有生力量，克敌制胜的法宝。它对中国人民的政治、经济、思想、文化生活，产生了极其深远的影响，不管是边远山区的学究，还是繁华都市的稚童，无不受其影响、熏陶。

"以众击寡"。孙子不赞成在敌我力量相当的情况下作战，更不赞成"以少合众，以弱击强"（《地形篇》）。他主张像以镒称铢那样在力量上处于绝对优势时去打击像以铢称镒那样在力量上处于绝对劣势的敌人。

兵众、兵寡本是既定之局，何以变敌众为寡、我寡为众？孙子说："故形人而我无形，则我专而敌分；我专为一，敌分为十，是以十攻其一也，则我众而敌寡；能以众击寡者，则吾之所与战者约矣。"（《虚实篇》）这是说，只要善于调动敌人，在具体的局部战役和战斗上，也可以并且必须造成我众敌寡的态势。孙子还指出，很好地保密作战地点，完全可以把集中的敌人分散开去。他说："吾所与战之地不可知。不可知，则敌所备者多；敌所备者多，则吾所与战者寡矣。故备前则后寡，备后则前寡，备左则右寡，备右则左寡，无所不备，则无所不寡。"他的结论是："寡者，备人者也；众者，使人备己者也。""不知战地，不知战日，则左不能救右，右不能救左，前不能救后，后不能救前。""故知战之

地，知战之日，则可千里而会战。"（《虚实篇》）

孙子的集中兵力、以众击寡的作战思想，在现实生活中得到了广泛应用。无论是统率千军万马的将军，还是领导三五个人的班组长，都会运用集中力量打歼灭战的战术原则。一个人在同一时间内有几件工作要做，也是集中精力先做完一件，再做其他。由此可见孙子思想影响之一斑。

有备无患。孙子从军队职能的本质属性出发，提出了居安思危、有备无患的积极备战思想。他在《九变篇》中明确指出："故用兵之法，无恃其不来，恃吾有以待也；无恃其不攻，恃吾有所不可攻也。"在孙子看来，国家、军队都不能麻痹大意，不能把希望寄托在敌人不来侵犯上，而要依靠自己，随时严阵以待，有充分的作战准备；不要总是幻想敌人不会来进攻，而要依靠自己的无懈可击，有敌人无法攻破的充足力量。不准备应付突然战争而祈求和平是危险的。对于敌人，只能用准备好的实力去对付。孙子以备防战、以备应战的思想是积极稳妥的。它不仅适用于战争，也适用于其他领域。

孙子的军事思想博大精深，军事哲理言简意赅。他在军事理论方面的建树极其广泛，分布在诸如军事指挥学、军事地理学、军事后勤学、军事心理学、军事运筹学等各个分支学科。他所阐述的思想观点，是古朴的、原始的，《孙子兵法》作为两千多年前的一部系统研究军事理论的专著，是极其珍贵的。他的许多观点和见解，对我们仍有现实的指导意义或借鉴作用，尤其是作战指导方面的一些精辟论述，更是军事思想宝库中最有价值的瑰宝。

然而，由于阶级和时代的局限，孙子的军事理论中也不可避免地存在一些糟粕和消极的东西。他对战争性质忽略探究，未能区分战争的正义性和非正义性。他称将帅是"国之辅"，认为"辅周则国必强，辅隙则国必弱"（《谋攻篇》）。他还说将帅是"生民之司命，国家安危之主也"（《作战篇》）。这些实在是过分地强调了将帅的作用。他看不到人民群众在战争中所起的决定作用，体察不到战争的伟力深藏在民众之中。这是他英雄创造历史的唯心史观倾向的表现。他把士卒看作"群羊"，宣称可以任意驱使，"若驱群羊，驱而往，驱而来，莫知所之"。他说"将军之事"，"能愚士卒之耳目，使之无知"（《九地篇》），这虽有以防军情外泄之意，但更明显地是主张愚兵政策。他在作战指导上，还提出"归师勿遏""穷寇勿迫"（《军争篇》）等欠妥当的观点，表现了某些消极保守的思想成分。他关于军队"侵掠如火""掠乡分众"（《军争篇》），"重地则掠""掠于饶野"（《九地篇》）等观点，在当时虽有积极作用，但也暴露出剥削阶级军队的本性。

尽管如此，《孙子兵法》仍不失为我国古代最有价值的著名军事典籍，仍不失为历史给我们留下来的一份宝贵遗产，它那熠熠生辉的思想光华，将永葆青春。

总 论

第一讲
孙子的战争观

春秋末期吴国僻处东南隅，阖闾不满足现状，想要有所作为，使国势强盛起来。他向孙子征询治国兴邦、图强称霸之道。孙子呈上他的兵法十三篇，并在《吴问》中，通过分析当时晋国各个政治集团的兴亡，阐述进行统一战争、变革社会的理论主张和卓越见解。

一、"兵者，国之大事"

《孙子兵法》开宗明义就说："兵者，国之大事，死生之地，存亡之道，不可不察也。"（《计篇》）孙子在这里把战争看成是关系着国家生死存亡的政治大事是显而易见的。我们从他探索预知战争胜负的论述中，更能清楚地看出这一点。

他说，预知战争胜负必须考查分析"五事"和"七计"。所谓"五事"，即："一曰道，二曰天，三曰地，四曰将，五曰法。"（《计篇》）他所指的"道"，是指"令民与上同意也"。这就是说统治者的意志和人民的意志相一致，做到政治上上下一心，"可以与之死，可以与之生，而不畏危"地去战胜敌人。他所指的

"天"，不是指天命、天意，而是指战时的天候、气象、四季寒暑对战争的影响。他所指的"地"，是指地形、道路对战争是否有利。他所指的"将"，是为将者应具备的品德修养和指挥才能。他所指的"法"，是指影响部队战斗力的组织、制度、法规。总之，"五事"中的"道""将""法"，是与政治有直接关系的。而所谓"七计"，是指哪一方的国君比较贤明，哪一方的将帅比较有才能，哪一方占据比较有利的天时地利条件，哪一方的法令能切实贯彻实行，哪一方的军队最强盛，哪一方的士卒训练有素，哪一方的赏罚严明等，其中第一、第二、第三、第四、第五、第七条都是与政治有直接关系的。他在《谋攻篇》中说："凡用兵之法"，"上兵伐谋，其次伐交，其次伐兵，其下攻城"。"上兵伐谋，其次伐交"，是战争之前或战争之中的政治活动。这些思想是在他把军事行动比较有系统地纳入政治范畴后才会产生的。总之，孙子非常深刻地理解到：政治是否清明，制度是否良好，乃是战争胜败的关键。

孙子视战争为国家的政治大事，关系着国家政权的存亡得失。因此，在对待战争的态度上，他是非常慎重、非常认真、非常严肃的。他主张建立一支"其疾如风，其徐如林，侵掠如火，不动如山，难知如阴，动如雷震"的强大武装力量，用战争手段"掠乡分众，廓地分利"（《军争篇》），图强争霸，发展、巩固本阶级的经济和政治势力。但他又极端反对打鲁莽仗。因为进行一场战争，动员轻车、重车各千辆，甲士十万，千里转输，补充武器等费用，每天要开支千金。战事结束，"百姓之费，十去其七"，"公家之费"，"十去其六"（《作战篇》）。长时间发生一次战争尚且如此，频繁进行战争，其后果可想而知。为此，他提出"兵贵胜，不贵久"，主张打"役不再籍，粮不三载"（《作战篇》）的速决战，强调"主不可以怒而兴师，将不可以愠而致战"，一定要做到"合于利而动，不合于利而止"，孙子把这看作是"安国全军之道"（《火攻篇》）。在当时特定的历史条件下，这种战争观念无疑是正确的，不失为地主阶级克敌制胜的战争主张。《吴问》中孙子反对"冀功数战"，不过是上述战争观的再现。

二、"厚爱其民"得天下

银雀山出土的汉墓竹简《吴问》是十三篇以外的佚文，它是反映孙子"厚爱其民"得天下的战争观的重要文献，很值得重视。原文如下：

> 吴王问孙子曰："六将军分守晋国之地，孰先亡？孰固成？"孙子曰："范、中行是（氏）先亡。""孰为之次？""智是（氏）为次。""孰为之次？""韩、巍（魏）为次。赵毋失其故法，晋国归焉。"吴王曰："其说可得闻乎？"孙子曰："可。范、中行是（氏）制田，以八十步为婉（畹），以百六十步为畛，而伍税之。其□田陕（狭），置士多，伍税之，公家富。公家富，置士多，主乔（骄）臣奢，冀功数战，故曰先〔亡〕。……公家富。置士多，主乔（骄）臣奢，冀功数战，故为范、中行是（氏）次。韩、巍（魏）制田，以百步为婉（畹），以二百步为畛，而伍税〔之〕。其□田陕（狭），其置士多，伍税之，公家富。公家富，置士多，主乔（骄）臣奢，冀功数战，故为智是（氏）次。赵是（氏）制田，以百廿步为婉（畹），以二百婉步为畛，公无税焉。公家贫，其置士少，主金臣收，以御富民，故曰固国。晋国归

焉。"吴王曰："善。王者之道，□□厚爱其民者也。"

《吴问》的意思是这样的：

吴王阖闾问孙武说："当今晋国的六将军，分而各守晋国的一部分土地，其中谁家先灭亡？谁家可以固守成功？"孙武说："范氏、中行氏先灭亡。智氏其次灭亡。韩氏、魏氏灭亡再次之。赵氏固成。"吴王说："何以见得？"孙武说："范氏、中行氏制定的田亩小，士官多，征税重。国富民贫，君骄臣奢，为立战功，经常发动战争。所以这两家先灭亡。智氏制定的田亩面积，比范、中行氏稍大些，所以在范氏、中行氏灭亡之后，其次就是智氏。韩氏、魏氏制定的田亩面积，比范氏、中行氏更大些，所以在智氏灭亡以后，其次是韩氏、魏氏了。赵氏制定的田亩面积最大，仍然照原先的数量征收田税。公家就相对地'贫'，设立的士官又比较少些，君俭臣收，以对待富民。所以我说，赵氏能够建立一个巩固的国家。晋国就归向他家了。"

孙子认为范、中行氏田亩制最小而先亡，赵氏田亩制最大而固成。这是必然的。

春秋战国时期，地主阶级的国家让每个农民耕种的土地数量有一定的标准，大都是一夫"治田百亩"。晋国六卿统治的农民名义上都耕种同一亩数的土地，但由于亩制大小的差异，实际数量就大大不同了。范、中行氏以一百六十平方步为一亩，亩制最小，所以一家农民实耕土地量也就最少。赵氏的措施，明显是鼓励地主多占田，农民多种地。在当时，这是得民心的。

分析战争胜败，孙子从来是把土地耕种面积和它提供的粮食生产量跟兵力数额作为一个整体来考虑的。他说：

　　一曰度，二曰量，三曰数，四曰称，五曰胜；地生度，

度生量，量生数，数生称，称生胜。(《形篇》)

这是说，土地产生耕种面积大小，耕地面积大小产生粮食的多少，粮食的多少产生动员和供给兵士的众寡，兵士的众寡产生军事力量的强弱之分，双方力量强弱的"称"的不同，就构成胜败的物质基础。孙子深知"农"与"战"的关系，"军无辎重则亡，无粮食则亡，无委积则亡"(《军争篇》)。认识到征调的兵力超过了农业经济力能够承担的限度，就无法保障军需。同时，由于大批生产者离开土地，也要妨碍农业生产。范、中行氏亩制小而兵额多，农业经济负担过重，"农"与"战"不如韩、魏、赵协调，必定最早灭亡。

赵氏实行大亩制，征调的兵力与耕地提供的农业物资比较适应，保障了军队战时拥有坚实的经济基础作后盾。尤为重要的，赵氏土地制度的改革比较深刻，又免除农业税，比其他五卿在更大程度上满足了新兴地主阶级各阶层的需求，客观上符合了农民阶级和其他劳动者的愿望。"令民与上同意也"(《计篇》)，"上下同欲者胜"(《谋攻篇》)。民心的向背是决定战争胜负的首要因素。赵氏利用较彻底的亩制改革和税制改革取得了本阶级各阶层和农民阶级及其他劳动者的支持和同情，调动了他们参加战争的积极性，提高了战斗力，给赵氏夺取战争的胜利奠定了基础。

孙子所说的晋六卿兴亡的先后情况，基本符合后来历史发展的结果。

三、"兵贵胜，不贵久"

孙子对战争，主张速决，反对持久。他认为"兵贵胜，不贵久"(《作战篇》)。与这种思想观念相一致，孙子还反对攻城战，认为"攻城则力屈"(《作战篇》)，甚至把攻城战当作是一种万不得已的"下策"。

为什么主张速决战，反对持久战，反对城寨战？孙子说："凡用兵之法，驰车千驷，革车千乘，带甲十万，千里馈粮，则内外之费，宾客之用，胶漆之材，车甲之奉，日费千金，然后十万之师举矣。其用战也胜，久则钝兵挫锐，攻城则力屈，久暴师则国用不足。夫钝兵挫锐，屈力殚货，则诸侯乘其弊而起，虽有智者，不能善其后矣。故兵闻拙速，未睹巧之久也。夫兵久而国利者，未之有也。"(《作战篇》)"故善用兵者，屈人之兵而非战也，拔人之城而非攻也，毁人之国而非久也，必以全争于天下，故兵不顿而利可全，此谋攻之法也。""故上兵伐谋，其次伐交，其次伐兵，其下攻城。攻城之法为不得已。修橹轒辒，具器械，三月而后成，距闉又三月而后已。将不胜其忿而蚁附之，杀士三分之一，而城不拔者，此攻之灾也。"(《谋攻篇》)

这些论述，都是春秋末年社会经济状况的反映。当时，虽然社会生产力已经有了很大发展，但毕竟还是封建制刚刚兴起的初期，生产力还是相当落后的。同时，在当时新旧两种社会制度交替时期，一方面有新兴地主阶级反对旧的奴隶主贵族的战争；另一方面奴隶主统治集团内部争权夺利的斗争也相当激烈和频繁。这些也都会消耗大量人力物力，因此，当时各国的经济力量都不可能支持旷日持久的攻坚战、消耗战。战争一久，统治阶级的地位就有发生动摇而被别国灭亡的危险。根据这种情况，孙子反对"久暴师"，避免"钝兵挫锐""屈力殚货"之害。如果"久暴师"则转利为害，"兵久而国利者，未之有也"，以致弄到"虽有智者，不能善其后"(《作战篇》)的地步。孙子不主张攻城，而主张"伐谋""伐交""伐兵"。前两者是所谓"兵不血刃",最为上乘;后者是消灭敌人的有生力量,敌人有生力量被消灭,城寨自然为我所有。他认为攻城之法为最下策,这是因为当时的城邑,还不是很普遍、很发达,在战争中还不是双方争夺的重点,因而攻坚和旷日持久的消耗战,还不是那样必要。而且,从战争的武器来看,当时主要是铜制的刀、剑、干、戈、矛、戟、殳、钺等武器,宜于近战。虽然有些弓弩箭矢,但是射程短,还没有攻克城寨的能力。而供攻城用的所谓"战车",也只能是掩护士兵接近城墙,并不能作为冲破城寨的装备。攻城器械不利,而要坚持强攻,势必浪费时日,消耗财力,损兵折将,损伤元气。同理,孙子也反对消极地死守城寨。他说:"故小敌之坚,大敌之擒也。"(《谋攻篇》)力弱而死守硬抗,必为大敌所擒;不坚守,而是撤出去,设法寻找战机,一部分一部分地消灭敌人的有生力量,自然终能保住城寨。

　　需要指出的是,孙子反对持久战,反对城寨战的观念,是有其时代特征的,必然受到历史条件的制约。这一点,需要加以辩证认识。

第二讲
孙子的历史观

关于孙子的历史观问题，兵学界大多都认为孙子的历史观是唯心史观，其主要根据是孙子在《作战篇》中讲过这样的话："故知兵之将，生民之司命，国家安危之主也。"认为孙子过分地强调和夸大将帅的个人作用，是英雄创造历史的唯心史观的表现。对大多数人的观点，著者是赞成的，在早年出版的《孙子兵法名言妙用史证》《孙子兵法与经济谋略》等著述中，都提到了这一点，但近几年，著者对孙子之书反复读之，反复思之，逐渐发现孙子的历史观，虽有某些唯心成分的杂质，但主要的倾向是唯物史观。先前之观点，有失偏颇，大有更改之必要。

主张人民创造历史，还是英雄创造历史，是判断是唯物史观还是唯心史观的根本标志。我们以此审视孙子在战争决策上、战争筹划上、战争实施上所言所行，可以发现其无时不注意，无时不看重民心、士心、将心，处处表现出得民心者得天下、失民心者失天下的历史唯物主义的思想光辉。故此，我们说，孙子的历史观，主要倾向是唯物史观，而非唯心史观。为了阐明这一论点，下面以三个问题加以论证。

一、论兵，视道优道劣

孙子认为庙算战争胜负，首要看其道优道劣。道者，何也？孙子曰："道者，令民与上同意也，故可以与之死，可以与之生，而不畏危。"（《计篇》）张预释义："以恩信道义抚众，则三军一心，乐为其用。易曰：'悦以犯难，民忘其死。'"杜牧释义："道者，仁义也。李斯问兵于荀卿，答曰：'彼仁义者，所以修政者也。政修则民亲其上，乐其君，轻为之死。'复对赵孝成王论兵曰：'百将一心，三军同力。臣之于君也，下之于上也，若子之事父，弟之事兄，若手臂之捍头目而覆胸臆也。'如此，始可令与上下同意，死生同致，不畏惧于危疑也。"

道者，有如此之功效，君主怎样才能"有道"？孙子在《吴问》中回答说："王者之道，厚爱其民者也。"只有爱民才能得"民心"，"令民与上同意"。那么怎样才是"爱民"呢？孙子认为要给民予惠。能不能在经济上给百姓以实惠，这关系到国家的生死存亡。当吴王问他晋国六卿哪个先亡，哪个次之，哪个能强大巩固时，他回答说范、中行氏先亡。因为他们的田亩狭小而收税多，公卿富，主骄臣奢，所以先亡（"范、中行氏制田以八十步为畹，以百六十步为亩，而伍税之，其田狭，置士多。伍税之，公家富……故曰先亡"）。而赵氏则因为他的田亩大，不收税（一说只收原来的税），公卿贫，主俭臣收，所以能强大巩固（"赵氏制田，以百廿步为畹，以二百四十步为亩，公无税焉。公家贫，其置士少，主俭臣收，以御富民，故曰固国，晋国归焉"）。由此可见，孙武是从经济上找原因来解析"民心向背"的政治态度问题的，是从物质上找原因来解析民众的思想倾向问题的。他的这一言论，与管子的名言"国多财则远者来，地辟举则民留处；仓廪实则知礼节，衣食足则知荣辱"一样，是一种朴素的历史唯物主义观点。

孙子所论，可谓至理名言，对于一个国家来说，战争中的"民与上同意"，是与平时的政治主张、国家治理、民心民意的顺应相联系的。国泰民安、仁政道合、民乐业兴的国家，君主必然能得到民众的爱戴和拥护，为维护自己国家利益的讨伐与征战，也自然会得到民众的支持，同仇敌忾，万众一心。反之，欺压民众、不仁不义、横征暴敛之君，也必然会遭到民众的反对。

"道者，令民与上同意"，历来被兵家所重视。"兵之胜败，本在于政。政胜其民，下附其上，则兵强矣；民胜其政，下畔其上，则兵弱矣。"（《淮南子·兵略训》）军事上的胜败，取决于政治的优劣明暗。如果在政治上获得了民众的拥护，上下团结，军事力量就强；如果政治上得不到民众的拥护，上下离心，军事力量就弱。另外，还有"师克在和不在众"（《左传·桓公十一年》）。"地广人众，不足以为强；坚甲利兵，不足以为胜；高城深池，不足以为固；严令繁刑，不足以为威。为存政者，虽小必存；为亡政者，虽大必亡。"（《淮南子·兵略训》）历史上著名的周武王灭殷商就是十分典型的例子。

商朝后期，国势日益衰微。约在公元前 1099 年，帝辛（纣王）继位。纣王有勇力，有一定的军事才能，在开拓疆土和传播中原文化方面，起过一些作用。连年的战争，消耗了大量的国力，加重了人民的负担与痛苦，但纣王却不顾百姓死活，大兴徭役，建造离宫别馆，把殷都向南扩大到朝歌（今河南淇县）。离宫内以酒为池，悬肉为林，纣王与他的宠妃妲己终日酗酒歌舞，还让一些裸体男女通宵达旦淫乐追逐。为了满足奢侈荒淫的生活，纣王大肆搜刮民财直至诸侯王的财物，无数的奇珍异宝堆满了巨大的鹿台。在政治上，纣王"智足以拒谏，言足以饰非，矜人臣以能，高天下以声，以为皆出己下"。当时，殷臣有箕子、微子、比干等人，皆为贤能，帝纣却一概不予重用。且滥施酷刑，用"炮烙"残害无辜，以此取悦妲己。这不但激起了朝中许多大臣的反对，也引起了平民和奴隶的普遍愤恨。商的"西伯"（西方首领）周王姬昌积极发展生产，积蓄力量，伺机灭商，纣王借机将其囚禁起来。姬昌的儿子姬发以美女宝马、奇珍异宝换取了姬昌的赦免。姬昌归国后，任用贤能吕尚作为辅佐，积极发展生产，裕民富国，修德行善，赢得民心。纣王与周王，一个是横征暴敛的残暴之徒；一个是视民如子、修德行善的国君，形成了鲜明的对比。所以，许多有才干的人纷纷弃殷投周，致使周以代殷。

　　无数史例一再证明，得民心者得天下，失民心者失天下。孙子所论不仅指明了这一点，还从新的视角，阐发了民心向背是由经济原因引起。在此大前提下，孙子再讲述天时、地利、将帅、法制对战争所起的作用，完全是历史唯物主义的观点。

二、论兵，视国富国穷

　　战争的胜败，是民心、军心的向背，是人力、物力、财力的综合较量。用其一个或两个因素优劣预测战争胜负，是不可能准确预测到胜败结果的。通观孙子之书，我们不难发现，孙子庙算战争胜负采用的是综合分析方法，他在《计篇》里明确地讲到，决定战争胜负的基本因素，是"一曰道，二曰天，三曰地，四曰将，五曰法"五个因素；在讲到如何判断战争的胜负时，提出要从"主孰有道？将孰有能？法令孰行？兵众孰强？士卒孰练？赏罚孰明？"七个方面进行分析对比。这就说明，孙子是主张战争成败由多种因素、多种力量作用的综合论者，或者叫综合国力论者。阖闾三年，吴王兴师伐楚，占领舒地，捉住吴国两个反叛将军。阖闾想乘机进军楚国郢都。孙子认为连续征战，已经国衰兵疲，建议吴王："民劳，未可，且待之。"（《史记·伍子胥列传》）吴王允之，避免了疲师远征。

孙子认为，综合国力特别是经济实力是赢得战争胜利和维护国家安全的决定性因素。孙子十分重视战争对国力的消耗，他在《作战篇》《用间篇》等篇中，曾细致计算过战争对财力、物力的依赖，认为须"日费千金"，方能举"十万之师"。"凡兴师十万，出征千里，百姓之费，公家之奉，日费千金，内外骚动，怠于道路，不得操事者，七十万家。相守数年，以争一日之胜。"这样的劳师袭远必会造成国家的贫困。因为"远师者远输，远输则百姓贫，近师者贵卖，贵卖则百姓财竭，财竭则急于丘役"。这样下去且莫说赢得胜利，就连自身的安全都保不住了。因此，战争的胜利和国家的安全是以社会的和经济的条件为基础的，应当从整体的和综合的意义上来考虑安全问题，要反复权衡利弊，慎之又慎，才能达到"安国全军"的目标，只有那种懂得大战略思想的统帅，才是"民之司命，国家安危之主也"（《作战篇》）。

孙子的决定战争胜负的国力综合论思想，给历代军事家以影响和启迪。刘伯承元帅在谈到未来的战略决策时，也曾特别强调五忌：其一，国力（包括人力、财力、军力）不足，不可以兴兵；其二，时机不利（包括国际形势，周边国家的动态对我不利），不可以兴兵；其三，国内不安定，不可以兴兵；其四，人民不拥护，不可以兴兵；其五，战略上处于两面或多面作战的态势，不可以兴兵。在这五个条件中，第一和第五起着更为直接的作用。从刘伯承元帅的这段论述中，显然可以看见孙子的影响（见陶汉章《孙子兵法概论》）。

三、论兵，视将勇将怯

两军对垒，谁胜谁负，在某种程度上是看战地指挥官的指挥才能。孙子在《虚实篇》中讲到善于领兵打仗的将帅能掌握战争的主动权，牵着敌人走而不会使自己陷入被动，"善战者致人而不致于人"，"善攻者，敌不知其所守；善守者，敌不知其所攻"，"微乎微乎，至于无形，神乎神乎，至于无声，故能为敌之司命"。

战场上，高明的指挥官，既知彼又知己，可以把我之劣势变为我之优势，转危为安；低能的指挥官，不知己不知彼，也可把我之优势变为我之劣势，使本来可胜的仗败北。将帅高明与否，不是天造地赐，鬼使神差，而是要靠将帅的素质修养。对此，孙子十分重视。他在好几篇中都讲到将帅的德才培养和领兵作战等问题。在《计篇》中，他指出，求索战争胜负，要经之以五事，其四曰将，"将者，智、信、仁、勇、严也"。要求将帅必须具备五种才德，不可专尚武力。此言极是。吴子曰："凡人论将，常观于勇，勇之于将，乃数分之一耳，夫勇者必轻合，轻合而不知利，未可也。"（《武经七书·吴子直解·论将第四》）德国名将克劳塞维茨在他的《大战学理》一书中指出：军事上之天才，非单一之力，谓诸力谐协而合同者。名将论将，与孙子观点无不吻合，二者一致认为，诸德协合方为良将。

孙子认为领兵打仗的人，不仅要有德，也要有才。将者，其五德之首为智。何谓良将之智？智，智谋才干，虑事决策，动合机宜。孙子强调，良将者，在作战决策上慎重庙算，经之以五事，校之以七计，"合于利而动，不合于利而止"。"主不可以怒而兴师，将不可愠而致战"，切不可轻启战端（《火攻篇》）。在作战运筹上，孙子主张要先敌占领战略要地。"诸侯之地三属，先至而得天下之众者，为衢地。""衢地则合交"，"衢地，吾将固其结"（《九地篇》）。在孙子看来，衢地是最重要的战略要地，先敌占领战略要地，就可以得到天下之利；在战场上，要十分重视"相敌"，在进军、接敌、对峙、交战等战争过程中，孙子都要将帅注意观察各种征候，区别真象假象，正确查明和判断敌情。为了验证判断是否正确，他还要求："故策之而知得失之计，作之而知动静之理，形之而知死生之地，角之而知有余不足之处。"（《虚实篇》）在进攻行动上，孙子强调突然性，要求"攻其无备，出其不意"（《计篇》），"出其所不趋，趋其所不意"（《虚实篇》），"兵之情主速，乘人之不及，由不虞之道，攻其所不戒也"（《九地篇》）。他称"此兵家之胜，不可先传也"（《计篇》）。另外，孙子在捕捉战机、战术选择、战法使用等一系列作战问题上，都作了恰如其分的论述。总之，孙子在选将论将上，不是把将帅当成超人之神去看待，而是将其视为平平常常、食人间烟火的勇士，令之文，齐之武，去雕去塑，培养成既有将德又有韬略、勇冠三军的将帅。

从以上分析，我们可以看出孙子历史观的主要倾向是唯物史观，他的言行和主张充满了历史唯物主义因素的思想光辉。

孙子的政略思想

孙子不仅是春秋时期无与伦比的伟大军事家、哲学家，而且也是春秋时期屈指可数的杰出的政治家。他审视战争既有军事家、哲学家的智慧火花，又有政治家的敏锐思想光芒。这里，仅就孙子的政略思想做些简要论述。

一、富国强兵，以图霸业

孙子献阖闾之书，既是治军征战之书，又是治国安邦之策。孙子离齐奔吴，目的是寻找明君，献计献策，辅佐君主富国强兵，横扫诸侯，以图霸业。

孙子说："昔殷之兴也，伊挚在夏，周之兴也，吕牙在殷。"（《用间篇》）他希望尽早结束诸侯长期混战局面，早日实现和平统一，因而高度赞扬由商汤王、周武王分别建立的统一而又兴盛的殷朝和周朝，热切期盼吴王成为商汤王、周武王那样大有作为的英明君主，自己成为像伊挚（伊尹）、吕牙（吕尚）那样的开国元勋。

孙子对统一的渴求，并非不着边际的空想，而是建立在实践基础上的。他主张走富国强兵之路，然后"伐大国"(《九地篇》)，削平群雄，统一华夏；孙子为实现这一心愿，根据前人的作战经验，结合自己学习研读兵书战策受益及感悟，精心写就兵法十三篇，让君王贤将阅之，用之，兴军致战。孙子对削平群雄也充满信心，满怀豪情地说："以吾度之，越人之兵虽多，亦奚益于胜哉？"(《虚实篇》)认为只要战略战术对头，越国军队再多，对于吴国也无可奈何。

孙子经伍子胥推荐，献书求将后，加入吴王阖闾的人才群体，辅佐吴王，励精图治；奖励农耕，发展生产；构筑城堡，加强守备；制造兵器，建造舟船；训卒整军，广交盟国。率军攻楚，克城掠地，五战入郢。《史记》记载："西破强楚，入郢；北威齐、晋，显名诸侯，孙子与有力焉。"

二、力避致战，安国全军

孙子之书，孙子之谋，尽言克城掠地，征战攻取，但他在战略上追求的理想境界是"不战而屈人之兵"，完全是政治家的气度和风采。

孙子反对穷兵黩武，他告诫国君将帅："主不可以怒而兴师，将不可以愠而致战。""怒可以复喜，愠可以复悦，亡国不可以复存，死者不可以复生。"为此，他要求国君将帅"非利不动，非得不用，非危不战"。"合于利而动，不合于利而止。"要"明君慎之，良将警之"。

孙子认为非兵之战而得胜为上策。

他指出："百战百胜，非善之善者也；不战而屈人之兵，善之善者也。""善用兵者，屈人之兵而非战也，拔人之城而非攻也，毁人之国而非久也，必以全争于天下，故兵不顿，而利可全。"（《谋攻篇》）以上论述说明，通过非战争手段，迫使敌人屈服，从而达到战争的目的，是军事家追求的最高目标。这种方式可以使用兵之害降到最低程度，不必"钝兵锉锐，屈力殚货"，而所获得的利益却可以达到最大限度。军事活动能达到这种境界，比起百战百胜者还要高一筹，它是用兵的上策。

非兵之战而得胜并非易事。孙子主张要分层次地去争取全胜。他指出："凡用兵之法，全国为上，破国次之；全军为上，破军次之；全旅为上，破旅次之；全卒为上，破卒次之；全伍为上，破伍次之。"（《谋攻篇》）这里，孙子把"全胜"分为五个层次，即"全国""全军""全旅""全卒""全伍"，即使敌人全国、全军、全旅、全卒、全伍完整地屈服。这是兵战在不同规模，不同层次，不同目的上追求的最理想目标。与"全胜"相对应还有五种结果，即"破国""破军""破旅""破卒""破伍"，它们是使用武力击破对方而取得的结果。它们是"全"中之次。但是，由于上一个层次的目标和下一个层次构成了全局与局部的关系，孙子在这里也为我们指出了在不能实现全局"全胜"的情况下，要努力谋求局部的"全胜"，虽然不能取得全部的不战而胜，也要求得局部的不战而屈人之兵。并且，孙武还认为"全胜"可以分为举国屈服和举军屈服的两种形式，即"全国"或"全军""全旅""全卒""全伍"。纵观人类的战争史，为确保国家安全或征服敌国，军事上让其屈服是达到政治上让其屈服的有效手段，即屈其"全军"是达到屈其"全国"的必要手段。

孙子指出，力避致战的最好办法是富国强兵，威慑制敌。他说，对可能入侵之敌，"无恃其不来，恃吾有以待也；无恃其不攻，恃吾有所不可攻也"（《九变篇》）。"是故不争天下之交，不养天下之权，信己之私。"(《九地篇》)认为只有具备了强大的实力，并充分做好了战争准备，才能慑服对方，使敌人不敢轻举妄动。

孙子在《谋攻篇》指出：伐谋、伐交是力避致战的重要手段。"上兵伐谋，其次伐交，其次伐兵，其下攻城。""伐谋"与"伐交"较之于"伐兵"与"攻城"是取得"全胜"的上策。所谓"伐谋"就是在战争端倪刚刚显露，并未充分做好战争准备、定下进行战争的决心之前，以智谋使敌人屈服，从而使其放弃实施战争的企图，达到遏制战争的一种手段。所谓"伐交"，王晳注曰："谓未能全屈敌谋，当且间其交，使之解散。彼交则事巨敌坚，彼不交则事小敌脆也。"通过离间敌盟，削弱敌人，使其失去发动战争的能力，从而达到遏制战争的目的。

外交斗争和军事斗争的实践充分证明，灵活运用伐谋与伐交可以有效地避免部分战争或降低战争的规模。但是，孙子认为"伐谋"与"伐交"有优劣之分，而且也不排除使用军事手段。孙子指出"伐谋"为上，"伐交"次之，"攻城之法，为不得已"。当敌人"谋略未定，伐之较易"；反之，当敌谋略已定，并且组织了强大的同盟，敌方的决心得到了强化，要使其放弃企图，就比较困难。因而在遏制战争中，及早发现战争的迹象，并及时地消除之，做到防患于未然，是遏制战争，安国全军的上策。

三、与国友善，同舟共济

关于孙子的与国友善，同舟共济的思想，前文已有所论及，这里再从孙子的政略思想角度加以论述。

翻阅《孙子》十三篇，最能反映孙子这一政略思想的当属《九地篇》中的数句名言：

一曰："先至而得天下之众者，为衢地。"杜牧注曰："衢地者，三属之地，我须先至其冲，据其形势，结其旁国也。"张预注曰："衢者，四通之地。我所敌者，当其一面，而旁有邻国，三面相连属，当往结之，以为己援。先至者，谓先遣使以重币约和旁国。兵虽后至，已得其国助也。"

二曰："衢地则合交。"曹操注曰："结诸侯也。"孟氏注曰："得交则安，失交则危也。"张预注曰："四通之地，先交结旁国也。吴王曰：'衢地贵先。若吾道远而发后，虽驰车骤马，至不得先，则如之何？'武曰：'诸侯参属，其道四通，我与敌相当，而旁有他国。所谓先者，必重币轻使，约和旁国，交亲结恩，兵虽后至，众已属矣。简兵练卒，阻利而处，我有众助，彼失其党，诸国掎角，敌人莫当。'"

三曰："衢地，吾将固其结。"杜牧曰："结交诸侯，使之牢固。"梅尧臣曰："结诸侯，使之坚固，勿令敌先。"王晳曰："固以德礼威信，且示以利害之计。"张预曰："财币以利之，盟誓以要之，坚固不渝，则必为我助。"

四曰："夫吴人与越人相恶也，当其同舟而济，遇风，其相救也如左右手。"梅尧臣注曰："势使之然。"张预曰："吴、越，仇雠也，同处危难，则相救如两手。况非仇雠者，岂不犹率然之相应乎？"王晳曰："此谓在难地自相救耳。蛇之首尾，人之左右手，皆喻相救之敏也。同舟而济，在险难也，吴越犹无异心，况三军乎？"

以上大家对孙子名言释义甚为精当。孙子虽是杰出的军事家，出类拔萃的将帅，但他并不热衷于征战攻取，更不穷兵黩武。他以政治家的目光审视战争，他说："兵者，国之大事，死生之地，存亡之道，不可不察也。"他慎战、重战、遏战，他的战略思想的最高理想境界是"不战而屈人之兵"。他力避战争，与国友善，与国同舟共济。

孙子的这一合交与国，同舟共济的政略思想，既能避免战争，安国全军，又能富国强兵，增强制止战争的威慑力量，不失为高明的治国之策，在当今世界显示出其强大的生命力。

孙子的国防战备思想

孙子从军队职能的本质属性出发，提出了居安思危，有备无患的积极国防战备思想。

一、以备防战

春秋时期，诸侯兼并，大国争霸，战争行为一直困扰着人类自身。面对长期兵燹战祸造成的创伤，人们要求消弭战争，实现和平。但是，如何实现和平，众说纷纭，莫衷一是。在人们普遍感到困惑不解时，孙子以军事家的睿智，敏锐地感觉到，作为"国之大事"的战争，只能暂时平息，不可能永远废止，大国之间的休战，只不过是两波之一伏。他从当时兵连祸结，不宣而战的现实中，认识到避免战争，赢得和平的唯一途径就是加强国防战备。孙子开宗明义指出："兵者，国之大事，死生之地，存亡之道，不可不察也。"(《计篇》)提醒人们要重视战争，研究战争，准备战争。

战争准备千头万绪，最重要的是思想准备，要克服各种容易造成疏忽的因素。首先，孙子强调不可"易敌"。他认为"夫惟无虑而易敌者，必擒于人"（《行军篇》）。没有充分的思想和物资准备，而又轻敌麻痹，对于一个国家，一支军队来说，是最危险的。

其次，孙子强调要"知敌"。他认为"不知诸侯之谋，不能豫交"（《九地篇》）。所谓"知诸侯之谋"，就是强调要在战前密切注视敌对国家的战略动向，摸清敌人的战略企图，以及中小国家的离合背向，从而使自己的战备工作、外交工作具有明确的针对性。

再者，在国防战备问题上，孙子强调常抓不懈。孙子认为，一个国家对战争问题，宁可信其有，不可信其无，宁可"相守数年"而无战，不可疏于戒备而失"一日之胜"。尤其在战争胜利之后，更不能丧失警惕，看不到新的战争威胁。他说："夫战胜攻取而不修其功者凶，命曰费留。"（《火攻篇》）如果一个国家在战争取得胜利后，骄傲轻敌，不能通过巩固胜利来有效地加强国防，这是非常危险的，对此明主必须"虑之"，良将必须"修之"。历史的经验告诉我们，那些对外感觉不到有敌国威胁的国家，往往随时会招致亡国亡军之患。

古语所言"兵者，百岁不一用，然不可一日忘也"。历史上因忘战而亡国的事真是不少，李煜是南唐最后一个皇帝，世称李后主。他嗣位之时，宋赵匡胤已经称帝，并不断对外用兵，先后灭了后蜀、南汉，南唐亦岌岌可危。面对宋军咄咄逼人的攻势，李煜遣使朝宋，岁贡万物，乞怜于宋廷，以图苟延残喘。他酷爱诗文，迷恋声色，笃信佛教，"谱曲度僧，略无虚日"（《十国春秋·南唐三》）。他耽于安乐，对于武备之事，毫无兴趣，一概委之于亲信大臣，所任大臣多是文人，又都是平庸误国之辈，以致国势衰弱。宋军大举南伐，南唐才仓卒成军。士兵素不习战，一触即溃，宋军已攻至金陵（今南京）城下，国家危在旦夕，李煜竟茫然不知。后来又听信大臣"敌人将自行遁去"的谎言，晏然自安，照旧去净室沙门讲经。宋开宝八年（975）十一月二十七日，宋军攻城益急，李煜正在作"樱桃落尽"一词，词未成而城已破。李煜和他的大臣们都做了阶下囚，追悔莫及，只落得哀怨"恰似一江春水向东流"。

二、以备应战

在战争问题上，孙子主张以备应战，反对怒而兴师，愠而致战，轻启战端。他在《谋攻篇》中说："以虞待不虞者胜。"意为以已有充分准备对彼毫无戒备的，必能取胜。陈皞注曰："谓先为不可胜之师，待敌之可胜也。"王皙曰："以我之虞，待敌之不虞也。"（《十一家注孙子》）毛泽东指出："凡事预则立，不预则废，没有事先的计划和准备，就不能获得战争的胜利。""优势而无准备，不是真正的优势，也没有主动。懂得这一点，劣势而有准备之军，常可对敌举行不意的攻势，把优势者打败。"（《论持久战》）

孙子备战制胜之道，为历代名将所重视，所运用。

南朝宋文帝元嘉二十七年（450），宋军北伐进抵滑台（又称白马城，即今河南滑县），彭城（今江苏徐州）、汴梁（今河南开封）已成后方，淮河两岸成为安全的地带。而盱眙（今江苏盱眙）太守沈璞却仍在发动民众大修城池，把城墙垒得又高又厚，城壕挖得既宽又深。沈璞远见卓识的备战措施，却遭到一些鼠目寸光人的反对，说他"不识时务，劳民伤财"。甚至连朝廷也责备他不该花费人力物力去修建无用的战备工程。各方面的压力虽然很大，却未能动摇沈璞的备战决心。他常常对周围的人说："当前虽然北伐进军顺利，但胜败乃兵家常事。面对强大的敌人，战局变化莫测，很难保证这里安然无事，盱眙地处交通要道，是淮河上的重镇，岂能不防万一？"果然，不出沈璞所料，北魏太武帝拓跋焘率军南征攻打宋军，宋军在滑台失利，拓跋焘连连告捷，元嘉二十八年（451）一月，为了夺取盱眙的粮食，拓跋焘率军包围了盱眙，沈璞与臧质恃险协力抗敌，激战32天，终于把拓跋焘打得狼狈而逃。盱眙保卫战的胜利，充分说明了防患未然，早作防御准备的必要性和重要性。

明朝大将袁崇焕也是运用孙子备战制胜之道的高手。明朝后期，后金首领努尔哈赤能征善战，不仅占领了关外大片地区，而且直接威胁到山海关内的安全。朝廷兵部职方主事袁崇焕受朝廷之命，到山海关外去监督工事。袁崇焕任职后，亲自在关内外视察，谋划兵事，练兵选将，整械造船，筑城墙，固炮位，改造了扼城据守的各方面条件，扬长避短，固强助弱，完成了一切抗金准备。公元1626年初，努尔哈赤率领13万大军，号称20万，浩浩荡荡向山海关进犯。一月二十四日，努尔哈赤命令部下向宁远城发起猛烈攻击，袁崇焕借隆冬季节，在城墙上泼水结冰，使爬城金兵都滑了下去。明军又用弓箭射，石头砸，木头滚，火器打，使金兵攻城屡屡失败。努尔哈赤负伤，袁崇焕乘机杀出城去，追击30余里，歼敌万余人，战而胜之。

三、以备止战

以备止战是孙子国防战备思想的又一个侧面。孙子在《九变篇》说："无恃其不来，恃吾有以待也；无恃其不攻，恃吾有所不可攻也。"他告诫天下，用兵的基本法则是，不要指望敌人不会来侵犯，而要依靠自己严阵以待；不能寄希望于敌人不来进攻，而要依靠自己的强大，使敌人不敢来进攻。战争准备如果做到"恃吾有所不可攻"的程度，就有可能推迟、延缓，甚至避免一场战争的爆发，从而达到实现和平的最终目的。

孙子之论，后世兵家极为赞同，何氏注曰："吴略曰：'君子当安平之世，刀剑不离身。'古诸侯相见，兵卫不彻警，盖虽有文事，必有武备；况守边固圉，交刃之际欤？凡兵所以胜者，谓击其空虚，袭其懈怠，苟严整终事，则敌人不至。传曰：'不备不虞，不可以师。'昔晋人御秦，深垒固军以待之，秦师不能久。楚为陈，而吴人至，见有备而返。程不识将屯，正部曲行伍，营陈击刁斗，吏治军簿，虏不得犯。朱然为军师，虽世无事，每朝夕严鼓兵，在营者咸行装就队，使敌不知所备，故出辄有功。是谓能外御其侮者乎！常能居安思危，在治思乱，戒之于无形，防之于未然，斯善之善者也。其次莫如险其走集，明其伍候，慎固其封守，缮完其沟隍，或多调军食，或益修战械。故曰：物不素具，不可以应卒。又曰：惟事事乃其有备，有备无患。常使彼劳我佚，彼老我壮，亦可谓'先人有夺人之心'，'不战而屈人之师'也。若夫莒以恃陋而溃，齐以狃敌而歼，虢以易晋而亡，鲁以果邾而败，莫敖小罗而无次，吴子入巢而自轻，斯皆可以作鉴也。故吾有以待、吾有所不可攻者，能豫备之之谓也。"

孙子之言甚为正确，翻阅中外战史，我们发现，后世将帅，筹划了不少以备止战，备而却敌的战例；然而，也有不少疏于备战，招之被动挨打的战事。

春秋时期，吴越相争。在吴强越弱、敌实己虚的形势下，越国谋臣范蠡、文仲，向越王勾践献了"内补外泄"的九大计策：一、尊天地、事鬼神以专百姓的信仰；二、对于吴国，多进献珍宝以骄吴王夫差之心，消磨他的斗志，以贿赂收买内奸，让其在吴王面前说好话；三、用高价多买吴国的粮食，使他们民无余粮，国库空虚；四、献美女迷惑吴王的神志，虚弱他的身体，破坏他的智谋；五、进贡巧工良材供吴王大造宫殿器物，耗费他的财物；六、送给吴王一些善于承欢取乐的尤臣；七、千方百计离间吴国佞臣与谏臣之间的关系，使佞臣得势，忠谏谋臣被排挤；八、越国要同时富国强兵，暗中准备战争物资；九、操兵练马，待时攻吴。勾践照此而行，逐渐削弱了吴国实力，使自己一天天强大，最后果然灭亡了吴国。

古罗马在强盛时期，它的居民有一种为保卫祖国而尚武、任勇的传统。后来外患解除了，生活安定了，罗马人不再以服兵役为光荣，而用雇佣兵保卫国家，强盛的罗马也不可避免地衰亡了。

1973年10月6日爆发的第四次中东战争，战争爆发的前五天，也就是10月1日，以色列防守西奈正面和南部军情部西曼道中尉，就向该军情报部长打了一份军事情况报告，提出埃军在运河西岸展开，意在进攻东岸，警告当局应当有所准备。然而，这位部长因为事先知道了总参谋部对西岸埃军的情况判断是"例行的秋季演习"，便把"小人物"的报告视为"胡说"，锁进了保险柜。直到战争结束，以色列当局为追查这次战争初期惨遭突袭，陷于被动的原因时，才从保险柜里找出这份军事情报。

以上三个无备有患的战例，从反面证明了孙子以备止战思想的正确。

孙子的兴军动员思想

关于孙子的兴军动员思想，学术界已有不少见解，出版界也出版了不少妙文佳篇。智者见智，仁者见仁，给人以启迪。然而，纵观所论所言，大都探析的是孙子的国防战备思想，是防患于未然的主张，并没有正面阐述孙子的兴军动员思想，或者说如同敲鼓，没真正敲到战争动员思想这个鼓点上。诚然，国防战备思想，贴近甚至包涵战争动员思想。但二者毕竟有差异。前者是动员指导全国军民如何做好各项战争准备，以备未来战争；后者则是动员、号召全国军民如何立即由和平状态转入战时状态。

两国交恶，伐谋伐交，无济于事，兵戎相见，在所难免。面对迫在眉睫的战争，孙子如何动员民众奋勇赴战呢？下面我想以孙子之言，阐发孙子之义。

一、令民与上同意

孙子首篇《计篇》开宗明义地说："兵者，国之大事，死生之地，存亡之道，不可不察也。"战争关系军民生死，国家存亡，谁能不察？谁敢不察？

李筌理解孙子此句之义注曰："兵者凶器，死生存亡系于此矣，是以重之，恐人轻行者也。"杜牧注曰："国之存亡，人之死生，皆由于兵，故须审察也。"贾林注曰："地，犹所也，亦谓陈师、振旅、战陈之地。得其利则生，失其便则死，故曰死生之地。道者，权机立胜之道。得之则存，失之则亡，故曰不可不察也。《书》曰：'有存道者，辅而固之；有亡道者，推而亡之。'"梅尧臣注曰："地有死生之势，战有存亡之道。"王皙注曰："兵举，则死生存亡系之。"张预注曰："民之死生兆于此，则国之存亡见于彼。然死生曰地、存亡曰道者，以死生在胜负之地，而存亡系得失之道也，得不重慎审察乎？"

孙子振聋发聩之言，不能不听，不敢不听。让你听，让你察战争之大事，其目的是让你投身战争，为战争效力，"令民与上同意也"（《计篇》），"上下同欲"（《谋攻篇》），一致对敌，"故可与之死，可与之生，而不畏危"。

天下事，得道多助，失道寡助。道者，理也，正义也。得理者，得民心，失理者，失民心；得民心者得天下，失民心者失天下。让民众了解战争的功利性、必要性，使其为国存亡，为民生死而战，"吾以此观之，胜负见矣"（《计篇》）。

号召民众同仇敌忾，赴战杀伐，是克敌制胜的首要条件，是孙子预知战争胜败，"五事""七计"之首。前人后人动员民众参战，无不用此法通告天下。周武王伐殷纣王就是个极典型的例子。

公元前 1066 年正月，周武王率兵车三百乘，虎贲三千人，甲士四万五千，联合各部落，总共六万余人，渡过黄河，进军朝歌。大军到达距朝歌七十里的牧野（今河南淇县南）。次日凌晨，令军集结。武王左手握青铜大斧代表生杀大权，右手举白色令旗，登台誓师。他说:"友邦的国君和各部落的将士们,竖起你们的戈,排好你们的盾,立好你们的矛,听我的誓言。"全军肃然,鸦雀无声。"商纣王听信妇人的话,抛弃了对祖宗的祭祀,不用同宗的长辈兄弟,而重用四方逃亡的罪人,这些人又残暴地虐待百姓,任意作乱,我姬发是按照上天的意志对他讨伐!"全军挥矛舞盾,情绪激昂。纣王把临时拼凑起来的十七万兵马分为两阵,奴隶和战俘置于前阵,自己亲率少数贵族军队在后阵督战。而周军将士上下一致,同仇敌忾,势不可当。家仇、国仇聚于刀刃枪尖之上,越杀越勇。而殷军也早已恨透了纣王,只希望他早日灭亡。所以,当周军冲来,殷军就一哄而散,一部分还调转矛头,冲击殷商奴隶主的部队,不久殷商军就被彻底打败。纣王见大势已去,匆匆逃回朝歌,穿上珍宝玉衣,登鹿台自焚。

三国时,在袁绍、曹操官渡之战前夕,才子陈琳为袁绍起草了一篇讨伐曹操的檄文,辱骂曹操亲率将士盗墓,"破棺裸尸,掠取金宝"。说曹操的祖父曹腾是个丑恶的宦官,曹操之父曹嵩是领养的小儿,称曹操是"赘阉遗丑",对曹操进行"恶毒攻击",历数种种"罪恶"。曹操对陈琳极其愤恨。

官渡之战,曹操打败袁绍,陈琳被擒。按常理,陈琳被杀无疑。然而曹操喜爱陈琳的才学,并没杀他,只责备说:"你过去为袁本初写檄文,骂我也就行了,不是说憎恨邪恶只限于本身吗?怎么往上牵扯骂到我父亲祖父头上去了呢?"陈琳赶紧赔罪,曹操没再责备,还把他留在身边任职。

在近代,在二战时,英国首相丘吉尔,苏联大元帅斯大林,向协约国宣战的告全国人民书,都是永留史册的战争动员令、讨敌檄文。

二、令将安国全军

令将安国全军,是孙子兴军动员思想的重要内容。战胜攻取,以将为先。两军对垒,谁胜谁负,在某种程度上是看战地指挥官主观能动性的发挥,往往是胜败系一人——帅。孙子十分重视选将之道,用将之术,育将之法,更注重令将安国全军,尽职尽责之训诫。孙子之书十三篇,除《形篇》《势篇》《虚实篇》三篇外,其余十篇,共有四十二处令将之论,其分布情况是:

《计篇》:

一曰道,二曰天,三曰地,四曰将,五曰法。

将者,智、信、仁、勇、严也。

凡此五者,将莫不闻,知之者胜,不知者不胜。

将听吾计,用之必胜,留之;将不听吾计,用之必败,去之。

《作战篇》曰:

故智将务食于敌,食敌一钟,当吾二十钟。

故知兵之将,生民之"司命",国家安危之主也。

《谋攻篇》曰:

将不胜其忿,而蚁附之,杀士三分之一,而城不拔者,此攻之灾也。

夫将者,国之辅也,辅周则国必强,辅隙则国必弱。

将能而君不御者胜。

《军争篇》曰:

将受命于君,合军聚众,交和而舍,莫难于军争。

是故卷甲而趋,日夜不处,倍道兼行,百里而争利,则擒三将军。

五十里而争利，则蹶上将军。

故三军可夺气，将军可夺心。

《九变篇》：

将受命于君，合军聚众。

故将通于九变之地利者，知用兵矣；将不通于九变之利者，虽知地形，不能得地之利矣。

故将有五危：必死，可杀也；必生，可虏也；忿速，可侮也；廉洁，可辱也；爱民，可烦也。凡此五者，将之过也，用兵之灾也。覆军杀将，必以五危，不可不察也。

《行军篇》曰：

军扰者，将不重也。

《地形篇》曰：

将之至任，不可不察也。

凡此六者，非天之灾，将之过也。

大吏怒而不服，遇敌怼而自战，将不知其能，曰"崩"；将弱不严，教道不明，吏卒无常，陈兵纵横，曰"乱"；将不能料敌，以少合众，以弱击强，兵无选锋，曰"北"。

将之至任，不可不察也。

料敌制胜，计险阸、远近，上将之道也。

《九地篇》曰：

将军之事：静以幽，正以治。

聚三军之众，投之于险，此谓将军之事也。

故为兵之事，在于顺详敌之意，并敌一向，千里杀将，此谓巧能成事者也。

《火攻篇》曰：

故曰：明主虑之，良将修之。

主不可以怒而兴师，将不可以愠而致战。

故明君慎之，良将警之。

《用间篇》曰：

故明君贤将，所以动而胜人，成功出于众者，先知也。

凡军之所欲击，城之所欲攻，人之所欲杀，必先知其守将、左右、谒者、门者、舍人之姓名，令吾间必索知之。

故惟明君贤将能以上智为间者，必成大功。

从上面摘录可看出，孙子论将既周到又详细。他指出为国之将，生民之"司命"，国家安危之主。将帅如不辱使命，就要具"五德"，避"五危"，通"九变"，知地利，静以幽，正以治，厚吏爱卒，奇谋奇策，料敌制胜。更重要的是，为国而战，为军而战，合于利而动，不合于利而止。战道必胜，主曰无战，必战可也；战道不胜，主曰必战，无战可也。做到进不求名，退不避罪，一切为了安国全军，赢得征战之胜。诚如是，岂不是国之宝也。

三、令卒齐勇若一

战场拼杀靠士卒，士卒是战争的主体。刀枪相见勇者胜。如何动员士卒齐勇如一，冲锋陷阵、勇猛杀敌呢？孙子多有论述。

在《行军篇》，孙子指出对士卒"令之以文，齐之以武，是谓必取"。令文——用政治、道义教育他们；齐武——用军纪、军法约束他们，使之养成坚决听从命令的习惯。孙子认为，用兵打仗并不一定非得是兵力越多越好，只要不轻敌冒进，集中兵力而不分散兵力，掌握敌情，巧用战法，士卒协力，就能克敌制胜。然而，"卒未亲附而罚之，则不服，不服则难用也。卒已亲附而罚不行，则不可用也"。这就是说，将帅在未得到士卒拥护之前就执行

惩罚，士卒就会不服，不服，就很难指挥他们去作战。将帅已得
到士卒的拥护，如果军纪不能执行，也是不能指挥去作战的。为
此，要"令素行以教其民，则民服"，"令素行者，与众相得也"。

在《地形篇》，孙子指出兵有必败的六种情况："故兵有'走'
者，有'弛'者，有'陷'者，有'崩'者，有'乱'者，有
'北'者。凡此六者，非天之灾，将之过也。夫势均，以一击十，
曰'走'；卒强吏弱，曰'弛'；吏强卒弱，曰'陷'；大吏怒而
不服，遇敌怼而自战，将不知其能，曰'崩'；将弱不严，教道
不明，吏卒无常，陈兵纵横，曰'乱'；将不能料敌，以少合众，
以弱击强，兵无选锋，曰'北'。"孙子认为，以上六种情况，都
是打败仗的原因，将帅应自负重任，改变被动局面，力避六种情
况出现，挥军杀敌，以取胜。

在同一篇，孙子进一步指出："视卒如婴儿，故可与之赴深
溪；视卒如爱子，故可与之俱死。厚而不能使，爱而不能令，乱
而不能治，譬若娇子，不可用也。"孙子这种恩威兼施，劝惩并
用，以父母之心，行将帅之事的精明之谈，成为历代兵家的格言。

战国时代，魏将吴起，与士兵最下者同衣食，卧不设席，行
不乘骑，随身带粮，与士兵同分劳苦。兵有患疽者，吴起亲为唆
疽，所以士兵感戴，誓以死报。

南宋名将岳飞，兵有身疾，岳飞亲为调药。诸将出征时，岳
飞派夫人慰问其家。士兵战死，岳飞亲为举丧，还要抚育其孤。
凡有犒赏，尽给军吏，不私秋毫。所以，士兵亲附，乐为效命。

吴起、岳飞能使三军亲附、感奋，生死共命，实因平时与士
兵心心相印。倘若平时德泽不加，休戚不顾，只知用笞杖以立威，
吞兵饷以自肥，战时要士兵以犯难效死，那是不可想象的。

除此，孙子还指出："知吾卒之可以击，而不知敌之不可击，

胜之半也；知敌之可击，而不知吾卒之不可以击，胜之半也；知敌之可击，知吾卒之可以击，而不知地形之不可以战，胜之半也。故知兵者，动而不迷，举而不穷。故曰：知彼知己，胜乃不殆；知天知地，胜乃不穷。"这是说，知道我军可以打，而不知道敌军不可以打，取胜的可能只有一半；知道敌军可以打，而不知道我军不可以打，取胜的可能也只有一半；知道敌军可以打，也知道我军可以打，而不知道地形条件不可以打，取胜的可能也只有一半。所以，懂得用兵的将帅，行动不会迷误，采取的措施变化无穷。所以，了解敌人又了解自己，胜利就没有危险；懂得天时又懂得地利，就能总打胜仗。

此外，孙子的"庙算"预知胜负之法，奇正、虚实、示形、造势，等等，取胜于敌的战法，对鼓舞士气，动员上下，齐心向战，也会有很大的动员作用。

第六讲
孙子的仁道理念

兵学界说，大部分人认为孙子讲诡道多，讲仁道理念少。有的认为，《孙子兵法》只讲"诡道"不讲"仁道"，即使讲"仁道"也是为了诠释其"诡道"之理，甚至有人认为《孙子兵法》本是一部诡诈之论著。持这种观点的人，古而有之，今而有之，并不鲜见。但我们认真研读《孙子》十三篇，深层次探讨孙子之精义，就不难发现这是一个误会，可见这种认识之偏颇。我们可以看出《孙子》十三篇在重笔浓彩阐述"诡道论"的同时，也处处流露出仁爱之情感。为佐证此见解，现叙述理由如下。

一、兴军，主张慎之又慎

鉴于过去和当时战争给国家带来的影响，孙子在《计篇》中说："兵者，国之大事，死生之地，存亡之道，不可不察也。"认为战争既是国家开疆扩土、荡涤腐恶、建功立业的重要手段，又是失地亡国、生灵涂炭的恶魔，功罪得失皆系于刀兵血刃。他用一分为二的观点说明战争的利与害，告诫对战争必须高度重视和认真研究。这种重战的全局观点，已体现了当时的民本主义思想。

为准确地筹划战争，孙子并不就军事研究军事，而是把与战争有关的其他因素综合起来分析研究。"故经之以五事，一曰道，二曰天，三曰地，四曰将，五曰法。""故校之以计而索其情，曰：主孰有道？将孰有能？天地孰得？法令孰行？兵众孰强？士卒孰练？赏罚孰明？吾以此知胜负矣。"(《计篇》)孙子从战争全局出发分析政治与法规、天时与地利、将帅和士兵等诸因素的相互关系及其对战争的影响，从而预测战争的胜负。

从孙子着眼战争诸因素，筹划战略决策来看，不仅表现其认识的全面性，而且突出了重点，强调了政治因素的重要性。它把"道"放在"五事"之首，"道者，令民与上同意也，故可以与之死，可以与之生，而不畏危"(《计篇》)。指出民心所向是取得战争胜利的决定因素。"令民与上同意"，不是靠简单的行政命令所能做到的。"同意"即"同心"，"不畏危"即不怕死的精神，都属于人们的心理行为，单靠行政命令而求同，充其量也不过是貌合神离；只有实行"仁道"，得到人民的忠心拥护，才能与上同心同德，同生死共患难，临危而不惧。

"五事""七计"文字上虽未谈"仁"，但在内容和实质上仍含有其"仁"，"仁"的思想仍贯穿渗透于其中。"主孰有道？"当然指的是"仁道"；"将孰有能？"当然指的是包括"仁""信"在内"五德"具备的将能；其他"天地孰得""法令孰行""兵众孰强""士卒孰练""赏罚孰明"，试想狡猾残忍之辈难以做到，只有智、仁兼备的能将才能行得通。"七计"之中的"仁"不在其表，而在其里；不在其文，而在其实。

除经"五事"，校"七计"之外，孙子严格要求将帅必须具备"智、信、仁、勇、严"之"五德"。以"智""勇"双全破敌建功，以"仁""信""严"兼备统军御众，只有这样的将帅才能适应战争的需要，才能克敌制胜。至于法规制度的执行，天时地利的利用，也只有有"仁道"精神的将帅，才能得以执行、利用。

二、致战，倡导速战速决

从战争效益观出发，孙子主张"兵贵胜，不贵久"（《作战篇》）。他说："凡用兵之法，驰车千驷，革车千乘，带甲十万，千里馈粮，则内外之费，宾客之用，胶漆之材，车甲之奉，日费千金，然后十万之师举矣。"如此巨大的开支，给国家带来沉重的经济负担。所以孙子进一步指出："故不尽知用兵之害者，则不尽知用兵之利也。"（同上）他用一分为二的观点告知将帅尽知用兵"利"与"害"，只有最大限度地避其"害"才能最大限度地争其"利"。为使国家趋利避害，战争必须"速胜"。如不能速胜，在经济上会造成"国用不足""百姓财竭"。在军事上，则"钝兵挫锐""攻城则力屈"。在政治上，由于"钝兵挫锐，屈力殚货，则诸侯乘其弊而起，虽有智者，不能善其后矣"（同上）。只有速胜才能减轻人民的负担和国家的经济损失，减少军队的伤亡，预防他国突然袭击，保持政治安定。孙子从为国家和人民的利益着想，主张"速胜"，其民本主义的"仁道"思想是显而易见的。

为了取得速胜，孙子主张君主应慎选将帅，做到"择人而任势"。

战争的客观条件，只是"胜于易胜"的基础，尚不是胜利的现实。只有将客观条件转化为压倒敌人的优势，才能使战争的胜利变为现实。择人任势才能造成战争的有利态势，夺取战争的胜利。因此，选将就成为实现这个转化的关键。他要求将帅在战争决策上，应从国家的根本利益出发，不应以君主的意愿而定。"战道必胜，主曰无战，必战可也；战道不胜，主曰必战，无战可也。"
(《地形篇》）君主的意见有误，可以不执行，可以"君命有所不
受"（《九变篇》）。为将者，应以国家利益为重，"进不求名，退
不避罪"（《地形篇》）。对敌人要诡诈多变，"深间不能窥，智者
不能谋"（《虚实篇》），对己宽厚仁爱，"视卒如婴儿""视卒如爱
子"（《地形篇》）。对敌越诡诈，越能削弱其战斗力；对己越仁爱，
越能增强其战斗力，二者的反差越大，距胜利的距离越小。

　　在作战运筹上，孙子强调将帅应做到"先知"，指出："故明
君贤将，所以动而胜人，成功出于众者，先知也。"（《用间篇》）
并在《地形篇》中进一步指明战争的胜负同"先知"的程度成正
比："知吾卒之可以击，而不知敌之不可以击，胜之半也。知敌之
可以击，而不知吾卒之不可以击，胜之半也。知敌之可击，知吾
卒之可以击，而不知地形之不可以战，胜之半也。"只有"知彼
知己""知天知地"，及时全面地了解和掌握不断变化的战争情况
和发展趋势，使自己的认识和指挥符合战争规律，才能"百战百
胜"，富国强兵。这自然是"仁道"思想的体现了。反之，兵败
国亡，百姓遭殃。孙子曾尖锐地指出："不知敌之情者，不仁之至
也。"（《用间篇》）不知敌情，导致战争失败，严重的造成国破家
亡的悲惨局面，当然是最大的"不仁"了。

　　孙子认为，用间可以做到先知，可以深入了解敌情，做到知
己知彼。但用间不是那么容易，孙子在《用间篇》中说："非智者
不能用间。"用间无疑是一种诡诈行为，但"非仁义不能使间"。
"仁"与"诈"融"用间"，施"仁"，是为了用"诈"；用"诈"，
是为实现其"仁"，二者是相辅相成的。只有选用一心为国、足
智多谋、大仁大义、料敌如神的将帅，养间、训间、用间，使我
明于敌，使敌暗于我，合理决策，才能创造出"其势险，其节短，

势如彍弩，节如发机"（《势篇》）的有利态势，取得以石投卵的速决易胜效果。

在作战实施中，孙子强调将帅要会灵活运用奇正战法、虚实兵略。孙子认识到军事斗争领域中存在着既相互对立又相互转化的许多矛盾。如兵力配备有虚实，部队状态有劳逸，作战方法有奇正，作战时间有迟速，部队行动有疾徐，军队管理有治乱，距离有远近，道路有迂直，计谋有得失，处境有安危等。但这些矛盾现象是相对的，可变的，不是绝对的，不变的。因此高明的指挥官要发挥自己的主观能动性，创造有利条件，做到避实击虚，以逸待劳，以饱待饥，以近待远，以治待乱，以静待哗，以虞待不虞。总之，要以利就我，体现其"仁"，以计制敌，使其受害。

三、休兵，强调"修其功"

一场大战过后，如何处理善后，是明主、良将必须认真思考的问题。孙子在《火攻篇》讲："夫战胜攻取，而不修其功者凶，命曰费留。故曰：明主虑之，良将修之。"斩将败敌，攻城略地，战争取得胜利，这是值得庆贺的大事。但是，战争胜利后如果"不修其功"（可理解为战后处置不当）也是极其危险的，会造成财耗师劳的"费留"，同样会给国家和民众带来灾难。

在这方面，孙子既有切身体验，又有理性感悟。公元前506年，吴军在孙子、伍子胥等人指挥下，取得了在柏举（今湖北汉川北）与楚军会战的胜利，然后挥师西进，势如破竹，一举攻陷楚国都城郢，取得了西破强楚的胜利。破楚之战很大程度上改变了春秋晚期的整个战略格局，为吴国的进一步崛起，进而争霸中原奠定了基础。但是，破楚之战胜利之后，吴王阖闾踌躇满志，带领吴军在郢都城内大肆烧杀抢掠，捣毁楚国的宗庙，洗劫楚国的财宝，还砸毁了搬不走的楚国重器"九龙之钟"，烧掉楚国的粮库。更有甚者，阖闾为满足私欲，也为了羞辱楚国君臣，竟下令"以班处宫""尽妻其后宫"。伍子胥为报父兄之仇，掘开楚平王的坟墓，鞭尸三百，并"左足践腹，右手挟目"，以泄愤恨。

吴军的胜利及胜利后在郢都城的纵暴行径，造成三方面的严重后果。一是激起了楚国民众的极大愤慨和反抗。楚国民众对吴军暴虐，"奋臂而为之斗""各致其死"，强烈反抗吴军的蹂躏，使吴军陷入楚国军民的包围和打击之中。二是没有认识到破楚之战后，诸侯国间战略格局的变化，丧失了吴国在各诸侯国中的有利战略地位。战前晋国出于同楚国争霸斗争的需要，主动与吴国缔结战略同盟，支持吴国攻楚。北方齐、鲁以立国悠久的"礼义"大国自居，尚未对吴国有所警惕。南边越国实力稍逊于吴国，还不能对吴构成威胁。西北秦国远离吴地，也不影响吴国对外作战。当吴国破楚之后，各诸侯国的态度发生了变化：齐、鲁诸国惮于吴国坐大，开始支持楚国，向吴国施加政治、军事方面的压力；秦国为出关中争霸中原，借机直接派兵进入楚境，援助楚军对吴军发起反攻；越国乘吴主力西行，国内空虚，闪击吴国。由于吴未能认清战争胜利后的这种变化，结果是连连失利，损失惨重。三是造成内讧，削弱了吴国的国力。由于吴军在胜利后的一连串失败，催化了吴国内部的矛盾。特别是吴王阖闾胞弟夫概在沂地（今河南正阳县境）失败后，吴王阖闾对其大加痛责，夫概连气带怒潜回吴国，自立为吴王。后来哥哥虽然打败了弟弟，保住吴王宝座，终因相互残杀，国力受损（《吴越春秋·阖闾内传》）。

对于大胜后而出现的如此严重后果，孙子开始是始料未及的。"凡战胜攻取，而不修其功者凶，命曰费留"，这大概是孙子对吴军入郢所犯错误的深刻反省、自责和感叹。

以上三个方面，都体现了孙子民本主义的仁道思想。但更能体现这种思想的是孙子的"不战而屈人之兵"的全胜策。

他说："凡用兵之法，全国为上，破国次之；全军为上，破军次之；全旅为上，破旅次之；全卒为上，破卒次之；全伍为上，破伍次之。"（《谋攻篇》）"屈人之兵"由全局到局部，由大到小依次争取，皆力争全而不破，即使一伍也不放过。可见孙子"全胜"思想的坚决和缜密。它的高明之处，是把战争从野蛮残暴的屠杀和破坏毁灭的战争行为，引向用非暴力的方式和手段解决矛盾，可以避免国破家亡、生灵涂炭的悲剧发生，这确实是"善之善者"也。它不仅可以使己方的人力、物力、财力免受或最大限度地少受损失，"自保而全胜"；同样也可使敌方的人力、物力、财力免受或最大限度地减少损失，做到"保全"；而且有利于缓和敌方的对立和反抗，使天下"全兴"。可见，"不战而屈人之兵"的"全胜"战略之所以是"善之善"，就是因为它利国、利民、利天下，是孙子"仁爱"思想的充分体现。

我们在论说孙子民本主义仁道思想时，不能不提到儒家创始人孔子。孔子稍长于孙子。孔子大力倡导"仁学"，由"爱人"，主张"亲亲而仁民"，对普通民众的政治地位予以某种意义的肯定，进而提出民心向背直接关系到政治的成败。"宽则得众……惠则足以使人"（《论语·阳货》），行宽施惠，推行德政，"其养民也惠，其使民也义"（《论语·公冶长》），并把"惠民"归结为"君子之道"。民本思想的观念已成为当时社会普遍推行的政治主张。孙子受孔子、受当时民本思想的深刻影响是显而易见的。

孙子的仁与孔子的仁基本含义是相同的，都包含着民本思想，人道主义用于政治，则谓之仁政。但他们讲仁的目的，赋予仁的内涵，谈论实行仁的方式、方法却有着很大的不同。

在讲仁的目的上，孔子是想利用这一理论调节、缓和奴隶主内部之间、奴隶主与奴隶之间的矛盾，以便维护旧的社会秩序，补救残败的周礼，进而达到"克己复礼"（《论语·颜渊》）。他的仁与礼互为手段和目的，二者之间，周礼是矛盾的主要方面，仁服从礼，礼依赖仁。但在宣传上他突出仁的目的性，而淡化其手段性，似乎仁就是一切，因而有较大的欺骗性。而孙子讲仁，是为了处理新兴地主阶级内部、特别是他们与军队以及军队内部的关系，要"民"——包括农奴、奴隶、平民和士兵都与新兴的地主阶级统治者"同欲"，增强国家实力，提高军队的战斗力，从奴隶主手中夺权，建立和维护新的地主阶级的统治。孙子公开宣称仁是实现统治阶级意志的手段。如，对士卒"厚"是为了"使"，"爱"是为了"令"，"厚而不能使，爱而不能令，譬若骄子，不可用也"（《地形篇》）。这较孔子坦率得多些，伪装得少些。但他又认为，要使自己立于不败之地，就得实行对人民有利的"道"。从这一点上说，它的仁并非全是"诡谲之辞"。

在给仁赋予的内涵上，两人也截然不同。孔子的仁通常是指非战争条件下的、多从人之常情出发的、伦理性的"爱"或"同情心"，由此引申为宽、信、惠、忠、恕、孝、弟、恭、义、礼、勇、敏等多种美德。孟子解释"仁"说，君子不忍心看到牛在被杀前发抖的样子，因而"远庖厨"（《孟子·梁惠王下》）。从这种理念出发，他认为战争本身就是不仁的，因而反对一切战争。孙子的仁是适应军队和战争这一特殊领域特点的仁。它关注的不是战争本身是否仁的问题，而是在战争状态下如何实行仁。它的答案是：既要坚决地夺取战争胜利，又要最大限度地减少双方的伤亡和损失，争取二者兼得。由于形势所迫，二者不能兼得时，通常要把胜利摆在首位。当全胜战略得以遂行时，两个目的即均可达到。孙子主张在战争中避免攻城，速战速决等，也体现了努力将二者统一起来的思想。认为取得战争胜利本身就是仁；否则，就是不仁之至。为了胜战，孙子主张施用各种诡诈手段，如示形欺敌、避实击虚、夺其所爱，提出将士卒置于"无所往"之地以绝其幸生之念，而逼其顿生"诸刿之勇"等。这与孔子的"己所不欲，勿施于人"完全相反。这些看似"不仁"的做法实则是实现了最大的"仁"。这种举动是那些没有亲临过战阵的儒家学者所不能理解的。

二者在实行仁的方式、方法上，更有明显不同之处。孔子主张纯粹的仁道，决然排斥为实现仁道服务的诡道。正如叶适所说，在行动上"虽不免于用诈而羞称其术"（《水心别集·兵权》）。孙子认为，在对敌军事斗争领域内，用仁与用诈不是绝对排斥的，二者相辅相成，互相包容，缺一不可。他称："兵者，诡道也。""兵以诈立。"提出了"能而示之不能"等诡道十二法。这是孙子对军事斗争规律和克敌制胜奥秘的深刻揭示。孙子从过去和当时的经验教训认定，只仁不诈，已不适应战争的客观要求，"保国安民"也就无从谈起；只诈不仁，不能得到军队、人民的拥护和实现统治阶级内部的团结，也不利于分化瓦解和征服敌人，难以巩固胜利的局面和实现长治久安。只有将二者结合起来，才能使自己立于不败之地。他吸取了古代仁信思想中的合理成分，而去其迂腐观念，分析总结了适应战争需要的诡诈思想而运用于对敌斗争，从而将"仁道"与"诡道"这两种截然相反的思想辩证地统一起来，形成了自己独特的军事理论大厦。

孙子的君命论

孙子对君、对君命多有论述。

《谋攻篇》曰："故君之所以患于军者三：不知军之不可以进而谓之进，不知军之不可以退而谓之退，是谓縻军；不知三军之事，而同三军之政者，则军士惑矣；不知三军之权，而同三军之任，则军士疑矣。三军既惑且疑，则诸侯之难至矣，是谓乱军引胜。"

《军争篇》曰："将受命于君，合军聚众，交和而舍，莫难于军争。"

《火攻篇》曰："明主虑之，良将修之。""主不可以怒而兴师，将不可以愠而致战。""故明主慎之，良将警之，此安国全军之道也。"

《用间篇》曰："故惟明君贤将，能以上智为间者，必成大功。"

在孙子君命论的诸多名言中，最脍炙人口的莫过于《九变篇》中"君命有所不受"。对此名言有众多释义，历来多有歧义。现设专章加以探析其含义、根据和动机，不无意义。

一、"君命有所不受"释义歧异辨析

孙子的"君命有所不受"出自《九变篇》，孙子曰："途有所不由，军有所不击，城有所不攻，地有所不争，君命有所不受。"
对此五句，学术界统称为"五利"。

杜佑在《通典》中说，"君命"前又有"将在军"三字。清孙
星衍校《孙子十家注》谓此乃诸葛武侯语，说杜佑《通典》臆增
成文。汉简与各本皆无此三字。我们从上下文体观之，有此三字
似不类，应舍弃，以不加"将在军"三字为宜。

学术界历来认为今本孙子语"途有所不由，军有所不击，城
有所不攻，地有所不争，君命有所不受"五句之言为平列关系。
而汉简释文云："君命有所行者，军令有反此四变者，则弗行也。"
杨丙安先生注"君命有所不受"曰："此句乃总以上诸事而言，并
不与之平列。"吴九龙主编的《孙子校释》与杨先生意同，曰：
"君命有所不受之前提，即汉简《四变》所谓'君令有反此四变
（即上述'途有所不由'等四类情况）者，则弗行也'。"

著者认为杨丙安先生和《孙子校释》诸君赞成汉简释文是尊
重历史，尊重科学之举，但有的同仁却以此而否认此句作为独立
的用兵准则，认为：不改变今本平列之说，便一误再误，不知会
错到几时方休。此论恐不敢苟同。有反汉简所称的四种情况的君
命，则可弗行也，而有反这四种情况之外的错误君令，则不可弗
行吗？错误的君命则不可弗行吗？著者认为是完全可以弗行的。
曹操注曰："苟便于事，不拘于君命也。"李筌注曰："苟便于事，
不拘君命。穰苴斩庄贾，魏绛戮杨干是也。"杜牧注曰："尉缭子
曰：'兵者，凶器也。争者，逆德也。将者，死官也。无天于上，
无地于下，无敌于前，无主于后。'"贾林注曰："决必胜之机，不
可推于君命；苟利社稷，专之可也。"孟氏注曰："无敌于前，无君
于后，阃外之事，将军制之。"梅尧臣注曰："从宜而行也。此而
上，五利也。"张预注曰："苟便于事，不从君命。夫概王曰'见

义而行，不待命'是也。自'涂有所不由'至此为五利。或曰：自'圮地无舍'至'地有所不争'为九变。谓此九事，皆不从中覆，但临进制宜，故统之以'君命有所不受'。"

诸家所解，一致认为错误的君命是可以有所不受的，并不仅仅限于反"四种情况"的君命，才可不受。

二、"君命有所不受"合于历史实际

孙子的"君命有所不受"这一重要思想，不是凭空想出来的，它是符合历史实际的，是有事实根据的。将既受命，得专军事，国君不得干预，这在古代是一种制度。

《六韬·龙韬·立将》述古代拜将受命之制曰："凡国有难，君避正殿，召将而诏之曰：'社稷安危，一在将军。今某国不臣，愿将军帅师应之。'将既受命，乃命太史钻灵龟，卜吉日，斋三日，至太庙以授斧钺。君入庙门，西面而立。将入庙门，北面而立。君亲操钺，持首，授将其柄，曰：'从此上至天者，将军制之。'复操斧，持柄，授将其刃曰：'从此下至渊者，将军制之。……'将已受命，拜而报君曰：'臣闻国不可从外治，军不可从中御。二心不可以事君，疑志不可以应敌。臣既受命，专斧钺之威。臣不敢生还，愿君亦垂一言于臣。君不许臣，臣不敢将。君许之，乃辞而行。军中之事，不闻君命，皆由将出。临敌决战，无有二心。若此，则无天于上，无地于下，无敌于前，无君于后。'"

《司马法》佚文："阃外之事，将军裁之。"（《公羊传》襄公十九年疏引）

《汉书·冯唐传》："臣闻上古王者遣将也，跪而推毂，曰：'阃以内者寡人制之，阃以外将军制之；军功爵赏，皆决于外，归而奏之。'"

《左传》闵公二年载里克说："夫帅师，专行谋，誓军旅，君与国政之所图也，非太子之事也。师在制命而已，禀命则不威，专命则不孝，故君之嗣適不可以帅师。君失其官，帅师不威，将焉用之？"里克反对太子帅师，就是以将帅受命自专不合太子身份（太子是国君之子，要尽孝道，不当自专）为理由。

里克说这段话曲折地说明，早在春秋初年，专职的将帅还没有出现的时候，正卿统兵作战时，也有机断处置的权力，不是一切都要请示的。100多年后的孙子时代，诸侯国间的战争规模更大，更激烈，不谙军事，远离战场的国君怎可能根据瞬间多变的战场情况进行决断决策呢？孙子违抗错误的君命，提出"君命有所不受"的主张，是符合战争实际的，是符合当时历史要求的。将帅拥有机断处置战事的权利，是战争发展所造成的必然结果。

三、"君命有所不受"是科学的命题

"君命有所不受"是一个科学的命题，它的精义在于"有所不受"。有所不受，不是一概不受，是有所受，有所不受。一般说来，国君作为一个国家的最高统帅，他的命令对于指挥军队的将帅来说必须服从。但国君的命令不一定符合瞬息多变的战场情况，尤其是春秋时代，各国国君多是文人，不谙军事，且远离战场，不了解复杂万变的战场实际情况，服从这种不谙军事的"君"的不合实际情况的命令，其结果是不堪设想的。因此，作为身系国家前途、士卒命运的将帅，自当把国君的命令与战场的实际情况结合起来加以考虑，毫无保留地执行那些正确的命令，不执行那些错误的命令。如果以国君的错误命令作为军事行动的根据，往往难逃覆军杀将乃至亡国的结局。

在用将士鲜血写就的战争史中，由于国君不当干预而招致惨败的教训俯拾即是。

公元 756 年，哥舒翰以病残之躯率临时招募、战斗力很弱的唐军扼守潼关，阻击安史叛军，保卫京师长安。战役前期，他依据"君命有所不受"的原则，多次违背唐玄宗让他迅速出关攻打叛军的错误命令，利用潼关易守难攻的地利条件，坚持固守，使叛军不能越雷池一步。战役后期，他迫于唐玄宗的严令，不得不率军出关攻打战斗力很强的叛军，导致全军覆没，潼关陷落。这从反面说明了"君命有所不受"的正确。

君命，受与不受，是有条件的，不是无条件的，在当时其本意、其标准是以符合国君和新兴地主阶级的根本利益和夺取战争胜利为前提，"战道必胜，主曰无战，必战可也；战道不胜，主曰必战，无战可也。故进不求名，退不避罪，唯人是保，而利合于主"（《地形篇》）。真正做到合于利而动，不合于利而止。非利不动，非得不用，非危不战，才是安国全军之道也。

君命有所不受，正是为了受，正是将帅以高度负责的精神，冒违君之令的风险，当机立断地采取符合战场实际的战法，去完成国君所给予的战胜敌人的任务。在我国战争史上，曾有不少违抗朝廷命令，冒着死罪执行有利于国家作战的将帅。穰苴斩庄贾，魏绛戮扬干，汉武帝后将军赵充国平羌作战是也。在解放战争中，中央军委曾指示粟裕将军率领一支部队在长江中游过江，到苏皖浙赣边区建立根据地以威胁南京，牵制敌军于江南。粟裕受命之后，进行了周详的调查，认为经过长途跋涉，转战前进，等到达目的地之后，所剩余的战斗部队将达不到威胁南京和牵制敌军于江南的目的，其结果反不如保留此数万人在现地歼灭敌人更为有利。于是粟裕将军提出建议，报告军委。后经军委批准解除此项任务。

毋庸讳言，在历史上，也有不少动机不纯的将帅为谋取个人或小集团的私利，借口"君命有所不受"而不执行正确的君令，拥兵自重，与朝廷分庭抗礼，甚至搞独立王国。"安史"之乱后，以"河朔三镇"为代表的藩镇割据势力名义上尊奉唐王朝，实际上却各霸一方。在这些地区，藩镇的统治者即拥有军政大权的节度使，自己任免文武官员，不贯彻中央的法令，不纳赋税，不允许朝廷调动他们的军队。他们父子相承、兄终弟及，或将军自行拥立，事后胁迫朝廷追认。

史籍上，记载着一些军事家以此名言为据，盲目地强调独断独行，作为不听"君命"，拥兵自重，闹独立性的借口，那是对孙子这一军事命题本意的歪曲。

第八讲

孙子的重道论

在我国古代，"道"的含义深奥而广泛。《孙子》十三篇中就有《计篇》《谋攻篇》《形篇》《军争篇》《地形篇》《九地篇》《火攻篇》《用间篇》共八篇计二十四处出现"道"字。分类归纳，有政之道，也有战之道，也有表示路途的不虞之道。一词多义，内涵广泛，这是诸子百家著作中普遍存在的现象。本文不想泛泛地谈论孙子诸道含义，只想就政之道，加以详析。

何谓政之道？孙子曰："道者，令民与上同意也，故可与之死，可与之生，而不畏危。"（《计篇》）对孙子此说中的这个"道"，杜牧释之为"仁义"，张预注之为"抚众"，即所谓"以恩信道义抚众"者。他们都把"道"看成可使自己上下一致的政治教育。明代刘寅在《读兵书法》中提出："兵书全在道、天、地、将、法五事，虽汤、武亦不难此。孙子将'道'字只以'令民与上同意，可与之死，可与之生，而不畏危'言，今人由此看得轻易。'道'字语大不可载，语小不可破。"

通览《孙子》之书，领会道之含义，我们看到孙子的"道"就是指国君实行得人心、顺民意的政治，即国家的政治路线、方针、政策等，以此统御民众，就能赢得民心，达到"上下同欲"，形成团结一致的众合局面及强大的战斗力，从而无往而不胜。由此可见，孙子的"道"可称是"政治之道""治心之道"。

政治之道，是战争制胜的第一条件。为了赢得战争的胜利，为了安国全军，孙子要国君有道，要将吏修道，要士卒行道，以此养成行道之风，得道之利。

一、主孰有道

孙子重道，更重国君有道。

关于战争胜负问题，孙子认为，决定战争胜负的，不是什么天命，什么鬼神，而在于政治、天时、地利、将帅、法制等主客观条件，在于"主孰有道，将孰有能，天地孰得，法令孰行，兵众孰强，士卒孰练，赏罚孰明"等实际情况。在对这些条件的对比中，他把"道"列为"五事"之首，认识到人心向背与战争胜负的重大关系。这是难能可贵的。得民心者得天下，失民心者失天下，这是人们的共识。商君说得好："凡战法，必本于政胜。"（《商子·战法第十》）荀子也说："兵要，在乎善附民而已。"孙中山先生在《北上宣言》中也指出："武力与民众结合者，无不胜，反之，无不败。"修明政治，取得民心，是能为胜败的基础，为君为将，切不可不察。

《百战奇法·忘战》云："凡安不忘危，治不忘乱，圣人之深戒也。天下无事，不可废武，虑有弗庭，无以捍御。必须内修文德，外严武备，怀柔远人，戒不虞也。四时讲武之礼，所以示国不忘战。不忘战者，教民不离乎习兵也。法曰：'天下虽平，忘战必倾。'"一个国家，一个民族，在有外敌侵略之时，一般都能充分认识武装力量的重要，全力以赴投入抗击侵略者的斗争。而在相对和平的环境中，又往往忘记武备，不思外患，因而导致国家受难甚至灭亡，这种事情并不鲜见。

唐玄宗即位初期，任用贤臣，实行利国利民之方略，出现了"开元之治"的和平稳定局面，把唐王朝推向了鼎盛时期。但他在统治后期，却"自恃承平，以为天下无复可忧，遂深居禁中，专以声色自娱"，穷奢极欲，"承平日久，毁戈牧马，罢将销兵，国不知备，民不知战"，军备废弛，为安禄山、史思明等人的叛乱造成可乘之隙。天宝十四年（755）十一月，安禄山等在范阳（今北京西南）起兵，不到半年，东京洛阳和西京长安相继失陷，平定叛乱的战争达七年之久，唐王朝元气大伤，走向衰落。

二、将执修道

孙子要国君有道，更要将吏修道。他在《形篇》指出："善用兵者，修道而保法，故能为胜败之政。"意思是说，善于用兵的统帅能够从各方面修明政道，保证法令的严格执行，由此就能掌握胜败的主动权。贾林注曰："将能以道为心，与人同利共患，则士卒服，自然心与上同也。"将帅修道，要从修心（以道为心）、修身（与人同利共患）两方面做起，才能形成士卒与上同心协力的局面。

为确保所用之将修道而保法，孙子在任用将帅方面，反对奴隶主阶级的"世卿世禄"制度，把能否执行新兴地主阶级的政治主张和战略决策，作为选任将帅的标准。"将听吾计，用之必胜，留之；将不听吾计，用之必败，去之。"（《计篇》）并要求将帅必须具备"智、信、仁、勇、严"五种才德，不可专尚勇力。此言极是。吴子曰："凡人论将，常观于勇，勇之于将，乃数分之一耳，夫勇者必轻合，轻合而不知利，未可也。"（《武经七书·吴子直解·论将第四》）德将克劳塞维茨在他《大战学理》一书里指出，军事上之天才，非单一之力，谓诸力谐协而合同者。名将论将，无不吻合，一致认为，诸德协合方为良将。

孙子对于将帅政治品质的要求，是将帅应具备的条件之一。他认为将帅鼎扛军、国重任，必须有高尚的政治品德。"进不求名，退不避罪"（《地形篇》），受命勇进，不是为了沽钓个人名誉；君命不符合实际时，不要回避违君命的风险，应该以"唯民是保，而利合于主"作为最高准则。在强调"受命于君"的同时，又提出"君命有所不受"的主张，认为"战道必胜，主曰无战，必战可也；战道不胜，主曰必战，无战可也"（同上）。一切从客观实际出发，从国家根本利益着眼，要有高度负责精神和自我牺牲精神，是将帅必须具备的政治品德。在孙子的时代，能有这种思想认识真是难能可贵的。

三、卒孰行道

孙子认为"上下同意"，内部团结，是取得战争胜利的基础。要做到内部团结一致，除了国君政治开明，具有强大的政治凝聚力，将吏修道而保法，具有很强的感染力之外，还必须对士卒"令之以文，齐之以武"（《行军篇》），就是要用文的怀柔手段去管理士卒，用武的军纪军法使他们整齐一致，使之养成服从命令的习惯，养成自觉执行政治之道的律己之风。

对士卒的管理教育，要"文""武"兼施，二者相辅相成，缺一不可。将吏对待士卒，既要宽厚仁慈，把士卒看作"婴儿"和"爱子"，又要令其遵纪守法，听从号令，这样士卒才能"与之赴深溪""与之俱死"。将吏对士卒厚于爱抚,薄于管教,这样的军队也不会为己所用。爱兵的目的在于用兵,因此,带兵要做到爱抚而不娇宠,亲附而不放纵。否则就会造成"厚而不能使,爱而不能令,乱而不能治"(《地形篇》)的局面。

孙子认为,要想使士卒同国君、同将吏同心、同意,还要采取赏罚兼施之法。有功者赏,有过者罚,是重要的治军之道,是刺激作战积极性,维护军队纪律的有效手段。同时也是判断敌对双方胜负的一个重要因素。孙子主张以财货奖赏鼓励士卒冲锋陷阵,鼓励士卒勇敢地夺取敌人的物资财货。在深入敌境后,更要"掠乡分众,廓地分利"。

如何赏罚?孙子主张要适时、适度。赏罚要根据具体情况灵活掌握,在任务艰巨、重大而又紧急的情况下,可以"施无法之赏,悬无政之令"(《九地篇》)。对使用间谍等特殊任务,可以不惜重金,给予优厚的奖励;对泄露军事机密者给予重罚,直至处死。

对于俘虏来的士卒,孙子主张"卒善而养之,是谓胜敌而益强"(《作战篇》)。他认为作战必须把军事打击与政治招抚结合起来。对"围师""归师""穷寇"要留以生路,促使敌军溃散,以降低敌人的抵抗程度。对俘虏来的士卒更要善待,以精神感召消除其思归心理,瓦解敌人拒降的意志。同时,又可以用来补充自己的兵员,为我所用,收到"胜敌而益强"的效果。

第九讲

孙子的虚实兵略

　　虚实是古代兵法中一个重要命题,《唐太宗李卫公问对》中称"孙武十三篇,无出虚实",足见这一思想的重要。孙膑把孙武"避实击虚"的用兵原则,概括为"批亢捣虚"(即抓住要害,乘虚进攻),使这一思想的表达更加完整明确。在现代战争中它仍然是一个具有普遍指导意义的原则。

一、虚实之义

　　何谓虚实?孙子在《势篇》曰:"兵之所加,如以碫投卵者,虚实是也。"曹操注曰:"以至实击至虚。"李筌注曰:"碫实卵虚,以实击虚,其势易也。"《草庐经略》在辨析虚实含义时说:"所谓虚者,非值其兵之寡弱也。凡守备之懈弛,粮食之亏乏,人心之怯慑,士众之涫乱,城隍之颓淤,兵力之劳倦,壁垒之未完,禁令之未施,贤能之未任,阵势之未固,谋画之未定,群情之未协,地利之未得,若此者,皆虚也。"这样说来,除了兵员多少对比与兵力强弱对比以外,虚实还表现为如下方面的对比:守备谨严为实,守备懈弛为虚;粮食充裕为实,粮食亏乏为虚;人心壮勇为实，人心怯慑为虚；士众整肃为实，守备懈驰为虚；城隍修理为实，城隍颓淤为虚；兵力逸余为实，兵力劳倦为虚；壁垒已理为实，壁垒未理为虚；禁令已施为实，禁令未施为虚；贤能已任为实，贤能未任为虚；阵势已固为实，阵势未固为虚；谋画已定为实，谋画未定为虚；群情已协为实，群情未协为虚；地利已得为实，地利未得为虚。此外，还可举出其他方面的对比来。概括来说，虚实是对敌对双方力量对比状况的本质概括。具体说，是指双方兵力的大小、众寡，士气的高低、凝散，军队的治乱、劳逸，兵势的锐钝、勇怯，部署的主次、坚瑕等。虚实兵略与奇正兵略不同，奇正是将己方兵力投入实际战斗时所做的战术配置，而虚实则是指通过分散集结的运动变化以造成预定会战地点上的我强敌弱，我专敌分，我众敌寡。

在概念上知道什么是虚实并不难，难的是在实践中认识敌人虚实之所在。对此，孙子指出要善于通过各种手段进行综合分析，透过现象看清本质。可采取用间、相敌、示形迷惑敌人，"角之""作之"使之暴露兵力部署等，以达到识别虚实之目的。

识别敌我双方之虚实，是制定作战计划的前提。一般说来，我军实，敌军虚，则我军应对敌军进攻；我军虚，敌军实，则我军应对敌军防守。只有分清敌军与我军各自的虚实，我军才能在应进攻时、应进攻处进攻，在应防守时、应防守处防守，才能胜利。倘若分不清敌军与我军各自的虚实，我军就会在应进攻时、应进攻处防守，在应防守时、应防守处进攻，就会失败。《唐太宗李卫公问对》说："夫用兵识虚实之势，则无不胜焉。"分清敌我两军各自的虚实，这是指挥员指挥正确与错误的先决条件。

二、虚实之变

敌我虚实是客观存在的，但又是可变的。孙子认为"虚"可变为"实"，"乱生于治，怯生于勇，弱生于强"，"敌佚能劳之，饱能饥之，安能动之"，通过主观能动作用，可以将虚势转化为强势。反之，"实"也可以变为"虚"。主观上的"不意"导致行动上的"无备"，造成防御兵力分散薄弱，部队松懈混乱，将帅骄纵易怒，不得天时地利，军队饥困疲惫等，这些情况都可以使己由实变虚。

虚实之变，不可改移，精义在于如何变敌实为虚，变我虚为实。

孙子说："故善战者，致人而不致于人。"调动敌人而不被敌人所调动，掌握战场的主动权，是取胜于敌的要诀。反之，如果丧失了战场上的主动权，被敌人牵着鼻子走，只能被动挨打。下列战事两则，以资证明。

战国时，秦派兵侵韩，军于阏与。赵王令赵奢往援。赵奢纳军士许历之策，发兵万人，先据山上。秦兵后至，争山不得上。赵奢纵兵奋击，大破秦军，遂解阏与之围（《史记·廉颇蔺相如列传》）。

后汉初，张步将费邑分遣弟敢守巨里。汉将耿弇进兵，先胁巨里。使多伐树木，传言以填塞坑堑。数日，有降者言："邑闻弇欲攻巨里，谋来救之。"弇乃严令军中趣修攻具，宣敕诸部："后三日，当悉力攻巨里城。"阴缓生口，令得亡归。归者以弇期告邑。邑至日，果自将精兵三万余人来救之。弇喜，谓诸将曰："吾所以修攻具者，欲诱致邑耳。今来，适其所求也。"即分三千人守巨里，自引精兵上冈阪，乘高合战，大破之（《后汉书·耿弇列传》）。

从上两例可以看出，赵奢和耿弇都因善于运用孙子"致人而不致于人"的作战原则，控制战局主动权，诱敌出战，才获得了决定性的胜利，而秦军和费邑又都因违背孙子的这一原则，才陷于被动，遭到惨败。由此观之，力争主动，力避被动，调动敌人而不被敌人调动，实为最重要的作战指导原则之一。

在攻守问题上，孙子说："善攻者，敌不知其所守；善守者，敌不知其所攻。微乎微乎，至于无形，神乎神乎，至于无声，故能为敌之司命。"攻守是对立的两极，但在一定条件下，攻守又是统一的。孙子主张，必争的地方，不要硬攻，但是要得；必守的地方，不必死守，但要勿失。"攻而必取者，攻其所不守也；守而必固者，守其所不攻也。"这是说，敌我双方必争的地方，敌若先占，必定配备重兵，据险扼守，我就不可强攻；如若强攻，攻不下或攻下来，都会伤亡惨重，付出很大代价。此时就宜采用调虎离山之计，分遣奇兵，攻占争地之外的目标，迫敌去救，乘争地空虚再潜兵袭取。反过来说，对于必争之地，敌人必倾全力猛攻，我就应把敌人注意力引开，确保争地为我所有。孙子对争地既争又不争的战术原则，的确是辩证法的妙用。

为了以众击寡，孙子主张要"形人而我无形"，通过"示形"等各种手段欺骗敌人，隐蔽自己的行动企图，就可以分散敌人而集中自己的兵力。做到"我专为一，敌分为十"，甚至使敌人完全陷入"备前则后寡，备后则前寡，备左则右寡，备右则左寡，无所不备，无所不寡"的被动境地，而自己则"出其所不趋""攻其所必救"，主动灵活地打击敌人，主宰敌人的命运。

孙子指出，"兵形象水"，水流的特点是"避高而趋下""因地而制流"，用兵则要"避实而击虚""因敌而制胜""能因敌变化而取胜者，谓之神"。孙子借水流的形式，说明用兵作战没有一成不变的方式，真可谓比喻贴切，言简意明。结尾复取五行、四时、日月为喻，无非是反复申明用兵征战没有固定的模式，没有定格的方法，要因敌变化而变化，切不可师古故常，拘泥先例。世间没有一成不变的东西，社会上也没有一成不变的事情，万事万物都是循着运动发展的规律，不断地推陈出新，向前发展。用兵又何尝不是如此呢！

三、贵在以实击虚

识敌方虚实，识敌方虚实之变，其目的是为了避实击虚，战而胜之。

古今中外，战争中的虚实是永远存在的，高明的将帅就在于能够预见虚实，分辨虚实，制造虚实，以实击虚，避实击虚，书写战争的画卷。孙子之后，孙膑在实践上，围魏救赵，批亢捣虚是千古传颂的佳话；在理论上，也有精彩的阐述。《孙膑兵法·威王问》记载：田忌问孙膑说：赏、罚、权、势、谋、诈是不是作战中最关键的问题，孙膑作了否定的回答。田忌感到意外，于是"忿然作色"，质问孙膑。孙膑指出："必攻不守，兵之急者也。"也就是说，进攻敌人没有防守的空虚的地方，才是最关键的问题。

其后的历代兵家，无不重视、运用孙子避实击虚之要术。

下边摘录几则以佐证。

《孙膑兵法·十问》曰："攻其所必救，使离其固，以揆其虑，施伏设援，击其移庶。"大意是：进攻敌人必然救援的地方，迫使它脱离坚固的阵地，判明敌人的作战企图，设置伏兵和援军，乘敌在运动中将其消灭。

《管子·霸言》曰："释实而攻虚，释坚而攻脆，释难而攻易。"大意是：避实击虚，避坚攻弱，避难攻易。

《管子·制分》曰："凡用兵者，攻坚则韧，乘瑕则神。攻坚则瑕者坚，乘瑕则坚者瑕。"大意是：凡是作战，打强点就会受阻碍，打弱点就会建奇功。强点打不下来，弱点也会变成强点；弱点打成功，强点也会变为弱点。

《尉缭子·兵权》曰："津梁未发，要塞未修，城险未设，渠答未张，则虽有城无守矣；远堡未入，戍客未归，则虽有人无人矣；六畜未聚，五谷未收，财用未敛，则虽有资无资矣。夫城邑空虚而资尽者，我因其虚而攻之。法曰：'独出独入，敌不接刃而致之。'此之谓也。"大意是：如果敌人要道没有控制，要塞没有修建，工事没有构筑，障碍没有设置，那么，虽有城塞等于没有防御；边境堡垒没有占领，守边部队没有到位，那么，虽有人马等于没有人马；牲畜没有集中，粮食没有征集，财物没有收齐，那么，虽有资财等于没有资财。对这种城邑空虚而资财穷尽的敌人，我方就应乘虚进攻。兵法上说："我军独往独来，敌人不待交锋就缴械投降。"指的就是这种情况。

《登坛必究·经武》曰："夫与人斗，不扼其吭，拊其背，不能全胜。"大意是：同敌作战，如同与人格斗一样，不扼住他的咽喉，不打击他的侧背，就不能获得全胜。

避实击虚是军事上的一条普遍原则，在现代战争中也同样显示着它的强大的生命力，受到军事家们高度重视。以我国老一辈无产阶级军事家为例，刘伯承就提出要"找弱点和创造弱点"（《战术问题》），朱德也指出要"寻求敌之弱点"（《朱德选集》），毛泽东的十大军事原则第一条就是"先打分散和孤立之敌，后打集中和强大之敌"。

总之，通过以上征引可以清楚地看到，"避实击虚"历来是兵学家津津乐道的制胜之法，也历来是兵家制胜的重要法宝。

这里要指出，这一法宝并不是我军独有，敌方也会运用此法对付我方，以其人之道还治其人之身。为此，为防敌方攻我之虚，就要善于示假隐真，虚虚实实，使敌莫测。敌意为虚，我以实对；敌意为实，我以虚对等，使敌不知我之虚实。这就要巧妙地运用孙子示形之法，灵活地使用孙子奇正之术，以石击卵，攻虚击弱，战而胜之。

第十讲

孙子的兵非益多思想

春秋末期，大多兵家将帅认为兵多将广即为强。因此，在作战进军方面，都比较注重追求将帅兵员数量。而孙子却能审时度势，细查端倪，冲破冷兵器时代"人多势重"的思维樊篱，以其军事家的睿智与胆识，鲜明地提出"兵非益多"的思想，是难能可贵的。细究孙子此种思想的科学内涵，可以归纳为以下几点。

一、兵非益多，贵在"为"

孙子在《行军篇》中说："兵非益多也。"宋本《十一家注孙子》曹操注云："兵非贵益多。"即言军队不是越多越好。探其"贵"，贵在什么地方？孙子在《虚实篇》作了明确答复：兵非益多，贵在人"为"。他说："以吾度之，越人之兵虽多，亦奚益于胜败哉？！故曰：胜可为也。敌虽众，可使无斗。"孙子的胜可为，乃指主观能动性而论，即是说在具备一定条件的情况下，将帅能够发挥主观能动性，巧妙地指挥，胜利是可以争取到的。

公元 1643 年 5 月，李自成领导的起义军在湖北襄阳召开会议，制定起义军北伐的战略决策。会上，出现两种意见：一种主

张进兵河北，立即攻打北京；另一种主张按兵不动，据守襄京，
截断北京明军粮道，待机进取。当时担任兵部从事的顾君恩反对
这两种意见。他认为，立即直捣北京，万一不胜，没有安全的后
方，这种主张失之过急；留据襄京，队伍长期偏处长江中下游一
带，很难迅速完成推翻明王朝大业，这种主张失之缓慢。他主张，
应该先率军经河南夺取关中。因为陕西是起义军统帅李自成的故
乡，群众基础好，应在那里建立根据地，然后依赖那里的人力物
力，攻取山西，再取北京。这样，进可攻，退可守，才是万全之
策。李自成采取了顾君恩的主张，起义军很快克潼关，进西安。
起义军在西安进一步巩固和扩大了襄阳建立的政权组织，并派兵
攻占陕甘各地，建立了陕西根据地。第二年，起义军依靠陕西根
据地，乘北方明军兵力单薄之隙，进兵山西。10月，顺利攻进北
京，推翻明王朝统治。

二、兵非益多，贵在"精"

孙子认为乌合之众无以胜战，只有将智士勇才能佐君护君，
为君而战，完成君命。为此，他除主张国富民强外，还十分重视
建立一支"其疾如风，其徐如林，侵掠如火，不动如山，难知如
阴，动如雷震"（《军争篇》）的强大地主阶级武装力量，用战争
手段"掠乡分众，廓地分利"，图强争霸，发展、巩固本阶级的
政治势力。他主张军队建设不仅要"修道"——修明政治，"令
民与上同意也"（《计篇》），而且要"保法"。他说："法者，曲制、
官道、主用也。"（《计篇》）他所讲的"法"，指的是军队编制、
军需供给、军费使用制度以及各级将吏的职责区分和规定。"保
法"就是确保这些规章制度的贯彻执行。在"保法"方面，孙子

不采取强制推行的办法，他很讲究执法的艺术，他说："卒未亲附而罚之，则不服，不服则难用也。卒已亲附而罚不行，则不可用也。"(《行军篇》)"厚而不能使，爱而不能令，乱而不能治，譬如骄子，不可用也。"(《地形篇》)在孙子看来，取得士兵拥护是将帅执行军纪的前提，"未亲附而罚之"，效果不好；已亲附而不罚之，是娇生惯养，是将之过。为此，他提出对士兵要"令之以文，齐之以武"(《行军篇》)——用"文"的怀柔手段管理他们，用"武"的军纪军法使他们整齐一致，使之养成服从的习惯。他认为要使士卒勇敢作战，就要改善管教方法，注意爱护士卒。他说："视卒如婴儿，故可与之赴深溪；视卒如爱子，故可与之俱死。"(《地形篇》)对于作战勇敢，杀敌立功者，他主张物质奖赏："取敌之利者，货也。故车战，得车十乘已上，赏其先得者。"(《作战篇》)他反对虐待降卒，主张"卒善而养之"，以瓦解敌军壮大自己。

孙子建设精锐之师的思想，给历代兵家以影响。

孙膑曰："兵之胜在于篡卒，其勇在于制，其巧在于势，其利在于信，其德在于道。"(《孙膑兵法·篡卒》)

《汉书·晁错传》曰："士不选练，卒不服习，起居不精，动静不集，趋利弗及。避难不毕，前击后解，与金鼓之指相失，此不习勒卒之过也，百不当十。"

刘伯承说："我们从精兵意义来看，应该说，与其有百发一中的兵百名，不如有一发一中的兵一名。"(《刘伯承军事文选》)精辟地论述了军队质量重于数量。

毛泽东曾用孙悟空打败铁扇公主和"黔驴技穷"的典故说明了小可以战胜大，少可以战胜多，弱可以战胜强的道理。同时，也为我军走质量建军的道路指明了方向。

邓小平主持军委工作期间，曾说："军队的人数，增加很多，军费开支占国家预算的比重增大，把很多钱花费在人员的穿衣吃饭上面。更主要的是，军队膨胀起来，不精干，打起仗来就不行。"（《邓小平文选》）"减少军队人员，把省下来的钱用于更新装备，这是我们的方针。"（同上）并且从1985年起，实行了百万大裁军。其精兵思想同孙子"兵非益多"之说不无联系。当然，邓小平提出的裁军主张，是从和平与发展的总目标出发，根据当时国内外政治、经济、军事等形势变化与我军实现国防现代化而提出的，是与孙子不可同日而语的。

三、兵非益多，贵在"变"

"以众击寡"是孙子的重要作战思想，他不赞成在敌我力量相当的情况下作战，更不赞成"以少合众，以弱击强"（《地形篇》）。他主张当我方以镒称铢那样在力量上处于绝对优势时，去攻击以铢称镒那样在力量上处于绝对劣势的敌人。

兵众、兵寡本是既定之局，何以变敌众为寡、变我寡为众？孙子说："故形人而我无形，则我专而敌分；我专为一，敌分为十，是以十攻其一也，则我众而敌寡；能以众击寡者，则吾之所与战者约矣。"这是说，只要善于调动敌人，在具体的局部战役和战斗上，也可以并且必须造成我众敌寡的形势。他还指出，很好地保密作战地点，完全可以把集中的敌人分散开去。他说："吾所与战之地不可知，不可知，则敌所备者多；敌所备者多，则吾所与战者寡矣。故备前则后寡，备后则前寡，备左则右寡，备右则左寡，无所不备，则无所不寡。"他的结论是："寡者，备人者也；众者，使人备己者也。""不知战地，不知战日，则左不能救右，右不能

救左，前不能救后，后不能救前。""故知战之地，知战之日，则可千里而会战。"《虚实篇》

战争中兵"专"的实质，就是在某一时间和空间内，改变敌我力量的对比，造成合理的对比优势，从而战胜敌人。古人讲过："将众而用寡者，势不齐也；将寡而用众者，用力谐也。"(《淮南子·兵略训》)就是说，总兵力比敌人多，用时反比敌人少，是分散兵力的缘故；总兵力比敌人少，用时却比敌人多，那是善于集中兵力的缘故。

"我专而敌分"，是兵家伐谋用势的理想境界。"能分人之兵，能按人之兵，则锱（铢）而有余；不能分人之兵，不能按人之兵，则数倍而不足。"(《孙膑兵法·客主人分》)"凡与敌战，若彼众多，则设虚形以分其势，彼不敢不分兵以备战。敌势既分，其兵必寡；我专为一，其卒自众。以众击寡，无有不胜。"(《百战奇法·形战》)"聚不聚为孤旅，分不分为麋军。"所有这些，都反复强调了"我专而敌分"是造成我方优势，大量消灭敌人的重要作战方法。

战争中欲顺利达到"我专而敌分"的目的，重要的战术手段就是示形动敌。即善于造假隐真，调动敌人，使敌乖露其弱，为我所制。据《后汉书》记载：公元 87 年，东汉名将班超调集于阗等国军队两万五千人，再次攻打莎车。龟兹王派左将军联合温宿、姑墨、尉头等部五万人前往救援。在敌众我寡的情况下，班超以"我专而敌分"的战术手段，佯作不战而分兵东西撤退。于阗部而东，班超部而西，两支部队约定等到夜间以鼓声为号，集中兵力袭击敌人。为使敌上当，班超故意让俘虏逃回去报告情况。龟兹王得知消息，亲率一万骑兵赴西路阻击班超的部队，温宿王率八千骑兵于东路截击于阗的部队。班超得知两支部队已出动，便秘密命令各部队把阵势摆好，并于鸡叫的时候，奔袭莎车的部队。敌震惊，混乱奔逃，被追杀者五千多人。莎车王归服，龟兹王等部队也因此败散，至此西域归于汉朝统治。

综上所述，孙子兵非益多的思想主要意旨是贵在"为"，贵在"精"，贵在"变"。但孙子并不反对兵多将广，而且也十分重视数量。孙子认为没有一定的数量，也就谈不上质量。他在《形篇》中说："一曰度，二曰量，三曰数，四曰称，五曰胜。地生度，度生量，量生数，数生称，称生胜。"这是说，兵力众寡不同，就产生了军事力量对比的"称"的不同，就决定了战争的胜负。以此可以说明孙子对军队的数量并不是掉以轻心的。

孙子的死地论

孙子在《九地篇》中说到"九地"，即散地、轻地、争地、交地、衢地、重地、圮地、围地、死地。死地为九地之一。另外，孙子在《虚实篇》《九变篇》也讲到死地问题。这三篇讲死地，讲得最多的，讲得最充分的当属《九地篇》。

《九地篇》曰："死地则战。""投之亡地然后存，陷之死地然后生。"孙子的这种亡地则存，死地则生，逆向思维的名言，影响了一代代兵家将帅。

一、死地涵义

何谓"亡地""死地"？孙子曰："疾战则存，不疾战则亡者，为死地。""无所往者，死地也。"

曹操注曰："前有高山，后有大水，进则不得，退则有碍。"李筌注曰："阻山、背水、食尽，利速不利缓也。"杜牧注曰："卫公李靖曰：'或有进军行师，不因乡导，陷于危败，为敌所制。左谷右山，束马悬车之径；前穷后绝，雁行鱼贯之岩。兵陈未整，而强敌忽临，进无所凭，退无所固，求战不得，自守莫安。驻则日月稽留，动则首尾受敌。野无水草，军乏资粮，马困人疲，智穷力极。一人守隘，万夫莫向。如彼要害，敌先据之，如此之利，我已失守，纵有骁兵利器，亦何以施其用乎？若此死地，疾战则存，不疾战则亡。当须上下同心，并气一力，抽肠溅血，一死于前，因败为功，转祸为福。'此乃是也。"陈皞注曰："人在死地，如坐漏船，伏烧屋。"贾林曰："左右高山，前后绝涧，外来则易，内出则难，误居此地，速为死战则生。若待士卒气挫，粮储又无而持久，不死何待！"梅尧臣注曰："前不得进，后不得退，旁不得走，不得不速战也。"何氏注曰："死地力战或生，守隅则死。……故曰：'困而不谋者穷，穷而不战者亡。'"

二、死地求生

兵陷"死地"，何以求生？孙子在《九地篇》有详细的阐述。

一曰："死地则战。"

对此曹操注曰："殊死战也。"李筌注曰："殊死战，不求生矣。"陈皞曰："陷在死地，则军中人人自战。故曰：'置之死地而后生也。'"贾林注曰："力战或生，守隅则死。"梅尧臣注曰："前后左右无所之，示必死，人人自战也。"张预注曰："陷在死地，则人自为战。吴王曰：'敌人大至，围我数重，欲突以出，四塞不通；欲励士激众，使之投命，则如之何？'武曰：'深沟高垒，安静勿动；告令三军，示不得已；杀牛燔车，以飨吾士；烧尽粮食，填夷井灶；割发捐冠，绝去生虑，砥甲砺刃，并气一力。或攻两旁，震鼓疾噪，敌人亦惧，莫知所当。锐卒分行，疾攻其后，此是失道而求生。'故曰：'困而不谋者穷，穷而不战者亡。'"

二曰："投之无所往，死且不北，死焉不得，士人尽力，兵士甚陷则不惧，无所往则固，深入则拘，不得已则斗。"

张预注曰："陷在危亡之地，人持必死之志，岂复畏敌也。"曹操注曰："人穷则死战也。"李筌注曰："决命。"杜牧注曰："不得已者，皆疑陷在死地，必不生，以死救死，尽不得已也，则人皆悉力而斗也。"

三曰："死地，吾将示之以不活。"

曹操、李筌注曰："励志也。"杜牧注曰："示之必死，令其自奋以求生也。"贾林注曰："禁财弃粮，堙井破灶，示无生意，必殊死战也。"杜佑注曰："励士也。焚辎重，弃粮食，塞井夷灶，示无生意，必殊死战也。"梅尧臣注曰："必死可生，人尽力也。"张预注曰："焚辎重，弃粮食，塞井夷灶，示以无活，励之使死战也。"

四曰："夫众陷于害，然后能为胜败。"

梅尧臣注曰："未陷难地，则士卒心不专；既陷危难，然后胜败在人为之尔。"张预注曰："士卒用命，则胜败之事，在我所为。"杨丙安先生解释说："言身陷危亡之地，则人自拼命死斗，如此反得存活也。《史记·淮阴侯列传》：兵法不曰：'陷之死地而后生，置之亡地而后存乎。'盖即此义。戚继光《实纪》云：'拼命一生，实图一战，非真驱将士数万一刻而就死地，此正所以为诸君与将士求生耳。兵法云：必死则生，幸生则死，置诸亡地然后存，皆此意也。'"

死地求生战例颇多，下录一例。

秦二世皇帝三年（前207），秦将章邯已破楚将项梁军。楚怀王畏惧，从盱台搬迁到彭城。他封宋义为上将军，封项羽为鲁公，为次将，封范增为末将，命令他们救赵。楚军行至安阳，在此停留了46天而不前进。项羽建议进军，宋义拒绝采纳。项羽认定宋义不恤士卒而徇其私，不是社稷之臣。项羽就在帐中斩杀了宋义，诸将慑服，都拥立项羽为假上将军，派桓楚上报怀王。怀王就任命项羽为上将军。项羽遣当阳君、蒲将军率兵两万渡河，救巨鹿，战绩不佳，又向项羽请求援兵。项羽率领全军渡过河去，把渡船沉掉，砸破饭锅炊具，烧毁军舍，每人只带三天口粮，用以表示士卒必死无还的决心。这样，军队迅速到达救援地并将敌人包围，经与秦军主力九次交战，终将其打败。此战，项羽采用了死地则战之策，自绝后退之路，使士卒人人奋勇争先，终于摆脱困境，取得了九战九捷的胜利（《史记·项羽本纪》《百战奇法·死战》）。

三、死地争胜

古往今来，投之亡地或陷入死地的战将名帅，无不死地求生，无不死地争胜。曹操注曰："必殊死战，在亡地无败者。孙膑曰：'兵恐不投之死地也。'"李筌注曰："兵居死地，必决命而斗以求生。韩信水上军，则其义也。"梅尧臣注曰："地虽曰亡，力战不亡；地虽曰死，死战不死。故亡者存之基，死者生之本也。"

在我国战争史上，死地争胜，大有人在，大有事据。

梁将陈庆之军涡阳城，与后魏军相持，自春至冬，数十百战，师老气衰，魏之援兵复欲筑垒于军后，诸将恐腹背受敌，议退师。庆之曰："共来至此，涉历一岁，糜费粮仗，其数极多。诸军并无斗心，皆谋退缩，岂是欲立功名，直聚为钞暴耳！吾闻置之死地，乃可求生。须虏大合，然后与战，必捷。"诸将照其计，从之。魏人犄角作十三城，庆之衔枚夜出，陷其四垒；所余九城，兵甲犹盛，乃陈其俘馘，鼓噪而攻，遂大奔溃，斩获略尽。

后魏末，齐神武兴义兵于河北。时尒朱兆等四将，兵马号二十万，夹洹水而军，时神武士马不满三万，以众寡不敌，遂于韩陵山为圆陈，系牛驴以塞道。于是将士皆死战，四面奋击大破之。

死地求生，死地争胜，历史上的兵家名将无不深通此道。在未来生死存亡的战场上，我们也需要因时、因地、因敌，正确加以运用。

第十二讲
孙子的民本精神

　　春秋时期，许多进步思想家已意识到统治的稳固或崩溃，并不取决于天命，而在于统治者的态度，取决于民心向背。这可从不少先秦典籍中得到印证。

　　《国语·鲁语上》记载，鲁国里革议论晋厉公被杀事件时曾明确指出：

　　　　晋人杀厉公，边人以告，成公在朝。公曰："臣杀其君，谁之过也？"大夫莫对，里革曰："君之过也。夫君人者，其威大矣。失威而至于杀，其过多矣。且夫君也者，将牧民而正其邪者也，若君纵私回而弃民事，民旁有慝，无由省之，益邪多矣。若以邪临民，陷而不振，用善不肯专，则不能使，至于殄灭而莫之恤也，将安用之？桀奔南巢，纣踣于京，厉流于彘，幽灭于戏，皆是术也。夫君也者，民之川泽也。行而从之，美恶皆君之由，民何能为焉。"

　　在里革看来，臣弑君，是君王之错所至。"行而从之，美恶皆君之由，民何能为焉。"君行而民从，好坏都是由于君，百姓怎么能无故弑君呢。

《左传·襄公十四年》所记载晋国师旷对晋侯的那一大段议论，也集中体现了时人对民众在政治生活中的重要性的认识：

师旷侍于晋侯。晋侯曰："卫人出其君，不亦甚乎？"对曰："或者其君实甚。良君将赏善而刑淫，养民如子，盖之如天，容之如地。民奉其君，爱之如父母，仰之如日月，敬之如神明，畏之如雷霆，其可出乎？夫君，神之主而民之望也。若困民之主，匮神乏祀，百姓绝望，社稷无主，将安用之？弗去何为？天生民而立之君，使司牧之，勿使失性。有君而为之贰，使师保之，勿使过度。是故天子有公，诸侯有卿，卿置侧室，大夫有贰宗，士有朋友，庶人、工、商、皂、隶、牧、圉皆有亲昵，以相辅佐也。善则赏之，过则匡之，患则救之，失则革之。自王以下，各有父兄子弟，以补察其政。史为书，瞽为诗，工诵箴谏，大夫规诲，士传言，庶人谤，商旅于市，百工献艺。故《夏书》曰：'遒人以木铎徇于路，官师相规，工执艺事以谏。'正月孟春，于是乎有之，谏失常也。天之爱民甚矣，岂其使一人肆于民上，以从其淫，而弃天地之性？必不然矣。"

师旷认为，卫国人驱逐他们的国君，并不过分。"天之爱民甚矣，岂其使一人肆于民上，以从其淫，而弃天地之性？必不然矣。"上天爱护百姓很周到了，难道会让一个人在百姓头上任意妄为，放纵他的邪恶，而去掉天地的本性吗？一定是不会的。

正是基于这样清醒的认识，当时的思想家能够普遍注意关心民生民计。在此基础上形成的民本主义政治观，是古代政治思想发展史上的一大进步。

政治上的民本主义思潮，也在军事领域中顽强地表现出来。

《左传》一书，对民众在战争中的作用问题就予以高度的重视，一再强调"无民，孰战"。僖公二十八年，晋、楚城濮之战后，楚国大夫荣黄分析楚军失败原因时，对楚令尹子玉的儿子大心和楚大夫子西说："非神败令尹，令尹其不勤民，实自败也。"这从另一面则说明晋国之所以取胜，其关键的原因，就在于统治者得到了民众的支持，使得民听不惑，乐而趋战也。

在这时代思潮的氛围之下，作为兵圣的孙子，更知厚爱其民得天下，失信于民失天下的道理。吾在前面"孙子的战争观""孙子的仁道理念""孙子的统御之术"等篇章中，虽然提到了体现孙子民本精神的言行，但没作正面详细的阐述。为了展现孙子的这一重要精神，现特设专章加以论述。

一、唯民是保

在《地形篇》中，孙子有一段非常精彩的论述。

> 故战道必胜，主曰无战，必战可也；战道不胜，主曰必战，无战可也。故进不求名，退不避罪，唯人（民）是保，而利合于主，国之宝也。

这就是说，孙子认为：从作战条件来看有必胜把握的胜仗，即使国君说不打，将帅也要坚持打；从作战条件来看，不可能取胜的仗，即使国君说打，将帅也要坚持不打。仗，打与不打，要看对民众，对国家是否有利。有利，则打；无利，则不打。

将帅能否这样理智地决策，做到对民、对国有利的仗，不管国君反对与否，都能毫不犹豫地挥军攻战，就看将帅本人是否具有"进不求名，退不避罪"，抛己所私，赤胆为民的德操节守。如真能做到这一点，这样的将帅才真正是"国之宝也"。

《商子·战法》曰："凡战法必本于政。"兵之胜败，本在于政。兵民是胜利之本。战争的胜负归根结底取决于执政者能否"得众""附民""得民"，能否做到上下同心、君民一体、士卒亲附、军民同欲、民心向背是战争胜负的长期的、根本的、决定的因素。基于唯民是保，唯国是保理念的实现。孙子积极主张君要有"道"，要修"道"，要明"道"，政通人和，"上下同欲"。他在《吴问》《黄帝伐赤帝》诸篇中，主张国君要励精图治，倍爱民众，授予民众以更大面积的土地，减轻民众的赋税负担，精兵简政，减少官吏人数，力戒发动无谓的战争，休养生息，发展生产，减省刑罚等。

在战争决策中，孙子主张，战前庙算，首先要考虑政治的因素，即所谓"主孰有道"，必须以"令民与上同意"为先决条件。除此，还要进一步从战争规律的角度，落实"保人"的措施。

鉴于战争必然给民众带来极大的损失，孙子力主尽可能避免直接的战场交锋，以"不战而屈人之兵"达到预期的政治、军事目标。即使是不得已选择"伐兵"的做法，也要尽可能以速战、速决的方式，将战争的损失减轻到最低的程度，以减轻广大民众的负担，即所谓"役不再籍，粮不三载"（《作战篇》）。为此，孙子一再强调"兵贵胜，不贵久"的重要性，反对"钝兵挫锐，屈力殚货"的愚蠢行为。

由此可见，民本主义精神自始至终洋溢于孙子的整个战争决策、战争指导过程之中。

二、与众相得

知兵爱卒，"与众相得"，是孙子民本主义精神的另一特征。

孙子认为士卒是作战行动中的主体，他们的胆量、斗志、勇敢与怯懦是战争胜负的关键。为此，孙子主张知兵之将，要爱兵如子，要同士卒心心相印，生死共命，为国、为君同心协力勇猛杀敌。

他在《地形篇》中写道：

> 视卒如婴儿，故可与之赴深溪；视卒如爱子，故可与之俱死。厚而不能使，爱而不能令，乱而不能治，譬若骄子，不可用也。

这是说，将帅对待士卒像婴儿，士卒就可以随将帅赴汤蹈火；将帅对待士卒像爱子，士卒就可和将帅同生死共患难。如果将帅对士卒厚待而不能使用，抚爱而不能命令，违法而不能整治，这样的士卒就像娇生惯养的孩子，是不能用来作战的。

为防士卒骄而无用，孙子主张带兵之将对士卒恩威并施，管教并行。他在《行军篇》中指出：

> 故令之以文，齐之以武，是谓必取。令素行以教其民，则民服；令不素行以教其民，则民不服。令素行者，与众相得也。

孙子赞同管教士卒要用政治、道义教育他们，用军纪、军法约束他们，"是谓必取"。但在"齐之以武"时，尤其是"而罚之"，则要掌握"火候"，不能未亲附而罚之，也不能已亲附而罚之。

孙子说：

> 卒未亲附而罚之，则不服，不服则难用也。卒已亲附而罚不行，则不可用也。

一支有素养的军队，是征战取胜的基础，但能否克敌制胜，以小的代价获取大的胜利，这还要看用兵之将是否知己卒，知敌卒。

孙子说：

> 知吾卒之可以击，而不知敌之不可击，胜之半也；知敌之可击，而不知吾卒之不可以击，胜之半也；知敌之可击，知吾卒之后可以击，而不知地形之不可以战，胜之半也。故知兵者，动而不迷，举而不穷。故曰：知彼知己，胜乃不殆；知天知地，胜乃不穷。

为将者，要知彼知己，要知天知地。只有这样，才能做到攻不克，战无不胜。也只有这样，才能使不可避免的战事得以速决，避免久拖不决，才能减少交战双方人员的重大伤亡和财产损失。

尤其引人注意的是，孙子在奖惩赏罚问题上，不分高低贵贱，赏则当功，罚则当罪，赏不私亲，罚不私怨。《孙子兵法佚文·见吴王》记载道："赏善始贱，罚恶始贵。"这里所说的"贱"就是指普通士卒，所谓的"贵"则是指高官将吏。孙子之语直指以往那种"赏贵罚贱"的陋习，在治军思想上，闪烁着民本主义精神的光彩。

三、俘卒善养

孙子的民本主义精神，还表现在他对俘卒善养上。他在《作战篇》中说，俘获的士卒要"车杂而乘之，卒善而养之"。他称此"是谓胜敌而益强"，意思是说，战胜敌人，而能使自己日益强大。

有战争，就必然有战俘。战俘，是战争的必然产物。对俘虏播爱施恩，宽以待之，是孙子军事统御思想的精华，是振聋发聩的时代强音。孙子能在他所处的那个时代，能在两千年前提出宽待俘虏，"卒善而养之"，实在是难能可贵的。至于"胜敌而益强"——利用俘虏来壮大自己的力量，就更具有积极意义了。

孙子的民本理念，极大地影响了我国兵学理论。在其后辈兵家的著述中，多处不乏民本主义思想成分。现摘录名家名句如下。

《吴子·应变第五》曰：

> 凡攻敌围城之道，城邑既破，各入其宫，御其禄秩，收其器物。军之所至，无刊其木、发其屋、取其粟、杀其六畜、燔其积聚，示民无残心。其有请降，许而安之。

《删定武库益智录·处虏获·三国陆抗》曰：

> 其所生得，皆加营护，不令兵士干扰侵侮。将家属来者，使就料视。若亡其妻子者，即给衣粮，厚加慰劳，发遣令还。

《册府元龟·将帅部·受降》曰：

> 夫叛而伐之，服而舍之，军之善政也。

《武经总要·制度·行军约束》曰：

> 凡得生口，无问逆顺，皆不辄杀，以招来者，渐以诱问敌情，亦不可纵逸，防为间谍。

《草庐经略·招抚》曰：

> 元恶不可不诛，胁从不可不抚。

《皇朝通典·兵八·军令·努尔哈赤》曰：

> 俘获之人，勿去其衣服，勿淫其妇妾，勿离异其匹偶。
> 拒战而死者听之；若归顺者，慎勿轻加诛戮。

俘卒善养，作为民本主义的思想理念，是应该肯定的。作为一种"胜敌而益强"的政治韬略，无疑是十分正确的。但是，封建地主阶级军队的本质，决定了他们大都难以做到善养俘卒。孙子其后的秦将白起，三国时的曹操，不是都有大量坑杀降卒之罪吗？不过，尽管如此，古代军事史上确也留下了一些杰出的将帅善待俘卒的遗闻轶事。

《晋书·祖逖传》载记，晋元帝太兴三年（320），东晋名将祖逖率军攻取谯国、陈留后进至雍丘，准备继续进攻盘踞在黄河南北的刘曜、石勒。他在出师前，十分重视感化敌区人民，宽待俘虏。他"爱人下士，虽疏交贱隶，皆恩礼遇之"，对捕获的石勒降卒皆厚待遣归，因此敌区军民"咸感逖恩德"而"归附者甚多"。祖逖对有子作人质在石勒部的坞主及家属，采取宽大政策，允其两面归属，使其深受感动而常主动向祖逖禀报军情。祖逖又"躬自俭约，劝督农桑，克己务施，不畜资产，子弟耕耘，负担樵薪，又收葬枯骨，为之祭醊"，使中原百姓感激涕零，有歌谣说："幸哉遗黎免俘虏，三辰既朗遇慈父。玄酒忘劳甘瓠脯，何以咏恩歌且舞。"祖逖的正确政策，深得人心，为顺利收复黄河南北大片失地创造了有利条件。

《明太祖实录》记载了朱元璋给他部下的指示："汝等行师，非必略地攻城而已，要在削平祸乱，以安民生。凡遇敌则战，若所经之处及城下之日，勿妄杀人，勿夺民财，勿毁民居，勿废农具，勿杀耕牛，勿掠人子女；民间或有遗弃孤幼在营，父母亲戚来求者即还之。"

总之，孙子民本主义思想、理念及其行动表率，是我国人民的精神财富。在今天，我们要学习之，拓展应用之，使其发扬光大，九州同心，上下同欲，创造更加美好的明天。

军 事

孙子的军事理论体系

关于孙子的军事理论体系问题，学术界看法历来不同。1993年由吴如嵩主编，白山出版社出版的《孙子兵法辞典》介绍了几种有代表性的观点，现录之如下。

郭化若认为《孙子》的军事思想包括三个方面：在对战争的认识上，反映了新兴地主阶级重视战争、对战争抱慎重态度和要求有备无患的思想，以及把政治列为决定战争胜负的首要因素，以"五事""七计"全面考察战争的观点。在军队问题上，主要表现在对将帅和治军两方面的论述中，即以智、信、仁、勇、严为将帅标准以及"令之以文，齐之以武"的治军要求。在作战指导上它主张进攻速胜，争取主动、灵活机动等，在作战形式上强调野外机动作战。

陶汉章在其著作中追述刘伯承元帅曾将其概括为谋略、兵势、正兵和奇兵、虚和实、用兵的主动性和灵活性、用间等六个方面。

谢国良提出，《孙子》的军事思想包括重战、慎战和备战、善战思想，注重计谋、全胜和进攻速胜的战略思想，主动、惑敌、因情用兵思想，重视将道和法治的治军思想以及军事哲学思想。

吴如嵩指出该书包括安国全军的慎战论，谋深虑远的先胜论，不战而屈人之兵的全胜论，威加于敌的伐交论，纵深奔袭的突袭论，攻虚击弱的易胜论，示形动敌的致人论，因利制权的任势论，兵以诈立的诡道论，奇正相生的阵法论，用兵八戒与十围五攻的常法论，令文齐武的治军论，五德兼备的将帅论，因粮于敌的后勤论，九地六形的军事地理论，刚柔皆得的战道论。

刘庆从军事思想体系、思维形式体系、思维方式体系三方面予以分析，认为其军事思想体系由战争准备理论和战争实施理论两大部分构成，思维形式体系由战争问题、作战指导和军队建设三个基本军事范畴群构成，思维方式体系由逻辑思维方法、定量分析方法、朴素系统方法、原始辩证思维方法构成。

近几年，还有不少专家学者，就孙子的军事理论体系问题发表了不少真知灼见，为寻求百家共识，做出了各自应有的贡献。

掩卷沉思，审视众说，深感诸君之论，启迪人悟，受益匪浅。但孙子军事理论的科学体系之探析并没有就此完结，著者反复研读兵圣之原著，梳理纷繁之思绪，取诸君之高见，逐渐认定：未战先胜论、非战全胜论、兴军战胜论，构成了孙子军事理论的科学体系。

一、未战先胜论

何谓未战先胜论？孙子曰："胜兵先胜而后求战，败兵先战而后求胜。""昔之善战者，先为不可胜，以待敌之可胜。"（《形篇》）很显然，这里的"先胜"是指战前的备战，充分做好一切战争准备，使己方在开战之前就具有战胜敌人取得胜利的一切条件。这就是孙子的备战先胜论、未战先胜论。

何以使自己未战先胜呢？围绕"先为不可胜"，孙子展开了战备理论的阐述。

一曰修道。道，这里指政治。修道，就是修明政治，使民众与国君的意愿相一致。这样，民众在战争中，就可为国君出生入死，而不存二心，不怕危险。

二曰保法。法，这里指法制。保法，就是确保法制、法度在军队中贯彻执行。孙子关于军队管理统御的总原则是"令之以文，齐之以武"。"文"指行仁、教化、爱卒、厚赏；武是威重、强制、重罚、严刑，二者相辅相成。强调将士卒视如"婴儿""爱子"，但坚决反对"厚而不能使，爱而不能令，乱而不能治"（《地形篇》）的治军方法。认为对士卒首要的应是爱，其次才是罚，"卒未亲附而罚之，则不服，不服则难用也；卒已亲附而罚不行，则不可用也"（《行军篇》）。平时"令素行以教其民"，战时则要善于利用环境条件对人们心理产生的影响，"求之于势而不责于人"，最大限度地调动士卒的勇敢精神。必要时，还要"施无法之赏，悬无政之令"，以激励士卒的斗志。治军的最高标准是"一"这个概念，如"使众如一""一人之耳目""人既专一""齐勇若一""携手若使一人"等。

三曰富国。兴军致战，就要劳民伤财，国力不支，则难以胜敌。孙子十分强调民力国力的雄厚，他说："兵法：一曰度，二曰量，三曰数，四曰称，五曰胜。地生度，度生量，量生数，数生称。故胜兵若以镒称铢，败兵若以铢称镒。"意思是说，用兵之法：一是"度"，二是"量"，三是"数"，四是"称"，五是"胜"。敌对双方土地面积不相等，就产生幅员大小的"度"的不同；幅员大小不同，就产生物资多少的"量"的不同；物资多少不同，就产生所能动员和保持兵力众寡的"数"的不同；力量对比不同，就产生了战争胜负的不同。所以，胜利的军队，所造成的态势就像"以镒称铢",处于绝对优势。

四曰强军。富国是强军的前提。民穷国贫是没有财力供养耗费巨大的常备军的。孙子主张在富国的前提下建立一支"其疾如风,其徐如林,侵掠如火,不动如山,难知如阴,动如雷震"(《军争篇》)的强大的地主阶级武装力量,用战争手段"掠乡分众,廓地分利",图强争霸,发展、巩固本阶级的经济和政治势力。

五曰锐兵。兵,指的是武器装备,物资保障,如孙子提到的戟盾矛橹、甲胄弓矢、辕辐彍弩、革车等;制造武器,改善装备,是增强军队战斗力的重要因素,也是战争力量准备的重要方面。

六曰练卒。"卒"指的是士卒。而士卒训练要有素,士气要高昂,斗志要旺盛,这样的军队才是胜利之师。孙子将"吏强卒弱"称之为"陷",即将吏因士卒没有战斗力而致陷没,这就是士卒平时缺乏训练的结果。训练有素的军队,其战斗力就强,就能打硬仗,这是不言而喻的。

七曰选将。选将是战争的关键。孙子曰:"夫将者,国之辅也,辅周则国必强,辅隙则国必弱。"(《谋攻篇》)"故知兵之将,生民之'司命',国家安危之主也。"(《作战篇》)将帅的选择是国家的大事,选择得对与错,直接影响着战争的胜负,关系着国家的存亡,民族的命运。

何谓良将?孙子在《计篇》中指出,"五事"之四曰将,"将者,智、信、仁、勇、严也"。具此"五德"方为良将。良将者,力避素质缺憾,孙子说:"将有五危:必死,可杀也;必生,可虏也;忿速,可侮也;廉洁,可辱也;爱民,可烦也。"对此,孙子非常感慨:"凡此五者,将之过也,用兵之灾也。覆军杀将,必以五危,不可不察也。"(《九变篇》)

　　孙子还要求良将不仅要有战略头脑，也要有灵活的战术思想。"故将通于九变之利者，知用兵矣；将不通于九变之利者，虽知地形，不能得地之利矣。治兵不知九变之术，虽知五利，不能得人之用矣。""故兵有走者，有弛者，有陷者，有崩者，有乱者，有北者。凡此六者，非天地之灾，将之过也。夫势均，以一击十，曰走。卒强吏弱，曰弛。吏强卒弱，曰陷。大吏怒而不服，遇敌怼而自战，将不知其能，曰崩。将弱不严，教道不明，吏卒无常，陈兵纵横，曰乱。将不能料敌，以少合众，以弱击强，兵无选锋，曰北。凡此六者，败之道也，将之至任，不可不察也。""夫地形者，兵之助也。料敌制胜，计险阨、远近，上将之道也。"

　　在选将方面，孙子除了要求将帅要具备"五德"，力避"五危"，通晓"九变"之利外，他还要求将帅要"知彼知己""知天知地"，了解各方面的情况；要有"知诸侯之谋"的政治头脑；要有勇有谋，要有"示形""任势""料敌制胜"的指挥才能；要有"合于利而动，不合于利而止"的决断能力；要有"进不求名，退不避罪"的献身精神；对士卒管教要严格，赏罚要严明，能"令素行以教其民"，能"与众相得"，使士卒"亲附"等。他认为，只有这样的将帅，才是"国之辅也""国之宝也"。

　　八曰明君。君明君昏，君王的命令正确与否，直接关系到战争的胜败。孙子说知胜有五，第五者为："将能而君不御者胜。"意思是君不御将之指挥权，为第五个知胜之道也。如君御将，干涉过多，军之患也。"故君之所以患于军者三：不知军之不可以进而谓之进，不知军之可以退而谓之退，是谓縻军；不知三军之事，而同三军之政，则军士惑矣；不知三军之权，而同三军之任，则军士疑矣。三军既惑且疑，则诸侯之难至矣，是谓乱军引胜。"

　　为避免自乱其阵，自乱其军，予敌以胜，自取败亡的结局，孙子提出"君命有所不受"的至理名言。一般来说，国君作为一国之主，其命令具有绝对的权威性，对于属下之将来说，必须服从，必须执行。但国君的命令不一定符合瞬息多变的战场情况，尤其春秋时代，各国君王多是文人，不谙军事，且远离战场。服从这种不谙军事的"君"的不合实际情况的命令，其结果只能是"乱军引胜"。因此，作为身系国家前途、士卒命运的将帅，应当把国君的命令与战场的实际情况结合起来，加以考虑，毫无保留地执行那些正确的指令，不执行那些错误的命令。

九曰天时。孙子曰："天者，阴阳，寒暑，时制也。"曹操理解为："顺天行诛，因阴阳四时之制。故司马法曰：'冬夏不兴师，所以兼爱民也。'"天时利与否，对战争胜负有一定的影响。兴军致战的将帅，临战前应慎重考虑决策：开战时间的选择、天气冷暖情况的利用、白昼黑夜的举措等。

十曰地利。孙子曰："地者，远近、险易、广狭、死生也。"（《计篇》）张预对此注曰："凡用兵，贵先知地形。知远近，则能为迂直之计；知险易，则能审步骑之利；知广狭，则能度众寡之用；知死生，则能识战散之势也。"在《地形篇》中孙子进一步说明地形对战争胜负的影响："夫地形者，兵之助也。料敌制胜，计险阨远近，上将之道也。"他指出："知此而用战者必胜，不知此而用战者必败。故战道必胜，主曰无战，必战可也；战道不胜，主曰必战，无战可也。"这就是说，要充分地选择、利用有利的地形条件，以便坚决果断地挥师进击，只有这样，才能克敌制胜。

十一曰庙算。所谓庙算，就是在庙堂会议上，经之以五事，校之以七计，商议预测战争胜负，谋画作战大计，称之为庙算。孙子曰："夫未战而庙算胜者，得算多也；未战而庙算不胜者，得算少也。"根据多算胜，少算不胜之理，明主良将要非利不动，非得不用，非危不战，合于利而动，不合于利而止，"主不可以怒而兴师，将不可以愠而致战"，这才是安国全军之道也。

二、非战全胜论

何谓非战全胜论？孙子曰："凡用兵之法，全国为上，破国次之；全军为上，破军次之；全旅为上，破旅次之；全卒为上，破卒次之；全伍为上，破伍次之。是故百战百胜，非善之善者也；不战而屈人之兵，善之善者也。"意思是说，不用战争而使敌方全国、全军、全旅、全卒、全伍降服才是好中之好。这就是孙子在《谋攻篇》中给非战全胜论下的定义。

如何才能非战而全胜呢？用兵攻战，多费时日，尚不能屈人之兵，拔人之城，毁人之国，岂能不战而胜？殊不知"屈人之兵而非战也"，并不是无条件的，并不是说不经过各种错综复杂的艰苦斗争，就能使敌人屈服，而是说要以强大的军事力量做后盾，伐谋伐交，迫使敌人毁国弃城，称臣降服。正如曹操注释中所说："兴师深入长驱，距其城郭，绝其内外，敌举国来服为上。"

孙子为达到非战而全胜，提出了以下几个方略。

一曰威加于敌。

孙子曰："是故不争天下之交，不养天下之权，信己之私，威加于敌，故其城可拔，其国可隳。"杜牧注曰："信，伸也。言不结邻援，不蓄养机权之计，但逞兵威，加于敌国，贵伸己之私欲，若此者则其城可拔，其国可隳。齐桓公问于管仲曰：'必先顿甲兵，修文德，正封疆，而亲四邻，则可矣。'于是复鲁、卫、燕所侵地，而以好成，四邻大亲。乃南伐楚，北伐山戎，东制令支，折（斩）孤竹，西服流沙，兵车之会六，乘车之会三。乃率诸侯而朝天子。吴夫差破越于会稽，败齐于艾陵，阙沟于商鲁，会晋于黄池，争长而反，威加诸侯，诸侯不敢与争。"古往今来，强国、大国靠实力的威慑力量，不战而降服小国、弱国的实例并不鲜见。

二曰上兵伐谋。

梅尧臣注曰："以智胜。"王皙曰："以智谋屈人最为上。"李筌注曰："伐其始谋也。后汉寇恂围高峻，峻遣谋臣皇甫文谒恂，辞礼不屈。恂斩之，报峻曰：'军师无礼，已斩之。欲降，急降；不欲，固守！'峻即开壁而降。诸将曰：'敢问杀其使而降其城，何也？'恂曰：'皇甫文，峻之心腹，其取谋者。留之则文得其计，杀之则峻亡其胆，所谓上兵伐谋。'诸将曰：'非所知也。'"杜牧注曰："晋平公欲攻齐，使范昭往观之，景公觞之。酒酣，范昭请君之樽酌。公曰：'寡人之樽进客。'范昭已饮，晏子彻樽更为酌。范昭佯醉，不悦而起舞，谓太师曰：'能为我奏成周之乐乎？吾为舞之。'太师曰：'瞑臣不习。'范昭趋出。景公曰：'晋，大国也，来观吾政。今子怒大国之使者，将奈何？'晏子曰：'观范昭非陋于礼者；且欲惭于国，臣故不从也。'太师曰：'夫成周之乐，天子之乐也，惟人主舞之；今范昭人臣，而欲舞天子乐，臣故不为也。'范昭归，报晋平公曰：'齐未可伐。臣欲辱其君，晏子知之；臣欲犯其礼，太师识之。'仲尼曰：'不越樽俎之间，而折冲千里之外，晏子之谓也。'春秋时，秦伐晋，晋将赵盾御之。上军佐臾骈曰：'秦不能久，请深垒固军以待之。'秦人欲战，秦伯谓士会曰：'若何而战？'对曰：'赵氏新出其属曰臾骈，必实为此谋，将以老我师也。赵有侧室曰穿，晋君之婿也，有宠而弱，不在军事，好勇而狂，且恶臾骈之佐上军。若使轻者肆焉，其可。'秦军掩晋上军，赵穿追之不及，返，怒曰：'裹粮坐甲，固敌是求，敌到不击，将何俟焉！’军吏曰：‘将有待也。’穿曰：‘我不知谋，将独出！’乃以其属出。赵盾曰：‘秦获穿也，获一卿矣；秦以胜归，我何以报？’乃皆出战，交绥而退。夫晏子之对，是敌人将谋伐我，我先伐其谋，故敌人不得而伐我。士会之对，是我将谋伐敌，敌人有谋拒我，乃伐其谋，敌人不得与我战。斯二者，皆伐谋也。故敌欲谋我，伐其未形之谋；我若伐敌，败其已成之计，固非止于一也。”

三曰上兵伐交。

孙子曰：“夫霸王之兵，伐大国，则其众不得聚；威加于敌，则其交不得合。”（《九地篇》）张预注曰：“恃富强之势，而亟伐大国，则己之民众，将怨苦而不得聚也。甲兵之威，倍胜于敌国，则诸侯惧，而不敢与我合交也。或曰：侵伐大国；若大国一败，则小国离而不聚矣。若晋楚争郑，晋胜，则郑附，败，则郑叛也。小国既离，则敌国之权力分而弱矣。或我之兵威，得以增胜于彼，是则诸侯岂敢与敌人交合乎？”“其次伐交”，李筌注曰：“伐其始交也。苏秦约六国不事秦，而秦闭关十五年，不敢窥山东也。”杜牧曰：“非止将合而已，合之者皆可伐也。张仪愿献秦地六百里于楚怀王，请绝齐交。随何于黥布坐上杀楚使者，以绝项羽。曹公与韩遂交马语，以疑马超。高洋以萧深明请和于梁，以疑侯景，终陷台城。此皆伐交。权道变化，非一途也。”陈皞注曰：“或云敌已兴师交合，伐而胜之，是其次。若晋文公敌宋，携离曹、卫也。”孟氏注曰：“交合强国，敌不敢谋。”梅尧臣曰：“以威胜。”王晳注曰：“谓未能全屈敌谋，当且间其交，使之解散。彼交则事巨敌坚，彼不交则事小敌脆也。”何氏注曰：“杜称已上四事，乃亲而离之之义也。伐交者，兵欲交合，设疑兵以惧之，使进退不得，因来屈服。旁邻既为我援，敌不得不孤弱也。”

孙子的非战全胜论是至理名言，要做到这一点，必须伐谋、伐交，以武力威慑与政治攻心相结合，给敌施压。如大军压境，示敌以威，使之望而生畏，不战自屈；采用政策攻心，瓦解敌军，使之军心混乱，不战自崩；充分利用和扩大敌人内部矛盾，使之相互倾轧，分崩离析，不战自溃。齐桓公采用"尊王攘夷"策略，"九合诸侯，一匡天下"，多是不战而屈人之兵。在近代，西方一些谋略家先后提出的均势战略、"不战而胜"战略和"孙子的核战略"等战略构想，都是从孙子这一思想出发的。非战全胜论，体现了孙子以"全胜"谋略为核心的战争指导思想，是军事思想史上的一个独创，具有深远的意义。

三、兴军战胜论

尽管孙子认为"百战百胜，非善之善者也；不战而屈人之兵，善之善者也"（《谋攻篇》），但孙子之书仍然是以主要篇幅论述"百战百胜"之法，而不是"不战而胜"之术。这是因为，从实际情况看，军事斗争的主要方式是战胜，而不是不战而胜。虽然战胜这一方式"非善之善者"，但它在军事斗争中的地位却远远超过不战而胜。再从孙子之书的写作宗旨看，它论述的是战争指导艺术，是一本"战争论"，而不是一本"不战论"。这就决定了孙子之书的内容是以论述战胜理论为主，其最精彩的理论也正在于此。

战场上，两军对阵，何以克敌制胜呢？孙子根据前人经验、自己的实践和理念升华，提出较为完整的科学的取胜之道，最主要的有以下几点。

一曰，知彼知己，料敌制胜。

孙子说："知彼知己，百战不殆。""不知彼不知己，每战必殆。"(《谋攻篇》)对敌我情况一无所知，战则必败，还有什么主动权可言呢？而要想"动而不迷，举而不穷"(《地形篇》)，那就必须首先做到"知彼知己"，并把"知"的重点放在"彼"方。他甚至说："不知敌之情者，不仁之至也，非人之将也，非主之佐也，非胜之主也。"(《用间篇》)他把"料敌制胜"作为"上将之道"，而把"将不能料敌"作为"六败"之一。他坚决反对那种无虑而易敌的盲目冒进者和鲁莽家。他说："兵非贵益多，唯无武进，足以并力、料敌、取人而已。"(《行军篇》)所以，"料敌"是非常重要的。

"知彼知己"究竟需要"知"些什么呢？他说："校之以计而索其情曰：主孰有道？将孰有能？天地孰得？法令孰行？兵众孰强？士卒熟练？赏罚孰明？"(《计篇》)指导战争，不仅要掌握敌我双方政治、经济及军事力量的对比，而且还要掌握天时、地利与"诸侯之谋"。总之，要尽可能地去了解一切有关情况，唯其如此，"胜乃可全"。

为了获得这个"知"，将帅必须采取一切可能的措施，不但需在战前去获得，而且也需在战争过程中去获得，不但要靠间谍去获得，而且也要靠采取直接战斗措施去获得。"策之而知得失之计，作之而知动静之理，形之而知死生之地，角之而知有余不足之处"(《虚实篇》)，讲的就是这个道理。毛泽东说："孙子的规律，'知彼知己，百战不殆'，仍是科学的真理。"这是对孙子这条规律的高度评价。

二曰，集中兵力，"以十攻一"。

要确保掌握主动权，就必须集中优势兵力。兵力的大小与兵力的集中分散并不是一回事。从总体上说，兵力对比虽占优势，但在具体作战过程中也可能因兵力分散而丧失优势；反之，兵力在总体上占劣势，但也可能因集中而形成局部优势。无论怎样，都应以争取和保持优势为原则。他所说的"以十攻一"（《虚实篇》）就是这个原则的生动表述。而为了获得这种优势，就需要"我专而敌分"，"我专为一，敌分为十"（同上）。这样就会出现"吾所与战者寡"的局面，而处于优势；敌人就会失去优势而最后丧失主动。这样就能"胜可为也，敌虽众，可使无斗"，"越人之兵虽多，亦奚益于胜败哉"（同上）。

三曰，"攻其无备，出其不意"。

在战争中，为了保持优势和主动，有时需要人为地造成敌人的错觉，使之产生错误判断，然后给以不意的攻击。孙子说："兵者，诡也。"（《计篇》）又说："兵以诈立。"（《军争篇》）也就是说，对敌人要施行诈谋奇计，而不能讲仁义道德。在这种思想理论指导下，孙子提出了"示形"和"攻其无备"等著名策略原则。所谓"示形"，就是将虚伪的兵形显示给敌人，"能而示之不能，用而示之不用；近而示之远，远而示之近"（《计篇》）。"形人而我无形"，使敌"深间不能窥，智者不能谋""不知其所守""不知其所攻"（《虚实篇》）。或守其所不当守、攻其所不当攻，结果敌人就会出现"可胜"之形，这时，我再"攻其无备，出其不意"（《计篇》），战而胜之。毛泽东说："人为地造成敌军的过失，例如孙子所谓示形之类（示形于东而击于西，即所谓声东击西）。"（《毛泽东选集》第一卷，第208页）可见，孙子这一原则已被证实是对的，因此至今仍被广泛运用着。

四曰，速战速决，兵贵神速。

毛泽东曾指出："在战争问题上，古今中外也都无不要求速决，旷日持久总是认为不利。"（同上，第234页）孙子在十三篇中曾一再强调这一点。不过，他说的"速"，有时是指战略，如

"兵闻拙速，未睹巧之久也""兵久而国利者，未之有也"（《作战篇》）；有时则是指战术，如"兵之情主速，乘人之不及"（《九地篇》）；有时是指行动，如"其疾如风""后人发，先人至"，以及"速而不可及"（《虚实篇》），"后如脱兔，敌不及拒"（《九地篇》）等。在战略上，人们虽然都希望尽快解决问题，但有时却不得不"久"，并从"久"中争取主动；而在战斗上，如果动作不够迅速，就会贻误战机，不但不能战胜攻取，反而会丧失主动而影响全局，所以，孙子的这一原则，在战役战斗上，无疑是完全正确的。

五曰，"避实击虚"，出"奇"制胜。

这也是孙子的重要作战原则之一。一方面，自己要"先为不可胜"，另一方面，又要"待敌之可胜"、不失"敌之败"（《形篇》）。所谓"敌之可胜"或"敌之败"，即是指敌之虚懈，或给我的可乘之隙。要想战胜攻取，就必须紧紧抓住这个"隙"，集中优势兵力，狠狠地打。孙子在十三篇中一再强调这一点，例如："兵之形，避实而击虚""冲其虚""攻其所不守"（《虚实篇》），并打比方说："以碫投卵者，虚实是也。"（《势篇》）就是讲的这个道理。当敌有备，或实力所在，他主张"无邀正正之旗，勿击堂堂之阵"（《军争篇》），而要出"奇"制胜。用他的话说，就是"以正合，以奇胜"（《势篇》）。"奇"与"正"，是相对而言的。一般地说，正面当敌为"正"，旁出为"奇"；不过，在战争过程中，二者互相联系、互相渗透、互相转化，甚至"如环之无端"，因此为将者必须了解这一"奇正之变"，这对争取和保持主动权是十分重要的。

六曰，"避其锐气，击其惰归"。

与敌交战中，若敌小我大、敌弱我强，我则围之或攻之，即所谓"十围""五攻";反之,若敌大我小、敌强我弱,那就要守之或避之,即所谓"少则能守之""不若则能避之"(《谋攻篇》)。他在《计篇》中明确地说,"强而避之"。这是孙子的一贯思想主张。但他的"守"并不是单纯的"守",他的"避"也不是消极的避,而是为了等待敌人的"可胜"之机,或使我方能以"并气积力,运兵计谋为不可测"的"守"和"避"。"藏于九地之下"绝不是一藏了事,而是为了能"击其惰归"。也就是说,守是为了攻,避是为了击,是守中有攻、为击而避。毛泽东曾指出:"孙子说的避其锐气,击其惰归,就是指的使敌疲劳沮丧,力求减杀其优势。"(《毛泽东选集》第一卷,第 208 页)这是对孙子积极防御思想的肯定。

七曰,"势"险"节"短,正中其宜。

要争取和保持战争的主动权,造成有利的态势也是很重要的。孙子指出:"善战者,求之于势,不责于人。"而且用一整篇——《势篇》来专门论述这个问题。他形象地描绘"势"说:"善战人之势,如转圆石于千仞之山。"而要达到这一点,就必须使造成的"势"具有很大的能量,而且非常险峻。所以孙子说:"善战者,其势险。"(《势篇》)

"势"对战争固然很重要,但只有"势"还不够,还需要有"节"。"势"无"节",不能发其机;"节"无"势",则不能逞其威。二者相辅相成。"势"要险,"节"要短;"势如彍弩,节如发机"。只有节量远近,掌握时机,正中其宜,才能充分发挥"势"的威力,使敌人遇之者毁,触之者折,即孙子所说:"鸷鸟之击,至于毁折者,节也。"(同上)在古代战争条件下,两军对垒之势已成,发机接战需选择时机和节量远近。而在现代战争中,空间因素虽不那么重要,但"发机"时间的选择,战机的捕捉,依然是很重要的。所以，孙子关于"势"和"节"的观点，对我们今天仍有启发作用。

八曰，审时度势，因利制权

战时情况往往真假难分，而且瞬息万变，这时要始终保持主动地位而"战胜不忒"，作为战争指导者的将帅，必须审时度势，根据客观情况的变化，对作战原则和作战方法进行灵活掌握，就必须"通于九变"和"因利制权"。否则，就不能算"知兵"。孙子说："水因地而制流，兵因敌而制胜，故兵无常势，水无常形，能因敌变化而取胜者谓之神。"又说："战胜不复，而应形于无穷。"（《虚实篇》）《九变篇》所说的"涂有所不由，军有所不击，城有所不攻，地有所不争，君命有所不受"，就充分地体现了他的这种"治变"思想。

简述上列八点，是孙子攻取战胜的最基本的军事思想。美国的约翰·柯林斯在其所著《大战略》一书的序言中说："他（指孙子）的大部分观点在我们当前的环境中，仍然具有和当时同样重大的意义。"著者认为，此话可谓中肯。

第十四讲
孙子的军事经济思想

春秋战国时代，人们还没有专门使用军事经济这一术语。但是，我们依据现代军事经济的概念去研究孙子之书，就不难发现其中蕴含了丰富的军事经济思想，而且有些见解十分精彩，以至在今天仍有独特的魅力。

一、"无委积则亡"

战争，不仅是军事的竞争、政治的竞争，还是经济的竞争。对这一论点，古今中外的军事家——尽管语言表述各不相同，但基本看法都是一致的。这就是说，要进行战争，没有坚实的经济基础，要取得胜利是不可能的。

孙子在许多篇目中，十分明确地强调了战争对经济基础的依赖关系。他在《计篇》中说："夫未战而庙算胜者，得算多也；未战而庙算不胜者，得算少也。多算胜，少算不胜，而况于无算乎。"孙子此言突出强调"庙算"的重要性。"庙算"是在宗庙进行的一种活动，这是"庙算"所表示的本义。但是在孙子时代，"庙算"已经不完全限于庙宇，而是成了一个随时可为之事。现

今，人们多将"庙算"视为战略筹划来理解，这与孙子的本义是
相吻合的。他所阐述的"庙算"的基本内容，主要是与战争密切
相关的军事经济问题。我们只要对他涉及的数量问题，加以归纳
分析，就会得出这一结论。《作战篇》一开始就是一组计算数字。
孙子曰："凡用兵之法，驰车千驷，革车千乘，带甲十万，千里馈
粮；则内外之费，宾客之用，胶漆之材，车甲之奉，日费千金，
然后十万之师举矣。""力屈、财殚，中原内虚于家。百姓之费，
十去其七；公家之费，破车罢马，甲胄矢弩，戟楯蔽橹，丘牛大
车，十去其六。"《军争篇》中说："百里而争利，则擒三将军。劲
者先，疲者后，其法十一而至；五十里而争利，则蹶上将军，其
法半至；三十里而争利，则三分之二至。是故军无辎重则亡，无
粮食则亡，无委积则亡。"《用间篇》中说："凡兴师十万，出征千
里，百姓之费，公家之奉，日费千金。内外骚动，怠于道路，不
得操事者，七十万家。相守数年，以争一日之胜，而爱爵禄百金，
不知敌之情者，不仁之至也，非人之将也，非主之佐也，非胜之
主也。"我们不难看出，这些具体的计算都是属于直接与军队建设
和作战相关的经济问题，所有这些论述，都表明了一个重要的思
想原则：军事经济实力是战争的物质基础，只有具备了这个基础，
才有资格大规模兴兵打仗。

　　"实力政策""威慑力量"，是现代军事术语。在古代，人
们——包括孙子在内，还不可能明确地提出军事经济实力的概念，
但是就实质而言，孙子在许多篇目中都始终如一地贯穿着重视建
立和维持军事经济实力的思想。这里不止体现了孙子的智慧和才
能，更主要的是残酷的军事斗争实践要求人们必须按客观规律办
事，如有丝毫的马虎或失误，都要付出血的或生命的代价。正是
这样一个"死生之地，存亡之道"的现实，使人们更加谨慎，更

加主动，更加不遗余力地挖掘聪明才智潜质，实实在在地去探索客观规律。孙子能在科学文化还不发达的古代，就能总结出兴兵作战"无委积则亡"，主张军事经济实力的思想原则，其主要原因，则在于此。

在孙子看来，具有强大的军事经济实力，出兵作战就是战而胜之的基础；反之，就是败北的先兆。基于从维护军事经济实力出发，孙子主张用兵要速战速决，不宜久拖。"其用战也胜，久则钝兵挫锐，攻城则力屈，久暴师则国用不足。夫钝兵挫锐，屈力殚货，则诸侯乘其弊而起，虽有智者，不能善其后矣。"（《作战篇》）历史事实证明，春秋时代在许多被灭亡的国家中，有不少都是因久战挫锐，攻城力屈，大量消耗军事经济实力而国破兵败的。吴国本身的灭亡，究其原因，也是长期征战，四面树敌，屈力殚货，国用不足，以致被以前的属国越国所灭。因久战致使民穷国弱，丢失王位的君主，在我国历史上并不鲜见。隋仁寿四年（604）七月高祖文皇帝杨坚崩，二子杨广登位，称炀帝。隋炀帝即位之后，负其富强之资，思逞无厌之欲，穷兵黩武，狂派滥征兵役徭役，力屈雁门之下，兵挫辽水之上，疏河引淮，转输弥广，出师万里，国用不足。官逼民反，各地爆发了农民起义，于是杨玄感、李密乘其弊而起，纵有苏威、高颎岂能为之谋也。隋大业十四年（618）三月，已成孤家寡人的隋炀帝，在江都被右屯卫将军宇文化及缢死，隋朝宣告灭亡（《隋书·帝纪·炀帝》）。

二、"因粮于敌"

孙子在论战争与经济关系时，还非常重视利用敌对国家的资财、人力。就军队粮秣问题，他在《作战篇》中说："食敌一钟，当吾二十钟；蔇秆一石，当吾二十石。""取用于国，因粮于敌，故军食可足也。""故智将务食于敌。"他主张厚赏士卒，善待俘虏，为我所用。他说："故车战，得车十乘已上，赏其先得者，而更其旌旗，车杂而乘之，卒善而养之。"（同上）他在《军争篇》主张"掠乡分众，廓地分利"。他在《九地篇》进一步阐发这一思想："重地则掠""重地，吾将继其食""掠于饶野，三军足食"。

孙子有此思想认识，源于他对战争规律的深刻理解。春秋时代，乃至在我国漫长的农业经济时代，粮食问题在军事后勤中一直占有突出的地位。粮食生产、征集、储存、运输构成了一种特殊形态的战争——粮战。粮战成了整个军事斗争的内容之一，粮战的胜败往往直接关系着战争的胜败。孙子在挥军伐楚中，就大胆地实行了"因粮于敌"的战法。公元前 506 年，吴王阖闾以孙子为将，兴兵伐楚。吴军越过大别山到达柏举（今湖北麻城县），与楚军打了第一仗，大获全胜。在清发（今湖北安陆县）附近的涡水乘楚军半渡之际发起攻击，打了第二次胜仗。楚军渡河后正在进餐之际，吴军追到，楚军乃弃食而逃，让吴军饱餐了一顿现成饭。紧接着吴军又在雍澨（今湖北京山县西南）再一次打败楚军，然后继续迅猛推进，终于攻陷郢都。从麻城经安陆、京山至江陵，实际行军路程接近千里，而吴国的部队"五战及郢"，总共只用了十天。以当时当地的交通条件论，其速度之快实在惊人。这是我国古代战史上实施迅猛追击和连续突击的第一个伟大战例。这样高速的追击战，只可能由轻装步兵进行。在作战过程中，不仅后方运补不可能，辎重车辆的跟进也不可能。军队的给养供应除了依靠"因粮于敌"外，是没有别的办法的。

从战争与经济的关系探讨，"因粮于敌"固不失为解决运输的有力措施，但在敌境进行掠夺，对一般劳动人民却是一个灾难。

孙子所处的春秋时代，是大国争夺霸权的时代，他提出的这一理论，基本上可以说是为霸权服务的。在历史上，所有企图称王称霸的国家为了这一目的，无不尽量在本国劳动人民身上进行压榨，或用巧取豪夺的手段向外国伸手，以搜刮大量金钱来为战争服务。这和孙子的理论，也可称之为"暗合"。

18世纪初叶，沙皇彼得一世，为了向外扩张，军费开支就占了国家全部收入的百分之八十。他还说：尽可能搜集金钱，因为金钱是战争的动脉。以后的一些沙皇，在"十月革命"以前，都是按照彼得一世的野心行事。他们向欧洲的扩张，我们且不谈，仅就东方来说，当时中国清朝政府腐败无能，就被沙皇强夺了我国东北和西北100多万平方公里的土地。19世纪70年代，沙皇乘我新疆少数民族发生问题（英俄两国暗中策划的叛乱），强占了新疆的伊犁地区。后来，清政府持强硬的态度，用武力平乱并收复伊犁。当中国军队迫近伊犁时，沙皇由于正和土耳其作战，无力抽调军队增援东方，在不得不撤退的情况下签订和约，清政府愚昧无知，还被沙皇敲索讹诈了1 000万英镑（《沙俄侵华史》）。

发动侵略战争设法从国外搜刮金钱，不仅帝俄时代的沙皇如此，世界上其他侵略者，亦莫不如此，只是随着时代的前进，其花样更为翻新罢了。日本侵略中国，大量侵吞中国物资财富。为补充其兵力，豢养了齐燮元、汪精卫的伪军，并抬出汉奸汪精卫，充当伪民国政府首脑，作为代理人，培植了大量的省、县伪政权，充当他们的走狗。

孙子"因粮于敌"的主张提出后，成了千古名言。反动的军事家运用它，进步的军事家亦运用它，二者虽都运用，但运用的目的则截然相反。

毛泽东对于战争与经济关系的问题，从来是重视的。在他的有关军事著作中，关于如何运用经济力量来支持战争，是立足于"自力更生"和大量缴获敌人物资"两条腿走路"的方针之上。如果没有"自力更生"这一思想作指导，中国革命战争就难以进行。这是因为，按照战争的一般规律，没有充分的经济实力就难以装备军队，更不用说在战争中的大量消耗了。自毛泽东亲自领导的秋收起义开始，那时的工农武装，仅只有一些梭镖、大刀、土枪及少数步枪而已。在敌人的严密封锁中，只好一面打仗，一面筹饷。在整个土地革命战争中，除了在几次反"围剿"中，大量俘虏敌人得到些武器装备外，其他一切补给，全靠自力更生。抗战时，蒋介石用数十万大军封锁陕甘宁边区，人民军队就是靠"自力更生"，开展大生产运动而丰衣足食的。正如毛泽东在《抗日战争胜利后的时局和我们的方针》一文中指出的，在抗日战争中，"我们解放区的人民和军队，八年来在毫无外援的情况之下，完全靠着自己的努力，解放了广大的国土，抗击了大部的侵华日军和几乎全部的伪军"（《毛泽东选集》第四卷，第 1124 页）。人民军队由小到大，由弱到强，用小米加步枪，最后打败了由美国所武装并用大量战略物资支援的蒋介石八百万军队，建立了中华人民共和国。

关于大量缴获敌人的物资问题，毛泽东在《中国革命战争的战略问题》一文中指出："我们建立军事工业，须使之不助长依赖性。我们的基本方针是依赖帝国主义和国内敌人的军事工业。伦敦和汉阳的兵工厂，我们是有权利的，并且经过敌人的运输队送来。这是真理，并不是笑话。"（《毛泽东选集》第一卷，第 237 页）历次革命战争的经验完全得到证明：土地革命战争中，红军的武器装备，全是蒋介石所输送；抗日战争，东京兵工厂的武器也大量补充了我军；特别是解放战争，华盛顿兵工厂的各式各样的新型武器，通过敌人的运输大队不断运送，充实了我们几百万大军的装备。我们对于敌人的战备储粮，自然是要利用，有时还用来救济遭受战争灾难的人民。至于对战地人民群众的财产，我军是不取一针一线，对受冻受饿的人民，还用军粮给予救济。解放劳动人民，是我军革命的目的，这一点是我军和古今中外一切剥削阶级军队的根本区别。

三、"千里馈粮"

孙子军事经济、军事后勤思想不仅表现在"因粮于敌"，同时也表现在"取用于国""千里馈粮"。

对于采取有组织的后方供应，孙子并没有非常明确地讲述过，但他在《用间篇》所描写的那七十万户农家为了千里馈粮而"内外骚动，怠于道路，不得操事"的情景，指的就是后方供应问题。他在《作战篇》所指出的兴兵十万，就要"驰车千驷，革车千乘，带甲十万""胶漆之材，车甲之奉，日费千金"，讲的也是后勤保障问题。

兵家深知，兵马未动，粮草先行。为了适应战争的发展，必须把"取用于国""千里馈粮"的后方供应问题解决好。组织好后方对前方的供应始终是军队后勤工作的重要内容，是关系到战争胜败的大问题。这种史实在春秋文献中，有大量记载。《左传·襄公八年》载："楚师辽远，粮食将尽，必将速归，何患焉？舍之闻之：'杖莫如信。'完守以老楚，杖信以待晋，不亦可乎？"子展这段话语，可说明以下两点：一方面，楚国侵郑有自己的后勤供应体制；另一方面，郑国并不畏惧楚国采取因粮于郑的政策，而是作出楚军粮尽必归的战略判断。最能说明这一点的例子便是吴国本身的战争史实。吴国为了进攻齐国，称霸中原，特意修筑了邗沟以通江淮的粮道。足见吴国并不单靠"因粮于敌"来解决军队的粮食问题。

古往今来，大凡千里远征，如果不能组织好后方供应和就地征集，一旦遇到敌方实行坚壁清野，据固以守，轻则弹尽粮绝，返还退兵；重则兵败将亡，全军覆没。拿破仑的侵俄之战，很能佐证此理。1812 年，拿破仑率领法国军队进占莫斯科，留给他的是一座被烧毁四分之三的孤城。一座原有 30 万人口的城市，由于俄国实行坚壁清野之策，居民剩下不到一万人。法军后方供应不继，就地又无法征集，完全陷入了饥寒交迫的境地。谢国良在《拿破仑战争》一书中评述此战说："法军要维持数千里运输线和掩护翼侧，一再分兵，后援难继。""后勤不继更是直接妨碍军事行动。法军渡涅曼河不久，在维尔纳滞留到 7 月 16 日（6 月 28 日占领），就是因为补给不继；在威德比斯克停留 14 天，也同建立后勤基地有关，法军因运输线搁浅，辎重车队跟不上大军行动，欲速不能。这是一个致命伤，使法军得意的快速行军战术无法运用，以致被分割的俄军两个军团摆脱被追击、围歼的困境而得以会合。"拿破仑入侵俄国是远征异国作战，由于后勤保障不继，遭到惨重的失败。

拿破仑入侵俄国，与我国清朝名将左宗棠收复新疆的战争，在军队后勤问题上形成了鲜明的对比。1875 年，清王朝作出了收复新疆、驱逐阿古柏侵略军的战略决策，任命陕甘总督左宗棠为钦差大臣督办新疆军务。左宗棠鉴于新疆地区与内地遥隔数千里，人烟稀少，粮草缺乏，交通不便等情况，认为"粮运两事为西北用兵要着。事之利钝迟速，机括全系乎此"（《左文襄公全集·奏稿》）。这是极有见地的。左宗棠既然把军粮和运输摆到战略地位来对待，于是他就采取了一系列解决措施：建立南北两路兵站和运输线，确定在巴里坤、奇台、吉木萨尔等地就地购粮，就地取给，在哈密实行军屯，等等。"因粮于敌"虽然不是清军解决粮食问题的主要手段，但在南疆作战中也起了重要作用，如追歼敌军至库尔勒时，清军缴获了敌人来不及运走的窖粮数十万斤，解决了军粮的补给问题。左宗棠在战争开始时机的选择上，也是以粮食问题为前提，选择"节近秋初，新谷遍野，有粮可因"的收割季节（同上）。在长达三年的战争中，清军共筹集了四五千万斤粮食和大批军需物资；在数千里运输线上，后勤供给，节节呼应，"如琴瑟然，手与弦调，心与手调"（《左文襄公全集·书牍》），从而赢得了战争的胜利。

在现代，能佐证后勤保障关系到战争胜败的战例也不少。第二次世界大战中，西方有两个最善于造"势"用"势"的名将，一个是德国的隆美尔，另一个是美国的巴顿。但是，隆美尔在北非战役中因后勤补给匮乏而惨遭败绩；巴顿在诺曼底战役中也因燃料供应不足而使进军中途停顿，贻误了战机。这两位名将之所以遭到失败和挫折，原因就在于只重视了造"势"用"势"的前两个因素，而忽视了第三个要素，亦即没有制定出与快速机动战术相适应的后勤保障策略。

在未来战争中，由于军事高科技的发展，战场将更加广大，军队将更加分散，机动将更加快速，交战双方对对方补给线的袭击破坏将更加严重。在这样的情况下，如何制定与新的作战方式相适应的后勤保障体系，是军事家面临的一个重要课题。在这一点上，孙子首倡"取用于国""因粮于敌"原则的范例，也许能给予我们一些有益的启示。

第十五讲
孙子的军事地理学说

《孙子兵法》中讲地理问题的主要有四篇:《九地篇》《地形篇》《行军篇》和《九变篇》。其中《九地篇》《九变篇》主要论述了战略地理问题;《行军篇》《地形篇》着重阐述了战术地理问题。其他多篇,偶尔也论及地理问题。

孙子的军事地理学说,见解新颖,思维独特,可称得上先秦时代论述兵要地理和战术地形的不朽华章,是我国军事地理学发展史上的重要丰碑。

一、"地形者,兵之助也"

孙子十分重视地理在战争中的重要地位。他在《地形篇》中说:"夫地形者,兵之助也。料敌制胜,计险阨远近,上将之道也。知此而用战者必胜,不知此而用战者必败。"这就是说,地形是用兵作战的辅助条件。正确判断敌情,制定取胜计划,考虑地势险易,计算道路远近,这是主将指挥作战的原则。懂得这些原则去指挥作战的,就必然胜利;不懂得这些原则去指挥作战的,就必然失败。他在卷首《计篇》中指出,预知交战双方谁胜谁负,必须考查分析"五事七计"。"五事七计"就讲到天地问题。"天者，阴阳、寒暑、时制也"，是指昼夜、阴晴、严寒、酷暑，四季时令的更替；"地者，远近、险易、广狭、死生也"，是指路程的远近，地势的险要、平坦，作战地域宽广、狭窄，地形是否利于攻守进退。很明显，"五事"中所指的"天""地"，就是现代地理学中构成自然地理环境的主要因素，气象气候，地形地貌。孙子把它作为预知胜负的主要条件，制定战略决策的基本因素，指出："凡此五者，将莫不闻，知之者胜，不知者不胜。""吾以此观之，胜负见矣。""将听吾计，用之必胜，留之；将不听吾计，用之必败，去之。"

他在《地形篇》讲到利用地形条件的重要性时说："知敌之可击，知吾卒之可以击，而不知地形之不可以战，胜之半也。"认为在战略决策时，了解敌我双方的军事力量而不知地形条件，争取胜利的把握只有一半。在孙子看来，作为一个将帅，如果不能上知天文，下知地理，那他必定是不称职的。他说："故将通于九变之地利者，知用兵矣；将不通于九变之利者，虽知地形，不能得地之利矣。"（《九变篇》）这句话的意思很明确，只有懂得地形与地形的利用，才算懂得用兵；如果只了解地理环境的自然形态，而不懂得它对军事行动的影响和规律，那是不能在战争中合理利用地形地物之利的。他在《虚实篇》告诫将帅说："故知战之地，知战之日，则可千里而会战。不知战地，不知战日，则左不能救右，右不能救左，前不能救后，后不能救前，而况远者数十里，近者数里乎？"这就是说，了解掌握地形，千里远征也会指挥自如，三军协调；如果不了解掌握会战之地，就会左右失调，顾此失彼。正因为地理条件在战争中处于如此重要的地位，孙子非常强调行军作战必须侦察或利用向导去了解地形、掌握地形。他在

《军争篇》指出："不知山林、险阻、沮泽之形者，不能行军；不用乡导者，不能得地利。"

从以上简述可以看出，孙子特别重视战争中的地理条件，他的有关论述，警策历代军事家切不可忽视对地理学的研究，切不可在战争中忽略对地理条件的了解、掌握和利用。

二、战地之道，将莫不闻

如何巧妙利用各种地形以赢得作战的胜利，是战术地理研究的问题。孙子在这方面有详尽而明确的阐述。

关于平原作战问题。孙子在《行军篇》中说："平陆处易，而右背高，前死后生，此处平陆之军也。""平陆"，即平地，平原地带。春秋时代，以车战为主，战场大部选择在平原、旷野地带。在平原地带作战，要选择地势平坦、开阔的地带展开兵力，主要翼侧要依托于高地。前死后生，即居高临下，居利击害，迫敌于死地，给自己留余生。这一平原作战的原则，孙子在《地形篇》中也讲到："地形有通者"，"我可以往，彼可以来，曰通；通形者，先居高阳，利粮道，以战则利"。"通形"，即四通八达的地区。《易·系辞》曰："往来无穷谓之通。"梅尧臣注："道路交达。"在"通形"作战，要率先占领高地，保障粮道畅通，使部队有充足的粮草，保障战争的胜利。

关于山地作战问题。孙子也有详细的论述，他在《行军篇》明确主张：山地作战，要"绝山依谷，视生处高，战隆无登，此处山之军也"。即是说，穿越山地，必须在靠近有水草的谷地行进，以便应付突然情况；在山地驻扎，要居高临下，背风向阳，一旦遇敌可俯冲攻击；如若敌人占领高处，不可仰攻袭敌。他认为："凡军好高而恶下，贵阳而贱阴，养生而处实，军无百疾，是谓必胜。"意思是，军队扎营都喜好高处，厌恶低处，选择阳面，避开阴面，选择便于生活和有利于固守的高地。这样，军队人马没有疾病，胜利也就有了保证。军行于丘陵地带，"必处其阳而右背之。此兵之利，地之助也"。如遇到特殊地形，他说："凡地有绝涧、天井、天牢、天罗、天陷、天隙，必亟去之，勿近也。吾远之，敌近之；吾迎之，敌背之。"在他看来，军队作战凡遇到这六种地形，必须迅速离开而不要靠近。我远离它，让敌军去接近它；我面向它，让敌军去背靠它。他还指出："军行有险阻、潢井、葭苇、山林、翳荟者，必谨覆索之，此伏奸之所处也。"（《行军篇》）意思是说，军队行动遇到容易设伏、隐藏奸细的地方，必须仔细搜索，以防受害。

在特殊山地上如何作战，孙子在《地形篇》中谈了具体原则。此篇开篇，孙子曰："地形有通者，有挂者，有支者，有隘者，有险者，有远者。"此六种地形，第一种、第六种地形不属于山地。"挂形""支形""隘形""险形"是属于四种特殊的山地。就此四种山地孙子都有明确说法。

"可以往，难以返，曰挂；挂形者，敌无备，出而胜之；敌若有备，出而不胜，难以返，不利。""挂形"，即是前进方便，后退困难的地形。在挂形地区作战，敌人没有防备，出击就容易取胜。敌人已有准备，出击不能取胜，又难以回师，于我不利。

"我出而不利，彼出而不利，曰支；支形者，敌虽利我，我无出也；引而去之，令敌半出而击之，利。"所谓支形，就是我出击不利，敌出击也不利的地形。在支形地区作战，敌虽然以利诱我，我也不要出击，应假装撤退，诱敌出击，当敌前出一半时，我突然回击，这样就有利。

"隘形者，我先居之，必盈之以待敌；若敌先居之，盈而勿从，不盈而从之。"这是说，在隘形地区作战，我应先敌占领全部隘口，以待击敌；假若敌人已先占据，并全部控制隘口，就不要去攻击，敌人没有完全控制隘口，就可以去攻击。

"险形者，我先居之，必居高阳以待敌；若敌先居之，引而去之，勿从也。"是指在险形地区作战，我先占据时，必须控制向阳高地，以待击敌；假若敌人已先占据，就应引兵离去，不要攻击。

综上所述，孙子关于山地作战的指导思想，其关键之点就在于更加强调夺取制高点，以利瞰视和俯击敌人。

关于江河作战问题。孙子对于在江河作战的指导思想，主要是在《行军篇》进行了阐述。他说："绝水必远水；客绝水而来，勿迎之于水内，令半济而击之，利；欲战者，无附于水而迎客；视生处高，无迎水流，此处水上之军也。"这段话，共五句，每句都有一个相对独立的意思。

"绝水必远水"——部队通过江河必须迅速远离江河驻扎。其好处正如张预所注："凡行军过水，欲舍止者，必去水稍远，一则引敌使渡，一则进退无碍。"这样做，既可以使己避免背水作战，进退不致受阻，又可以诱敌渡河，迫敌于背水之地，退无所归。

"客绝水而来，勿迎之于水内，令半济而击之，利"——敌人渡河来战，不要在水中迎击，待敌人渡过半数再去攻击，这样有利。"半济而击"战法，是行之有效的战法，古往今来的许多战例都是明证。《十一家注孙子》何氏注此句曰："如春秋时，宋公及楚人战于泓。宋人既成列，楚人未既济。司马曰：'彼众我寡，及其未既济也，请击之。'公曰：'不可。'既济而未成列，又以告。公曰：'未可。'既陈而后击之，宋师败绩，公伤股，门官歼焉。宋公违之，故败也。吴伐楚，楚师败；及清发，将击之。夫概王曰：'困兽犹斗，况人乎？若知不免而致死，必败我；若使先济者知免，后者慕之，蔑有斗心矣。半济，而后可击也。'从之，又败之。魏将郭淮在汉中，蜀主刘备欲渡汉水来攻。时诸将等议曰：'众寡不敌。'欲依水为陈以拒之。淮曰：'此则示弱，而不足以挫敌，非算也。不如远水为陈，引而致之，半济而后击，备可破也。'既陈，备疑，不敢渡。唐武德中，薛万均与罗艺守幽燕，窦建德率众十万寇范阳，万钧谓艺曰：'众寡不敌，今若出斗，百战百败，当以计取之。可令赢兵弱马，阻水背城为陈以诱之。贼若渡水交兵，请公精骑百人，伏于城侧，待其半渡而击之。'从之。建德渡水，万均击破之。"

"欲战者，无附于水而迎客"——要和敌人交战，不要靠近水边去迎击敌人。杜牧曰："言我欲用战，不可近水迎敌，恐敌人疑我不渡也。"此意为如果我方决心同敌交战，那就要采取远离河川的部署，让敌人敢于来攻，敢于渡河交战，我可乘敌半渡而击。

"视生处高"——曹操注："水上亦当处其高也；前向水，后当依高而处之。"何氏注："视生向阳，远视也，军处高，远见敌势，则敌人不得潜来出我不意也。"张预注："或岸边为陈，或水上泊舟，皆须面阳而居高。"军队驻扎，要居高向阳，可远眺敌人，防敌偷袭。

"无迎水流"——是说不要迎水处军，不要在敌军下游处军，防止敌人从上游顺流而下突袭我，防止敌人决堤灌我或放毒害我。张预注："卑地勿居，恐决水溉我。舟战亦不可处下流，以彼沿我沂战不便也。兼虑敌人投毒于上流。楚令尹拒吴，卜战不吉。司马子鱼曰：'我得上流，何故不吉？'遂决战，果胜。是军须居上流也。"

在盐碱沼泽地带作战，孙子说："绝斥泽，惟亟去无留；若交军于斥泽之中，必依水草而背众树，此处斥泽之军也。"这是说，部队在盐碱沼泽地带，应该迅速离开，不可停留；假若同敌人相遇于盐碱沼泽地带，应尽量靠近水草背靠树林，这是军队在此种地形的处理方法。

三、刚柔皆得，地之理也

历代兵家无不钻研战略地理问题，孙子的《九地篇》可谓出类拔萃之大作。孙子在此篇中，就散地、轻地、争地、交地、衢地、重地、圮地、围地、死地等九种不同战略地理的用兵原则和处置方法，作了详细而明确的阐述。

孙子说："诸侯自战其地，为散地。"在散地，孙子主张："散地则无战。""散地，吾将一其志。"其意是诸侯在本国境内作战的地区，叫作散地。在散地作战，士兵离家近，容易逃亡。因此，不宜在散地作战，军队在"散地"上，就要统一意志，加强控制。

孙子说："入人之地而不深者，为轻地。"在轻地，孙子主张："轻地则无止。""轻地，吾将使之属。"因为轻地是进入敌国不深、与本国接壤的地区，士兵仍易逃亡。在这种情况下，部队要继续前进，不能停留，队与队之间前后要靠拢，营阵相连，一方面可以防止士兵逃跑，一方面可以防止被敌人截断。

孙子说："我得则利，彼得亦利者，为争地。"在争地，孙子主张："争地则无攻。""争地，吾将趋其后。"既然是彼我得到都有利的战略要点，就应先占领，如迟敌，就不要强攻。如敌先我趋争地，我则应迅速行进，后发而先至，先敌占领。

孙子说："我可以往，彼可以来者，为交地。"在交地，孙子主张："交地则无绝。""交地，吾将谨其守。"在我军可以往，敌军也可以来的交地，部队部署应营阵相连，勿被敌军隔绝，并且要加强防守。

孙子说："诸侯之地三属，先至而得天下之众者，为衢地。"在衢地，孙子主张："衢地则合交。""衢地，吾将固其结。"处在三国交界处的衢地，先到的就可以结交其他诸侯国，巩固同诸侯国的结盟，以此削弱敌国的力量，增强自己的力量。

孙子说："入人之地深，背城邑多者，为重地。"在重地，孙子主张："重地则掠。""重地，吾将继其食。"深入敌境，背后大片敌区，很多敌国城邑，本国的粮草远送不到，我就必须抢掠敌方的物资，还必须从后方继续运送军粮。

孙子说："行山林、险阻、沮泽，凡难行之道者，为圮地。"在圮地，孙子主张："圮地则行。""圮地，吾将进其涂。"部队要穿越山地、森林、险要、阻塞、沼泽、湖泊等难于通行的圮地，就要毫不犹像地迅速通过。

孙子说："所由入者隘，所从归者迂，彼寡可以击吾之众者，为围地。"在围地，孙子主张："围地则谋。""围地，吾将塞其阙。"所谓围地，进入的道路狭窄，退归的道路迂远。敌军用少数兵力就可以攻击我多数兵力，在这种地理条件下，我就要堵塞缺口，示之固守，使士卒拼死战斗，没法脱险。杜牧注此句曰："《兵法》'围师必阙'，示以生路，令无死志，因而击之。今若我在围地，敌开生路以诱我卒，我返自塞之，令士卒有必死之心。后魏末，齐神武起义兵于河北，为尔朱兆、天光、度律、仲远等四将会于邺南，士马精强，号二十万，围神武于南陵山。时神武马二千，步军不满三万。兆等设围不合，神武连系牛驴自塞之。于是将士死战，四面奋击，大破兆等四将也。"

孙子说："疾战则存，不疾战则亡者，为死地。"在死地，孙子主张："死地则战。""死地，吾将示之以不活。"在死地，我就要奋勇作战，以求死里得生。士卒的心理，被包围就会坚决抵抗，迫不得已就会拼死战斗，陷入危险的境地就会听从指挥。

　　孙子关于战略地理问题的论述，同他的关于战术地理问题的论述一样，由于受历史条件的限制，在今天看来，毫无疑问，有的肤浅，有的过时。但是，他所指示的反映一般军事地理规律的论说，仍然有其借鉴价值，仍然是军事地理学上的至理名言，警世育人。

第十六讲
孙子的军事外交思想

　　春秋时代，在我国版图上有许多小诸侯国。见于记载而参与当时的政治、军事和外交活动的约有数十国之多。这是我国古代历史上的一个特点：有几十个国家同时存在，周天子是徒具虚名的共主。其中只有几个强大的国家互争霸权。这几个（主要是五个）霸权国家的势力互有消长，加之一些小国、弱国为了生存，相互间你争我夺，外交斗争配合军事斗争，以达到政治的目的。因此，外交活动在春秋时代是频繁的，也是很突出的。当然，那时外交活动的范围，尚不似今天有政治外交、经济外交、文化外交等，主要的外交活动是为军事目的服务。

　　孙子正是生于这一时代，他清楚地看到战争与外交的关系，所以在他的兵法中许多地方论述怎样利用外交手段来为战争服务。《谋攻篇》说："上兵伐谋，其次伐交。"这是说，战争最好打谋略仗，其次是打外交仗。其实，打外交仗，也是靠谋略作指导，所以这是一个问题的两个方面。究竟外交仗如何打法，即外交之作用于战争——如何配合战争行动，共谋战争胜局呢？

　　孙子是以下面一些理论来论述外交问题的。

一、"威加于敌"——奉行实力之策

孙子在《九地篇》提出:"夫霸王之兵,伐大国,则其众不得聚;威加于敌,则其交不得合。是故不争天下之交,不养天下之权,信己之私,威加于敌,故其城可拔,其国可隳。"孙子的这一观点,可以从两方面来分析。

一方面,孙子以武力为后盾,这样,就可威慑敌对国家的外交活动,使之不能达到联合的目的(威加于敌,则其交不得合)。另一方面,自己尽量争取在国际上树立威望,这样,自己想达到一种什么企图(信己之私),把军事力量加于敌人,就可攻城略地,摧毁敌人的国家。

孙子这种运用外交手段的观点,在战国后期起到了极大的作用。当时,中国正处于结束七国割据,趋向统一的时代。以秦国为一方,其他六国为一方,经过了长期的政治、军事斗争,六国采用了苏秦的"合纵"策略。所谓"合纵",是苏秦用外交手段,向各国游说,联合起来共同对付秦国。由于这一外交上的成功,六国一致行动,逼使秦国十多年困守陕西,不敢向函谷关以东进行军事活动。后来,秦国采用了张仪的"连横"策略,即运用外交手段,拆散六国的联盟,这一策略,基本上取得成功。起决定性作用的,还是秦国采用了范雎"远交近攻"的外交策略,即对于和秦国距离远的国家,用外交手段联合,对接近的国家,用武力攻取,终于使秦始皇完成了统一大业。从历史事实看,正是如此。六国之中,韩国和魏国均在河南境内,和秦国接近,秦始皇十七年(前230)灭了韩国,二十二年(前225)灭了魏国,二十四年(前223)灭了楚国(今湖北境内),二十五年

（前222）灭了赵国（今河北南部及山西一带）和燕国（今河北北部），二十六年（前221）灭了距秦国最远的齐国（今山东半岛）。当然，秦始皇的统一大业，还有其他因素，但军事外交的成功，也起了一定的作用，它促进了统一大业的历史进程。

二、"识诸侯之谋"——善用役使之法

　　孙子十分重视观察、研究、了解诸侯之谋，他在《九地篇》中说："是故不知诸侯之谋者，不能预交。"这是因为，在当时，诸侯列国互相争斗，互相兼并，尔虞我诈，各怀异志。如果不掌握对方的动向就预交，则会误敌为友，上当受骗。因此孙子不仅告诫国君要预知"诸侯之谋"，还要国君特别警惕"诸侯乘其弊而起"（《作战篇》）——诸侯乘其危难之际，反叛发难，发动进攻。

　　为了确有把握地打击乘其弊而起的诸侯，孙子主张争取多数，孤立少数。这在他提出的"衢地则合交""衢地，吾将固其结"的策略思想中看得很清楚。"衢地"，就是除去我与敌国之外，还有第三国，乃至第四国、第五国的"三属"之地。孙子主张在此之地，应当广泛结交毗邻的诸侯，并且要"固其结"——巩固其结交，密切外交关系，以求获得国际援助，从而在外交上孤立敌国。

　　对于那些需要打击的目标，孙子除强调采取孤立之术外，还非常强调要善于使用役使之法。他在《九变篇》中说："是故屈诸侯者以害，役诸侯者以业，趋诸侯者以利。"这是孙子役使诸侯之法的高度概括。

　　何谓"屈诸侯者以害"？曹操注说："害其所恶也。"梅尧臣注曰："制之以害，则屈也。"这就是说，要迫使敌国屈从就范，用其所恶之事危害它。什么是敌国所恶之事呢？贾林的注解说得

很明白，他说："为害之计，理非一途。或诱其贤智，令彼无臣；或遗以奸人，破其政令；或为巧诈，间其君臣；或遗工巧，使其人疲财耗；或馈淫乐，变其风俗；或与美人，惑乱其心。此数事若能潜运阴谋，密行不泄，皆能害人，使之屈折也。"张预的注释也说得很明确："致之于受害之地，则自屈服。或曰：间之使君臣相疑，劳之使民失业，所以害之也。若韦孝宽间斛律光，高颎平陈之策是也。"这就是说，收买、离间、诱惑、造谣等皆为危害敌国的方法。

何谓"役诸侯者以业"？曹操注说："业，事也，使其烦劳，若彼入我出，彼出我入也。"吴伐楚则为一例。吴国三分其军，每次派一支军队去袭扰楚国边境。楚国闻警，便派军迎战。楚军一出，这支吴军便不战而归，楚军见吴军退归，也就班师回营了。当楚军走后，另一支吴军又出动了，未待休整的楚军只好再度出动。循环往复，周而复始，致使楚军疲惫，实力大大消耗。杜佑注释此句，作了进一步的发挥："能以事劳役诸侯之人，令不得安佚。韩人令秦凿渠之类是也。或以奇技艺业，淫巧功能，令其耽之，心目内役，诸侯若此而劳。"杜佑所言极是，秦国郑国渠的修建，韩国是包藏着祸心的。韩国派水工郑国去秦国谏说秦王动员人力修建引泾水灌溉的水利工程，企图是"欲疲之，毋令东伐"（《史记·河渠书》），好让秦国劳民伤财，增加负担。另则使秦国转移对韩国的注视，减轻来自秦国的军事压力。张预注解此句说："以事劳之，使不得休。或曰：压之以富强之业，则可役使。若晋楚国强，郑人以牺牲玉帛奔走以事之是也。"

何谓"趋诸侯者以利"？李筌注说："诱之以利。"张预注说："动之以小利，使之必趋。"杜牧注云："言以利诱之，使自来至我也，堕吾画中。"这里所说的"利"即为小利，意思是用小利去引诱敌人。利用此策战胜对方的战例，在我国的战争史上有很多记载。东汉光武帝建武三年（27），东汉将领邓禹、邓弘攻打赤眉起义军于华阳（今陕西潼关西），赤眉军佯装战败，丢下大批车辆、辎重。车内装满沙土，上面覆盖豆子。邓弘军内正缺粮食，士兵无心攻战，拼命抢夺粮车。赤眉军则突然反击，邓弘军溃乱，接着赤眉军又打败来救的邓禹。此役，赤眉军准确掌握邓禹缺少粮秣，饥不择食的实情，以丢弃粮食等计利诱欺骗敌人，一举挫败敌人，获得了胜利（《后汉书·邓禹列传》）。

三、"亲而离之"——巧施离间之计

孙子在《计篇》中概括了"诡道十二法"：

> "能而示之不能，用而示之不用，近而示之远，远而示之近。利而诱之，乱而取之，实而备之，强而避之，怒而挠之，卑而骄之，佚而劳之，亲而离之。"

孙子的诡道，高度概括了战争行为的本质。兵无谋略无以为，它构成了孙子战略思想的主体。"诡道十二法"之一的"亲而离之"，曹操注云："以间离之。"孙子这句话的意思是：敌人内部团结一致，就应派遣间谍，散布谣言，以使敌人分崩离析。

"亲而离之"是一种离间敌国、敌军的策略，目的是分化瓦解敌国的内部团结和外部联盟。从军事外交的角度看，"亲而离之"乃是"伐交"战略思想的重要组成部分。《百战奇法·间战》云："凡欲征伐，先用间谍，觇敌之众寡、虚实、动静，然后兴师，则大功可立，战无不胜。"古人用离间计，有离间其君王的，有离间其亲属的，有离间其贤能的，有离间其侍从的，有离间其说客的，有离间其友好邻邦的，等等，都是利用敌营垒内部的矛盾，使其相互猜忌，形成内耗。

古往今来的谋略家都很重视离间之术。春秋时代，军事外交上采用这一计谋的事例不胜枚举。现仅以孙子所在的吴国为例，公元前583年晋国派申公巫臣出使吴国，"吴子寿梦说之。乃通吴于晋，以两之一卒适吴，舍偏两之一焉。与其射御，教吴乘车，教之战陈，教之叛楚。寘其子狐庸焉，使为行人于吴。吴始伐楚，伐巢，伐徐。子重奔命。马陵之会，吴入州来。子重自郑奔命。子重、子反于是乎一岁七奔命。蛮夷属于楚者，吴尽取之。是以始大，通吴于上国"。让吴取代楚尽取蛮夷之地，通好于中原诸国，这一方面证明晋国在楚国的后院烧起了一把火，迫使楚国陷于同晋、吴两面作战的战略构想，深具远见卓识，也说明申公巫臣"教之叛楚"的离间策略也是成功的（《史记·吴太伯世家》）。

孙子亲身参加的西破强楚之战，也是成功地采取了争取唐、蔡，使之背叛楚国而投入吴国怀抱的离间之计，从而获得了极大的战略利益。

当然，"亲而离之"的计谋虽然是孙子提出来的，但丰富和发展它还是后来的事。到了秦汉以后，军事外交的舞台上便演出了许多"亲而离之"的活剧来。

周赧王三十六年（前279）乐毅率燕、秦、魏、韩、赵之兵伐齐，田单被燕军围困于即墨，恰逢燕昭王崩，其子惠王即位。田单使间散布乐毅妄图称王，因此之故燕惠王与乐毅有隙，召回乐毅，以骑劫代之，乐毅奔赵，燕将士由是愤惋不和。后田单以火牛阵大破燕军。

项羽围刘邦于荥阳，甚急，刘邦用陈平计，使人宣言曰：项王属下钟离昧、龙且、周殷欲投汉。项羽果疑之。刘项相持日久，刘邦请和，项羽使使至汉，汉王为太牢具，举进。见楚使，即佯惊曰："吾以为亚父使，乃项王使！"乃持去，更以恶草具进楚使，楚使归，具以报项王。项王果大疑亚父。亚父促项羽急攻下荥阳城，项羽不信，不肯听。亚父闻项羽疑之，乃怒曰："天下事大定矣，君王自为之，愿请骸骨归。"故汉高祖五年（前202），刘邦会群臣于洛阳有言："项羽有一范增而不能用，此所以为我擒也。"（《史记·陈丞相世家》《史记·高祖本纪》）

北朝时期，在北周与北齐的对抗中，北周大将韦孝宽采取派谍入齐或收买齐人为谍等办法，不仅随时掌握了北齐的动静，而且离间了齐后主与齐相斛律光的关系，诱使齐后主杀害了"贤而有勇"的斛律光，为北周出兵灭亡北齐扫清了障碍。

历代名将巧施离间之术，丰富和深化了孙子的军事外交思想，史书典籍都有大量记载。在这众多典籍中，《六韬·文伐第十五》可谓佳章。此章总结了十二条文伐之法。它这样写道：

一曰：因其所喜，以顺其志，彼将生骄，必有好事，苟能因之，必能去之。

二曰：亲其所爱，以分其威，一人两心，其中必衰。廷无忠臣，社稷必危。

三曰：阴赂左右，得情甚深，身内情外，国将生害。

四曰：辅其淫乐，以广其志，厚赂珠玉，娱以美人。卑辞委听，顺命而合。彼将不争，好节乃定。

五曰：严其忠臣，而薄其赂，稽留其使，勿听其事。亟为置代，遗以诚事。亲而信之，其君将复合之，苟能严之，国乃可谋。

六曰：收其内，间其外，才臣外相，敌国内侵，国鲜不亡。

七曰：欲锢其心，必厚赂之；收其左右忠爱，阴示以利；令之轻业，而蓄积空虚。

八曰：赂以重宝，因与之谋，谋而利之，利之必信，是谓重亲；重亲之积，必为我用，有国而外，其地大败。

九曰：尊之以名，无难其身；示以大势，从之必信，致其大尊；先为之荣，微饰圣人，国乃大偷。

十曰：下之必信，以得其情；承意应事，如与同生；既以得之，乃微收之；时及将至，若天丧之。

十一曰：塞之以道。人臣无不重贵与富，恶死与咎。阴示大尊，而微输重宝，收其豪杰。内积甚厚，而外为乏。阴纳智士，使图其计；纳勇士，使高其气。富贵甚足，而常有繁滋。徒党已具，是谓塞之。有国而塞，安能有国。

十二曰：养其乱臣以迷之，进美女淫声以惑之，遗良犬马以劳之，时与大势以诱之，上察而与天下图之。

以上十二种谋攻之法，如能运用得当，就可以进一步采取军事行动了。行动时，一定要上察天时，下察地利，等待有利时机的出现，只有这样才能取得兴兵征战的胜利。

第十七讲
孙子的军事伦理思想

　　孙子是中国古典军事学的奠基人，也是古典军事伦理学的奠基人。他以军事家、政治家的眼光审视战争，从最基本的道德取向、道德规范出发，提出并系统地阐述了他那别具一格的尚利、尚仁、尚诡等一系列军事伦理问题，形成了完整的、独具特色的军事伦理思想体系。研究孙子的军事伦理思想，对于继承和发扬中国传统军事伦理文化精华，加强当代军队的精神文明建设，都具有重要的理论和实践意义。

一、尚利

　　战争是什么？战争是敌对势力利益冲突发展的最后结果，是敌对势力获得、实现一定政治经济利益的手段，是敌对势力你死我活的拼杀。

　　战争的自身属性，决定了战争必须从属于利。以利动，以利止。"兵，利也，非好也。"（《银雀山汉墓竹简〈佚文〉》）

　　崇尚功利，是孙子军事伦理思想的重要组成部分。《孙子》十三篇，不足六千字，可谓字字珠玑，据粗略统计，十三篇除

《形篇》《势篇》没提到"利"外，其他十一篇都提到"利"。

《计篇》：

计利以听，乃为之势，以佐其外。

势者，因利而制权也。

利而诱之，乱而取之。

《作战篇》：

夫兵久而国利者，未之有也。

故不尽知用兵之害者，则不能尽知用兵之利也。

取敌之利者，货也。

《谋攻篇》：

故善用兵者，屈人之兵而非战也，拔人之城而非攻也，毁人之国而非久也，必以全争于天下，故兵不顿而利可全，此谋攻之法也。

《虚实篇》：

能使敌人自至者，利之也。

《军争篇》：

以迂为直，以患为利。

故迂其途，而诱之以利，后人发，先人至，此知迂直之计者也。

故军争为利，军争为危。

举军而争利，则不及。

委军而争利，则辎重捐。

是故卷甲而趋，日夜不处，倍道兼行，百里而争利，则擒三军将。

五十里而争利，则蹶上军将，其法半至。

三十里而争利，则三分之二至。

不用乡导者，不能得地利。

故兵以诈立，以利动，以分合为变者也。

《九变篇》：

故将通于九变之利者，知用兵矣。

将不通于九变之利者，虽知地形，不能得地之利矣。

虽知五利，不能得人之用矣。

是故智者之虑，必杂于利害。

杂于利，而务可信也。

是故屈诸侯者以害，役诸侯者以业，趋诸侯者以利。

《行军篇》：

客绝水而来，勿迎之于水内，令半济而击之，利。

凡此四军之利，黄帝之所以胜四帝也。

此兵之利，地之助也。

见利而不进者，劳也。

《地形篇》：

"通"形者，先居高阳，利粮道，以战则利。

敌若有备，出而不胜，难以返，不利。

我出而不利，彼出而不利，曰"支"。

"支"形者，敌虽利我，我无出也。

引而去之，令敌半出而击之，利。

"远"形者，势均，难以挑战，战而不利。

故进不求名，退不避罪，唯民是保，而利合于主，国之宝也。

《九地篇》：

我得则利，彼得亦利者，为"争地"。

合于利而动，不合于利而止。

九地之变，屈伸之利，人情之理，不可不察。

不用乡导者，不能得地利。

犯之以利，勿告以害。

《火攻篇》：

非利不动，非得不用，非危不战。

合于利而动，不合于利而止。

《用间篇》：

必索敌人之间来间我者，因而利之，导而舍之，故反间可得而用也。

总观孙子之论，我们可以说，"求利""趋利"是孙子确立的根本性的战略指导原则，也是其选择、运用战略战术的一个重要出发点和归宿。在孙子看来，"求利"是战争行为的主要目的，没有不求利益的战争，没有一定的利害关系绝不轻易争战。在此，孙子一扫传统军事伦理的"动之以仁义，行之以礼让"（《汉书·艺文志·兵书略》）的说教，提出了"兵以利动""兵不顿而利可全"（《谋攻篇》）的军事伦理思想。在当时那样一个时代，能够毫无顾忌地打出"利"字的大旗，一扫迂腐古板的传统军事伦理观念，把强烈的功利意识贯穿于他的著作之中，读来使人耳目一新，又顺理成章，可谓是对中国古代军事思想的一大贡献。

二、尚谋

孙子主张对敌作战，要讲究谋攻，就是用计谋战胜敌人，《谋攻篇》就专门讲了谋攻之法。孙子曰："故上兵伐谋，其次伐交，其次伐兵，其下攻城。攻城之法，为不得已。修橹轒辒，具器械，三月而后成，距闉又三月而后已。将不胜其忿而蚁附之，杀士三分之一，而城不拔者，此攻之灾也。"曹操注曰："敌始有谋，伐之易也。"王晳曰："以智谋屈人最为上。"张预注曰："伐谋者，用谋以伐人也，言以奇策秘算，取胜于不战，兵之上也。"汉代刘向说："谋先事则昌，事先谋则亡。"(《说苑·说丛》)唐代马总也说："先谋后事者昌，先事后谋者亡。"(《意林·太公金匮》)以上诸家注解，至为精当。孙子此句意为用兵作战的上策是以谋胜敌，其次是运用外交手段，再次才是以兵克敌，最下策是攻城。这表明孙子把以谋胜敌作为实现"不战而屈人之兵"全胜谋略的最佳手段，充分反映出孙子重谋的思想特色。

孙子接下来说："故善用兵者，屈人之兵而非战也，拔人之城而非攻也，毁人之国而非久也，必以全争于天下，故兵不顿而利可全，此谋攻之法也。"曹操注曰："不与敌战，而必完全得之，立胜于天下，不顿兵血刃也。"李筌注曰："以全胜之计争天下，是以不顿收利也。"张预注曰："不战则士不伤，不攻则力不屈，不久则财不费。以完全立胜于天下，故无顿兵血刃之害，而有国富兵强之利，斯良将计攻之术也。"诸家注解认为，善于用兵的人，能使敌军屈服不用直接交战，夺取敌方城堡不必采取强攻，攻破敌人国家也不须持久作战。必定要用全胜的谋略争胜于天下，达到军队不受挫伤而利益却可以完满地实现，这就是以谋取胜的法则。这就是孙子全胜谋略思想的集中反映和高度概括。

谋攻胜敌，是孙子及其后代名将克敌制胜的重要战法，此类战例不可胜数，现举一例证之。

西周宣王十二年（前816）冬，秦伯伐晋，晋将赵盾率兵抵御。上军佐臾骈说："秦军不能久待，请深垒固军以待之。"赵盾从之。秦人欲战，秦伯问士会："怎样才能让晋军同我交战？"士会说："赵氏新近提拔他的部下臾骈，必定是此人出的计谋，欲以劳我师。赵氏还有一个旁支的子弟叫赵穿，是晋君的女婿，有宠而弱，不懂得作战，好勇而狂，且忌恨臾骈佐上军。若使士兵袭

击他的上军而速退回，大概可以战胜赵穿。"秦军袭击晋上军，赵
穿追之不及，愤怒地说："裹粮坐甲，固敌是求，敌至不击，打算
等待什么？"军吏答："将有待也。"赵穿说："我不知谋，将单独
出战。"赵盾说："秦国俘获赵穿，却是俘获了一个高官呢！秦军
是以胜利者回国的，这样，我用什么回报晋国父老呢？"于是令
全军出战，经过力战后终使秦退兵。此战，晋军采取了清野坚壁、
以逸待劳的战术来疲劳和消耗秦军；在秦军勇猛冲击晋军，诱使
赵穿发怒接战，几乎得逞之时，赵盾及时命令全军齐出，使秦之
计谋落空。可见，军以谋为上，无谋者持军则会使良机痛失（《左
传·文公十二年》）。

三、尚诡

诡道用兵，既是孙子军事谋略突出的特点，又是孙子突出的
军事伦理思想的重要内容。

孙子在《计篇》曰："兵者，诡道也。"意为用兵作战，就是
一种隐匿谋诈、智取奇胜的较量，这是兵胜之道。曹操注曰："兵
无常形，以诡诈为道。"李筌注曰："军不厌诈。"张预注曰："用兵
虽本于仁义，然其取胜必在诡诈。故曳柴扬尘，栾枝之谲也；万
弩齐发，孙膑之奇也；千牛俱奔，田单之权也；囊沙壅水，淮阴
之诈也。"孙子的这一论断，是对军事斗争本质和规律的深刻揭
示，是对军事对抗中克敌制胜奥妙的高度抽象，是对军事斗争策
略和手段的集中概括，对指导军事行动具有普遍意义。

孙子的这一军事命题，是开先河之作。在春秋以前的奴隶制
社会，出于尊天子、治诸侯的需要，大讲"动之以仁义，行之以
礼让"（《汉书·艺文志·兵书略》），这就使诡诈用兵受到某种程

度的束缚。有的墨守蠢猪式的"仁义道德",成为这种迂腐观念的牺牲品;有的可做而不可讲,对以诈取胜者不予奖赏。孙子吸取了前人"战阵之间,不厌诈伪"(《韩非子·难一》引晋子反语)的合理思想,冲破旧观念的禁锢,响亮地提出用兵就是一种诡诈行为,诡诈多变才能成功。

如何实施诡道之术,孙子列举说:"能而示之不能,用而示之不用,近而示之远,远而示之近。利而诱之,乱而取之,实而备之,强而避之,怒而挠之,卑而骄之,佚而劳之,亲而离之。"(《计篇》)这就是有名的"诡道十二法",意为凡是能达到"攻其无备,出其不意"的目的,都可以广泛实施。在《孙子》十三篇中有关虚实转化,奇正相生,示形误敌的战法,无不是诡道的具体运用。

孙子的诡道论,受历代兵家所赞许。《唐太宗李卫公问对》说"千章万句,不出乎多方以误之一句而已",就是对这一思想的高度评价。战争较之其他事物更少确实性,更多盖然性,这是诡道实施的客观条件。

诡道用兵战例可以信手拈来。

东周威烈王十四年(前412),齐国举兵伐鲁。鲁穆公用吴起为将,率军两万抵御齐国军队。吴起分析了齐、鲁双方情况,认为齐军虽远道而来,但士气旺盛,要想打败齐军,必须疲其筋骨,挫其锐气。他率军到达预定地域后,即命令安营扎寨,组织防御,无论齐军怎样引诱挑战,也不与之交锋。齐军上将田和猜不透吴起之意,便派部将张丑前去鲁军,假意讲和,以探察虚实。吴起猜透田和心思,将计就计。他故意将精锐部队隐蔽起来,让上了年纪和疲弱的兵卒在张丑看得见的地方活动。同时,吴起设宴热情款待张丑。张丑回去后,把他在鲁营所见所闻,向田和作了汇报。田和遂认为鲁军弱无斗志，准备三天之内攻鲁。吴起送走张丑，便率军悄悄地尾随张丑，神不知鬼不觉地开到齐军防线，在即将杀到统帅帐前时，田和率残部逃走。此战，吴起先是坚守不战，继之又同意与齐军谈判，并以老弱之卒，给齐军造成"怯""弱"假象，用以麻痹敌人，然后以精壮之师出其不意地向齐军发起猛攻。齐军仓促应战，一触即溃，鲁军大获全胜（《史记·孙子吴起列传》）。

古今中外一切战争无不实施诡道。而现代战争中高科技的广泛运用，把诡道用兵推向了一个新的更高的阶段。

孙子的军风素养理念

孙子十分看重王霸之兵。何谓王霸之兵？孙子有下列论述：

"其疾如风，其徐如林，侵掠如火，不动如山，难知如阴，动如雷震。"（《军争篇》）

"掠乡分众，廓地分利，悬权而动。"（《同上》）

"伐大国，则其众不得聚；威加于敌，则其交不得合。""故其城可拔，其国可隳。"（《九地篇》）

这就是孙子心目中的王霸之兵。具体地说，征战攻取，分析衡量利害得失，能做到非利不动，非得不用，非危不战。雷厉风行，攻无不克，攻城略地，战无不胜，可谓保国安民之师。

此种保国安民的胜利之师，其军风素养是怎样形成的呢？对此，孙子在其兵法中多有阐述。

一、尚文

孙子曰："齐勇若一，政之道也。"（《九地篇》）

李筌注此句曰："齐勇者，将之道。"杜牧注曰："齐正勇敢，三军如一，此皆在于为政者也。"陈皞注曰："政令严明，则勇者

不得独进，怯者不得独退，三军之士如一也。"梅尧臣注曰："使
人齐勇如一心而无怯者，得军政之道也。"张预注曰："既置之危
地，又使之相救，则三军之众，齐力同勇如一夫，是军政得其
道也。"

诸家甚得孙子精义。在孙子看来，军风素养好与坏，关键在
于"令文"。孙子曰："令之以文。"（《行军篇》）

何谓"令文"？文，谓政治、道义。令文，即"道者，令民
与上同意也。可与之死，可与之生，而不畏危"（《计篇》）。

对此，杜牧解释说："道者，仁义也。李斯问兵于荀卿，答
曰：'彼仁义者，所以修政者也。政修则民亲其上，乐其君，轻为
之死。'复对赵孝成王论兵曰：'百将一心，三军同力。臣之于君
也，下之于上也，若子之事父，弟之事兄，若手臂之捍头目而覆
胸臆也。'如此，始可令与上（下）同意，死生同致，不畏惧于危
疑也。"孟氏注曰："道，谓道之以政令，齐之以礼教，故能化服
士民，与上下同心也。故用兵之妙，以权术为道。大道废而有法，
法废而有权，权废而有势，势废而有术，术废而有数。大道沦替，
人情讹伪，非以权数而取之，则不得其欲也。故其权术之道，使
民上下同进趋，共爱憎，一利害，故人心归于德，得人之力，无
私之至也。故百万之众，其心如一，可与俱同死力动，而不至危
亡也。臣之于君，下之于上，若子之事父，弟之事兄，若手臂之
捍头目而覆胸臆也。如此，始可与上同意，死生同致，不畏惧于
危疑。"贾林注曰："将能以道为心，与人同利共患，则士卒服，
自然心与上者同也。使士卒怀我如父母，视敌如仇雠者，非道不
能也。黄石公云：'得道者昌，失道者亡。'"杜佑注曰："谓导之以
政令，齐之以礼教也。危者，疑也；上有仁施，下能致命也。故
与处存亡之难，不畏倾危之败。若晋阳之围，沈灶产蛙，人无叛

疑心矣。"梅尧臣注曰："危，戾也。主有道，则政教行；人心同，则危戾去。故主安与安，主危与危。"王皙注曰："道，谓主有道，能得民心也。夫得民之心者，所以得死力也；得死力者，所以济患难也。《易》曰：'悦以犯难，民忘其死。'如是，则安畏危难之事乎？"张预注曰："危，疑也。士卒感恩，死生存亡，与上同之，决然无所疑惧。"

令文重道，实行思想灌输，使之上下同欲，誓死赴战，古往今来的兵家名将，无不重视其道，无不精通此道。

《左传》僖公二十七、二十八年载，公元前636年春，晋文公（献公的儿子重耳）回国掌握政权后，为了争霸中原，积极准备对外作战。他首先采取了一些有效措施，使人民都能安居乐业。对军队，他用政治、道义教育士卒，用军纪、军法约束士卒，把军队建设成胜利之师。他又以尊奉周王室的行动来争取各国的同情，同年，攻打周天子赐给他的封地——原（今河南济源市）。出兵前，宣布只打三天。三天没有攻下，虽然根据情报知道原地的人民马上就要投降，也不等待，还是按照预先宣布的期限，自动退兵三十里以示言而有信，并特别设置了一个专门机构来办理官吏的官爵等级和处理有关纪律的问题。后来，他看到晋国民众对政府已有了信心，民众在彼此交往中也很讲究信义，并能自动遵守秩序，认为教养已经成熟，就在公元前632年出兵和楚国在城濮（今山东濮县南）作战，获全胜，晋国因而称霸天下。

北宋末南宋初，大部分守军都不堪金兵一击，而岳飞、韩世忠等统帅的军队，战斗力却很强。特别是岳飞，他以"精忠报国"的思想教育部队，又以严格的纪律约束部队，"行师用众，秋毫无犯"，因而得到人民拥护，多次重创强敌，使强悍的金兵不得不承认："撼山易，撼岳家军难。"

二、尚武

孙子曰："齐之以武。"(《行军篇》)

曹操注此句曰："武，法也。"李筌注曰："武，威罚。"杜牧注曰："晏子举司马穰苴，文能附众，武能威敌也。"王晳注曰："吴起云：'总文武者，军之将，兼刚柔者，兵之事也。'"

诸家其解，都合孙子原义。孙子重道建军，亦重法治军。他庙算战事胜败，经之五事，校之以七计。五事者："一曰道，二曰天，三曰地，四曰将，五曰法。"法为五事之五。何谓法？法为法令也。张预注曰："节制严明。夫将与法，在五事之末者，凡举兵伐罪，庙堂之上，先察恩信之厚薄，后度天时之逆顺，次审地形之险易，三者已熟，然后命将征之。兵既出境，则法令一从于将。此其次序也。"

孙子在《形篇》中说："善用兵者，修道而保法，故能为胜败之政。"

曹操释其义曰："善用兵者，先自修治，为不可胜之道，保法度，不失敌之败乱也。"李筌注曰："以顺讨逆，不伐无罪之国，军至无虏掠，不伐树木、污井灶，所过山川、城社、陵祠，必涤而除之，不习亡国之事，谓之道法也。军严肃，有死无犯，赏罚信义立，将若此者，能胜敌之败政也。"杜牧注曰："道者，仁义也；法者，法制也。善用兵者，先修治仁义，保守法制，自为不可胜之政，伺敌有可败之隙，则攻能胜之。"贾林注曰："常修用兵之胜道，保赏罚之法度，如此则常为胜，不能则败，故曰'胜败之政'也。"梅尧臣注曰："攻守自修，法令自保，在我而已。"张预注曰："修治为战之道，保守制敌之法，故能必胜。或曰：先修饰道义，以和其众；后保守法令，以戢其下。使民爱而畏之，然后能为胜败。"

孙子称以道建军，以法治军，"是谓必取"。"令素行以教其民，则民服；令不素行以教其民，则民不服。令素行者，与众相得也。"

对孙子的这段论述，十一家多有注解。杜牧注曰："素，先也。言为将，居常无事之时，须恩信威令先著于人，然后对敌之时，行令立法，人人信伏。韩信曰：'我非素得拊循士大夫，所谓驱市人而战也。所以使之背水，令其人人自战。'以其非素受恩信，威令之从也。"陈皞注曰："晋文公始入国，教其民二年，欲用之。子犯曰：'民未知义，未安其居。'此言欲令民不苟其生也。于是出定襄王。此言示以事君之大义，入务利民，民怀生矣，又将用之。子犯曰：'民未知信，未宣其用。'于是伐原，以示之信。此言在往年伐原，不贪其利，而守其信，民易资者，不求丰焉，此言人无贪诈也，明征其辞。公曰：'可矣。'子犯曰：'民未知礼，未生其恭。'于是大蒐，以示之礼，及战之时，少长有礼，其可用也。此五者，教人之本也。夫令要在先申，使人听之不惑；法要在必行，使人守之，无轻信者也。三令五申，示人不惑也；法令简当，议在必行，然后可以与众相得也。"梅尧臣注曰："信服已久，何事不从？"王晳注曰："知此者，始可言其并力胜敌矣。"张预注曰："上以信使民，民以信服上，是上下相得也。尉缭子曰：'令之之法，小过无更，小疑无申。'言号令一出，不可反易。自非大过、大疑，则不须更改申明，所以使民信也。诸葛亮与魏军战，以寡对众，卒有当代者，不留而遣之。曰：'信不可失。'于是人人愿留一战，遂大败魏兵是也。"

孙子认为胜利之师必须素行其法，才能保持战斗力，才能威

加于敌。战史多载，遵纪守法、听令之师，无往而不胜。后人御
兵征战，不可不学而实习之。

三、尚德

军队尚德，主要表现在将之尚德。将受命于君，合军聚众，
担负捍国卫民之责。"夫将者，国之辅也，辅周则国必强，辅隙则
国必弱。"（《谋攻篇》）"故知兵之将，生民之司命，国家安危之
主也。"（《作战篇》）

将之品德操守影响军队上下，关系战事胜败，涉及国家安危。
夫将者，不可不尚德。

何谓将之德？孙子在《计篇》中说："将者，智、信、仁、
勇、严也。"曹操注曰："将宜五德备也。"李筌注曰："此五者，为
将之德，故师有'丈人'之称也。"杜牧注曰："先王之道，以仁
为首；兵家者流，用智为先。盖智者，能机权、识变通也；信者，
使人不惑于刑赏也；仁者，爱人悯物，知勤劳也；勇者，决胜乘
势，不逡巡也；严者，以威刑肃三军也。楚申包胥使于越，越王
勾践将伐吴，问战焉。曰：'夫战，智为始，仁次之，勇次之。不
智，则不能知民之极，无以诠度天下之众寡；不仁，则不能与三
军共饥劳之殃；不勇，则不能断疑以发大计也。'"贾林注曰："专
任智则贼，偏施仁则懦，固守信则愚，恃勇力则暴，令过严则残。
五者兼备，各适其用，则可为将帅。"梅尧臣注曰："智能发谋，
信能赏罚，仁能附众，勇能果断，严能立威。"王皙注曰："智者，
先见而不惑，能谋虑，通权变也；信者，号令一也；仁者，惠抚
恻隐，得人心也；勇者，徇义不惧，能果毅也；严者，以威严肃
众心也。五者相须，阙一不可。"何氏注曰："非智不可以料敌应

机；非信不可以训人率下；非仁不可以附众抚士；非勇不可以决谋合战;非严不可以服强齐众。全此五才，将之体也。"张预注曰："智不可乱，信不可欺，仁不可暴，勇不可惧，严不可犯。五德皆备，然后可以为大将。"

孙子倡颂将宜"五德"，厌恶将之"五危"。何谓"五危"？"必死、必生、忿速、廉洁、爱民也。""凡此五者，将之过也，用兵之灾也。覆军杀将，必以五危，不可不察也。"（《九变篇》）

孙子此论，是否恰当？十一家对此都有很好的释义。

"必死，可杀也"——曹操注曰："勇而无虑，必欲死斗，不可曲挠，可以奇伏中之。"李筌注曰："勇而无谋也。"杜牧注曰："将愚而勇者，患也。黄石公曰：'勇者好行其志，愚者不顾其死。'吴子曰：'凡人之论将，常观于勇；勇之于将，乃数分之一耳。夫勇者必轻合，轻合而不知利，未可将也。'"何氏注曰："司马法曰：'上死不胜。'言贵其谋胜也。"张预注曰："勇而无谋，必欲死斗，不可与力争，当以奇伏诱致而杀之。故司马法曰'上死不胜'。言将无策略，止能以死先士卒，则不胜也。"

"必生，可虏也"——曹操注曰："见利畏怯（法）不进也。"李筌注曰："疑怯可虏也。"杜牧注曰："晋将刘裕沂江追桓玄，战于峥嵘洲。于时义军数千，玄兵甚盛；而玄惧有败衄，常漾轻舸于舫侧，故其众莫有斗心。义军乘风纵火，尽锐争先，玄众是以大败也。"孟氏注曰："将之怯懦，志必生返，意不亲战，士卒不精，上下犹豫，可急击而取之。《新训》曰：'为将怯懦，见利而不能进。'太公曰：'失利后时，反受其殃。'"梅尧臣注曰："怯而不果。"王晢注曰："无斗志。曹公曰：'见利怯不进也。'晢谓见害亦轻走矣。"何氏注曰："《司马法》曰：'上生多疑。'疑为大患也。"张预注曰："临陈畏怯，必欲生返，当鼓噪乘之，可以虏也。

晋楚相攻，晋将赵婴齐令其徒先具舟于河，欲败而先济是也。"

"忿速，可悔也"——曹操注曰："疾急之人，可忿怒侮而致之也。"李筌注曰："急疾之人，性刚而可侮致也。太宗杀宋老生而平霍邑。"杜牧注曰："忿者，刚怒也；速者，褊急也，性不厚重也。若敌人如此，可以陵侮，使之轻进而败之也。十六国姚襄攻黄落，前秦苻生遣苻黄眉、邓羌讨之。襄深沟高垒，固守不战。邓羌说黄眉曰：'襄性刚很，易以刚动。若长驱鼓行，直压其垒，必忿而出师，可一战而擒也。'黄眉从之。襄怒，出战，黄眉等斩之。"杜佑注曰："急疾之人，可忿怒而致死。忿速易怒者，猲戆疾急，不计其难，可动作欺侮。"梅尧臣注曰："猲急易动。"王晳曰："将性贵持重，忿猲则易挠。"张预注曰："刚愎褊急之人，可凌侮而致之。楚子玉刚忿，晋人执其使以怒之，果从晋师，遂为所败是也。"

"廉洁，可悔也"——曹操注曰："廉洁之人，可污辱致之也。"李筌注曰："矜疾之人可辱也。"杜牧注曰："此言敌人若高壁固垒，欲老我师，我势不可留，利在速战。揣知其将多忿急，则轻侮而致之；性本廉洁，则污辱之。如诸葛孔明遗司马仲达以巾帼，欲使怒而出战；仲达忿怒欲济师，魏帝遣辛毗仗节以止之。仲达之才，犹不胜其忿，况常才之人乎！"张预注曰："清洁爱民之士，可垢辱以挠之，必可致也。"

"爱民，可烦也"——曹操注曰："出其所必趋，爱民者，则必倍道兼行以救之；救之则烦劳也。"李筌注曰："攻其所爱，必卷甲而救；爱其人，乃可以计疲。"杜牧注曰："言仁人爱人者，惟恐杀伤，不能舍短从长，弃彼取此，不度远近，不量事力，凡为我攻，则必来救。如此，可以烦之，令其劳顿，而后取之也。"陈皞注曰："兵有须救不必救者，项羽救赵，此须救也；亚夫（父）

委梁，不必救也。"贾林注曰："廉洁之人，不好侵掠，爱人之仁，不好斗战，辱而烦之，其动必败。"梅尧臣注曰："力疲则困。"王晳注曰："以奇兵若将攻城邑者，彼爱民，必数救，则烦劳也。"张预注曰："民虽可爱，当审利害。若无微不救，无远不援，则出其所必趋，使烦而困也。"

孙子还要为将者，"进不求名，退不避罪，唯人是保，而利合于主也"（《地形篇》）。一个将帅如果做到进不求功名，退不避刑罚，只是为了保全民众，稳定江山社稷，其人格魅力能不感染属下吏卒吗?！

作战

第十九讲
孙子的作战原则

在战争问题上，孙子积极主张用新兴地主阶级的进步统一战争，去反对奴隶主阶级，向奴隶主阶级夺权，以确立本阶级的统治地位，促进民族、文化的融合，推动历史向着进步统一的方向发展。为此，他在《计篇》中提醒封建君主和将帅，要"察"兵者，要关心、重视战争，认真研究掌握战争规律。这个"国之大事"，又关系到国家的存亡，人民的生死。为此，他在《火攻篇》又告诫明君明主良将良帅，要慎重对待战争，要慎重处理战争："故曰：明主虑之，良将修之。""故明君慎之，良将警之。"他说："主不可以怒而兴师，将不可以愠而致战。"理由是："怒可以复喜，愠可以复悦；亡国不可以复存，死者不可以复生。"因此，他主张对待战争，要"合于利而动，不合于利而止"（《九地篇》）。"非利不动，非得不用，非危不战。"孙子这种主张，可谓"安国全军之道也"（《火攻篇》）。

一、"非利不动"

对待你死我活的战争，将帅不能不考虑利害，兵法不能不言利害。

惟利是争是用兵之道。孙子在十三篇中，除《形篇》没有直接提到"利"外，其他各篇都讲到"利"。惟利是争原则在整个兵法中有着举足轻重的地位。他在《计篇》中说："计利以听，乃为之势，以佐其外。势者，因利而制权也。"《作战篇》中说："故不尽知用兵之害者，则不能尽知用兵之利也。"《谋攻篇》中说："故善用兵者……必以全争于天下，故兵不顿而利可全，此谋攻之法也。"《势篇》中说："以利动之，以卒待之。"《虚实篇》中说："能使敌人自至者，利之也；能使敌人不得至者，害之也。"《军争篇》中说："故兵以诈立，以利动，以分合为变者也。"《九变篇》中说："是故智者之虑，必杂于利害。杂于利而务可信；杂于害而患可解也。"《行军篇》中说："见利而不进者，劳也。"《地形篇》中说："故进不求名，退不避罪，唯人是保，而利合于主，国之宝也。"《九地篇》中说："合于利而动，不合于利而止。""九地之变，屈伸之利，人情之理，不可不察。""犯之以利，勿告以害。"《火攻篇》中说："非利不动，非得不用。""合于利而动，不合于利而止。"《用间篇》中说："因而利之，导而舍之。"在数千年前，孙子把惟利是争之道，论述得如此充分，如此深刻，实在难能可贵。

"非利不动"，对历代将帅影响很大。在长平之战中，坑杀赵国45万士卒的秦国名将白起，为了执行这个准则，却不得不用秦王所赐之剑而自裁。

长平之战后，秦复发兵，使五大夫王陵攻赵邯郸。是时，武安君白起病，不任行。秦昭王四十九年正月，陵攻邯郸，少利，秦益发兵佐陵。陵兵亡五校。武安君病愈，秦王欲使武安君代陵将。武安君言曰："邯郸实未易攻也。且诸侯救日至，彼诸侯怨秦之日久矣。今秦虽破长平军，而秦卒死者过半，国内空。远绝河山而争人国都，赵应其内，诸侯攻其外，破秦军必矣。不可。"秦王自命，不行；乃使应侯请之，武安君终辞不肯行，遂称病。

秦王使王龁代陵将，八九月围邯郸，不能拔。楚使春申君及魏公子将兵数十万攻秦军，秦军多失亡。武安君言曰："秦不听臣计，今如何矣！"秦王闻之，怒，强起武安君，武安君遂称病笃。应侯请之，不起。于是免武安君为士伍，迁之阴密。武安君病，未能行。居三月，诸侯攻秦军急，秦军数却，使者日至。秦王乃使人遣白起，不得留咸阳中。武安君既行，出咸阳西门十里，至杜邮。秦昭王与应侯群臣议曰："白起之迁，其意尚怏怏不服，有余言。"秦王乃使使者赐之剑，自裁。武安君引剑将自刭，曰："我何罪于天而至此哉？"良久，曰："我固当死。长平之战，赵卒降者数十万人，我诈而尽坑之，是足以死。"遂自杀（《史记·白起王翦列传》）。

无独有偶，白起之后的秦国名将王翦，也因坚持无利不动而违秦始皇之命。但王翦的结局却比白起要好得多。

秦始皇欲伐楚，于是问勇将李信："吾欲攻取荆，于将军度用几何人而足？"李信曰："不过用二十万人。"始皇问王翦，王翦曰："非六十万人不可。"始皇曰："王将军老矣，何怯也！李将军果势壮勇，其言是也。"遂使李信及蒙恬将二十万南伐荆。王翦言不用，因谢病，归老于频阳。李信攻平与，蒙恬攻寝，大破荆军。信又攻鄢郢，破之，于是引兵而西，与蒙恬会城父。荆人因随之，三日三夜不顿舍，大破李信军，入两壁，杀七都尉，秦军走。

始皇闻之，大怒，自驰如频阳，见谢王翦曰："寡人以不用将军计，李信果辱秦军。今闻荆兵日进而西，将军虽病，独忍弃寡人乎！"王翦谢曰："老臣罢病悖乱，唯大王更择贤将。"始皇谢曰："已矣，将军勿复言！"王翦曰："大王必不得已用臣，非六十万人不可。"始皇曰："为听将军计耳。"于是王翦将兵六十万人，始皇自送至灞上。王翦行，请美田宅园池甚众。始皇曰："将军行矣，何忧贫乎？"王翦曰："为大王将，有功终不得封侯，故及大王之向臣，臣亦及时以请园池为子孙业耳。"始皇大笑……

荆闻王翦益军而来，乃悉国中兵以拒秦。王翦至，坚壁而守之，不肯战。荆兵数出挑战，终不出。王翦日休士洗沐，而善饮食抚循之，亲与士卒同食。久之，王翦使人问："军中戏乎？"对曰："方投石超距。"于是，王翦曰："士卒可用矣。"荆数挑战而秦不出，乃引而东。翦因举兵追之，令壮士击，大破荆军。至蕲南，杀其将军项燕，荆兵遂败走。秦因乘胜略定荆地城邑（《史记·白起王翦列传》）。

"非利不动"，是历代将帅的共识，但确认利与害，需要有很强的洞察力、判断力。如果判断错误便容易产生趋利致害的后果。

《兵经百字·利字》："兵之动也，必度益国家，济苍生，重威能。苟得不偿失即非善利者矣。……行兵用智，须相其利。"在一般情况下，若非全局需要，两军相交，衡量胜负总要看得失比例。"利"与"非利"，也有一个如何比较的问题，"利"有全局与局部之分，军事行动有战术、战役、战略之别。有时为了全局的胜利，放弃局部一些利益，做出一些牺牲是完全必要的。局部决不可以"非利不动"来拒绝执行命令。从全局计，这种局部的牺牲恰恰是"合于利"。所谓"丢卒保车"就是这个意思。毛泽东关于不计较一城一地的得失，重在消灭敌人有生力量的思想，也是从全局利益上来考虑问题的。

二、"非得不用"

孙子的所谓"非得不用",意为没有取胜的把握,就不要随便用兵,就不要轻易地发动战争。如果用而无获,用而不能胜,就不能妄动。这是一种积极的慎战思想。这一思想,与《孙子兵法》首篇把战争看成关系国家生死存亡的大事,必须认真对待的精神是一致的。目的是安国全军,即"合于利而动,不合于利而止",不可因君之怒,将之愤而致战。

在孙子看来,发动一次没有胜利把握的战争,轻者劳民伤财,重者,国破家亡。他在《作战篇》中指出:"凡用兵之法,驰车千驷,革车千乘,带甲十万,千里馈粮,则内外之费,宾客之用,胶漆之材,车甲之奉,日费千金,然后十万之师举矣。"他在《用间篇》中指出:"凡兴师十万,出征千里,百姓之费,公家之奉,日费千金;内外骚动,怠于道路,不得操事者,七十万家。"用这样的军队征战,则要求速胜,时间一长,"久则钝兵挫锐,攻城则力屈,久暴师则国用不足。夫钝兵挫锐,屈力殚货,则诸侯乘其弊而起,虽有智者,不能善其后矣"。为此,他把那些懂得"非得不用"的将帅,称之为"生民之司命,国家安危之主也"(《作战篇》)。

孙子赞誉的知兵之将,在我国战史上,并不鲜见。

战国时,赵将李牧奉命守边,即采用非得不用之策。据《史记·廉颇蔺相如列传》记载:李牧者,赵之北边良将也。常居代、雁门,备匈奴。以便宜置吏,市租皆输入莫府,为士卒费。日击数牛飨士,习射骑。谨烽火,多间谍,厚遇战士。为约曰:"匈奴即入盗,急入收保,有敢捕虏者斩。"匈奴每入,烽火谨,辄入收保，不敢战。如是数岁，亦不亡失。然匈奴以李牧为怯，虽赵边民亦以为吾将怯，赵王让李牧，李牧如故。赵王怒，召之，使他人代将。

岁余，匈奴每来，出战。出战，数不利，失亡多，边不得田畜。复请李牧。牧闭门不出，固称疾。赵王乃复强起使将兵。牧曰："王必用臣，臣如前，乃敢奉令。"王许之。

李牧至，如故约。匈奴数岁无所得。终以为怯。边士日得赏赐而不用，皆愿一战。于是乃具选车得千三百乘，选骑得万三千匹，百金之士五万人，彀者十万人，悉勒习战。大纵畜牧，人民满野。匈奴小入，详北不胜，以数千人委之。单于闻之，大率众来入。李牧多为奇阵，张左右翼击之，大破杀匈奴十余万骑。灭襜褴，破东胡，降林胡，单于奔走。其后十余岁，匈奴不敢近赵边城。

另据《前汉书·赵充国辛庆忌传》记载，汉将赵充国也是个非得不用之将。赵充国奉命讨伐西羌。他坚持全胜必得之策，不轻与戎战，并说："击虏以殄灭为期，小利不必贪。"又说："战不必胜，不苟接刃；攻不必取，不苟劳众。"所以，终能削平羌乱，使夷汉相安。

将帅能否坚持全胜必得之策，大都在于能否正确地判断敌情我情，过高地估计自己的力量，过低地估计对方的力量，都是造成盲目开战的主要原因。

两千年前，楚霸王举兵八年，大小七十余战，未尝败北。他自恃善战，欲以武力征服天下。追至垓下一战，粮尽援绝，四面楚歌。一个叱咤风云、拔山盖世的英雄，终不得不壮烈自刎，碎尸敌手（《史记·项羽本纪》）。

第一次世界大战，德皇威廉二世恃其兵力雄厚，于1914年

7月31日下午2时，电俄皇立即取消动员令，否则破坏和平之责，俄当负之。同日晚12时，德又发出最后通牒，限俄以12小时答复。时间急促，词复激烈，使俄国不能接受。旋俄皇复电德皇说：你我之渴望和平，彼此同心，愿继续谈判，不致孤注一掷。德皇以其词含糊，认为是缓兵之计，遂再电俄皇，促其切实答复。俄皇置之不理。于是，德皇大怒，遂对俄宣战，继又对法宣战。第一次世界大战爆发。结果威廉二世国破家亡，寄身荷兰。据美国人里德菲尔统计，这次战争，同盟、协约两方，主要交战国士兵死伤约八百万人，残废约六百万人，其他人民直接、间接死于是役的，其数与战死疆场的略相等（《世界大战全史》）。依据上述数字，这次战争人口的损失，真叫人咋舌！

第二次世界大战，日军大举侵华。初虽长驱直入，势如破竹，拣了不少便宜，但终因中国是一个大陆国家，幅员广阔，日军在各处都需要大量军队把守借以保护它的交通线和供应线。事实上日军只能占领我国若干铁路线和港口，仍不能达到它整个征服中国的目的。毛泽东有鉴于此，针对日军战略弱点，充分利用我广大国土，决定采用持久战略，采取游击战术，广泛建立民族统一战线，发动全民抗战。这样一来，日军占领区里的陆军，常被我游击队歼灭，军资器械亦多被我游击队缴获。日军本已陷于被动，疲于奔命，以致手忙脚乱，不得不转攻为守，敛兵自保。且错估形势，偷袭珍珠港，珊瑚、中途岛两役，日军的海、空军又损失殆尽。于是断羽折足，一蹶不振。迨至1945年5月德国战败后，联合国大军东调。并在海、空军的配合下，直扑日本三岛，实施迫降。就在这个时候，苏联出兵西伯利亚，深入中国东北，一举解决了日本备战20年，拥有70万兵员的关东军。时势至此，侵华八年，横行东亚达半个世纪之久，飞扬跋扈的日本帝国主义者，终因势穷力蹙不得不低首下心，无条件投降（《第二次世界大战简史》）。

除不能正确估计敌我力量外，意气用事，怒而兴师，也是将帅不能坚持"非得不用"之策的重要原因。

三国局势形成后，诸葛亮认为曹操是主要矛盾，所以他的策略是"东联孙吴，北拒曹操"。关羽没有执行这一策略，结果被东吴击败而被杀。刘备出于对关羽的私人情感，一定要进行报复，在盛怒之下，既不采纳群臣的劝阻，又不接受孙权的求和，结果几十万大军被东吴大将陆逊全部歼灭，刘备气愤而死（《三国志·蜀书》）。

由此可见，将帅坚持孙子的"非得不用"之策，首先要慎重考虑，对战争前景作周到的分析，感到确有胜利把握才能进行战争，做到"合于利而动，不合于利而止"。切不可不问敌我情况，胜败前景如何，仅凭感情冲动，怒而兴师。这对用兵作战的将帅来说，确实是战争决策的头等大事。

三、"非危不战"

孙子的"非危不战"，是说不到迫不得已之时，不要打仗。战争是生死存亡的大事，草率出兵，只会给国家造成损害。《投笔肤谈·本谋第一》中也说："凡兵之兴，不得已也。"

遇难临危，宜于激发群情努力抗争。古代将帅都很重视这一作战原则。

公元1140年，刘锜得知东京失守后，激奋军心，鼓舞士气，决心坚守顺昌，以阻击金军南侵。他加强防御措施，在外城构筑土墙，既利于观察，又利于箭攻。并将部队划为数部，轮流进行战斗，还在近城有利地形上预设伏兵，准备奇袭金军。

金军初犯，遭到伏击。刘锜从俘虏口中详细了解到金军虚实，知道金军驻扎在距城30里的白沙窝，夜乘胜袭击，又获战果。不久，金军数万人来攻，刘锜掌握敌人失利后恐惧多疑的心理，令四门大开，给敌人造成错觉。金军果疑城中有伏兵，不敢近战，只在远处射箭。刘锜凭借能守易攻的防御工事，主动出击，使金军受到重大损失。当金兵退却时，刘锜又出兵截击，金兵大部落水溺死，退守离城20余里的李村附近。金军得到增援后，欲作第三次进攻，刘锜在雷雨之夜，乘敌无备时，派勇将阎充率轻兵五百主动袭击。金兵伤亡很大，退兵15里。第二夜，刘锜又乘敌士气不振，尚有余悸时，利用雷雨之夜，向敌人发起突然袭击。金兵大乱，自相残杀，横尸遍野。

金军统帅金兀术亲率十数万大军赶来增援。刘锜利用金兀术怒而轻敌的弱点，巧施计谋，先派两名勇士向敌人提供假情报，说刘锜只是个贪图享乐、不善作战的庸人。金兀术果然信以为真，麻痹轻敌思想更加严重。刘锜进而采取激怒敌人、诱其深入的策略，向金军挑战，声言如金兀术敢渡颍河决一死战，可代架浮桥迎接。金兀术认为刘锜欺人过甚，果然大怒，决定过河交战。刘锜在河水上流和登陆后的必经之地，尽撒毒药。金军中计，普遍中毒，病、疲交加，士气低落。当交战时，刘锜一直等到金军十分疲惫时，派数百人喊声震天，自西门杀出。当金军主力被吸引在西门时，又派数千人出南门猛击，金军仓促迎战，首尾不能相顾，所谓"铁浮图"（身着坚厚铁甲的侍卫亲军）和"拐子马"（两翼骑兵）的精兵惨遭失败，金兀术率残部逃窜。刘锜乘胜追击，歼敌数万，获得全胜。（《宋史·刘锜传》）

古代战争，非危不战，一般是指防御战，如守城防御战、守土防御战、待援守营防御战。这类战争的前提，仍然是国家利益，合于利则动，不合于利则止。在现代条件下，如果国家领土、主权遭到外敌侵占，即使未到危急时刻，也是应该坚决回击。这种情况下的"危"，实际上是危及国家主权、尊严和安宁，如果仍以"非危不战"而自约，实际上就是曲解了孙子这一原则。

第二十讲
孙子的治军方略

　　交战双方都想打败对方，取得战争的胜利。究竟如何赢得战争，取得胜利呢？在如何"求"的问题上，想法、做法就不尽相同了。有的求天助，有的求神帮，有的寄希望于对方战斗力下降。孙子却不这样。在孙子看来，战争是敌我双方人力、物力、财力、军力、天时、地利、战略、战术等方面的较量，是最直接、最明显、最尖锐的角力、角智。要想求得战争的胜利，就得建设一支能攻善守的军队。不是胜利之师，就不能进行胜利之战。力不胜敌，智不超敌，企图侥幸取胜，那是根本不可能的。在建设胜利之师上，孙子有一系列的论述。

一、"修道"——上下同意

　　如何建设胜利之师？孙子首先提出要"修道"。他在《计篇》中说："道者，令民与上同意也，故可以与之死，可以与之生，而不畏危。"在《谋攻篇》中，他把"上下同欲"作为预见胜利的五种情况之一。这表明孙子所说的"道"，就是政治，"修道"就是修明政治。当然，孙子说的政治与今天我们说的政治属性是不相同的。前者体现的是新兴地主阶级的意志，后者体现的是无产阶级的意志。二者尽管"姓氏"不同，但所追求的目标却是极其相似，二者要"民"与"上"同，都要"民"为了国家的利益，国民的利益，不怕赴汤蹈火，流血牺牲。

孙子这种修道建军是胜利之本的思想，给历代军事家、政治家以很大影响。《商子·战法第十》说："凡战法，必本于政。胜则其民不争，不争则无以私意，以上为意。"《荀子·议兵》也说："善附民者，是乃善用兵者也。故兵要在乎善附民而已。"《十一家注孙子》张预注"上下同欲者胜"说："百将一心，三军同力，人人欲战，则所向无前矣。"孙中山先生在《北上宣言》中指出："武力与民众结合者，无不胜；反之，无不败。"毛泽东在《论联合政府》中说道："没有一个人民的军队，便没有人民的一切。"（《毛泽东选集》第三卷，第1074页）他在以后的讲话中也多次提到兵民是胜利之本。

政治修明，庶绩咸熙，自然国泰民安。这样一来，一旦国家遇有外患，人民就会自觉地团结起来一致对外。纵使遭遇挫折，牺牲生命，亦在所不辞。《史记·田单列传》载，燕将乐毅下齐七十余城，齐将田单退保即墨。齐国面临胜则国存，败则国亡的严重局面。于是田单设计：一面纵反间，使燕惠王罢免乐毅；一面激励人民，奋起抗战。结果，用火烧牛尾冲击燕阵，齐兵随即趁势奋击，大败燕军，遂杀燕将骑劫，收复失地。又如西汉末年，农民起义反对王莽。于是，王莽派遣王寻、王邑将兵百万，讨伐农民起义军。诸将见寻、邑兵胜，遁入昆阳，惶怖念妻子，都想散归诸城。光武因晓谕诸将说："今兵谷既少，而外寇强大，并力御之，功庶可立；如欲分散，势无俱全。且宛城未拔，不能相救，昆阳即破，一日之间，诸部亦灭矣。"他又说："今若破敌，珍珤

万倍，大功可成；如为所败，首领无余，何财物之有！"众乃从
令。于是，光武帝亲率敢死队三千人，从城西水上，冲其中坚，
寻、邑阵乱，乘锐破之，遂杀王寻，莽兵大溃，王邑等渡水逃去
（《后汉书·光武帝纪》）。

　　类似的修政建军因而获得成功的，不胜其数，姑举一个反面
例子，引为佐证。殷纣王倒行逆施，荒淫无道，不得民心。所以
牧野之战，前徒倒戈，攻于后，因而败北（《史记·殷本纪》）。

　　上述正反事例，无不说明修政建军，是胜败之政的基础，证
之于历史，验之于当代，无不吻合无间。假如敌我双方都能注意
修政建军，都能做到上下同欲，那么谁胜谁负，就要由其他条件
来决定了。

二、"保法"——步调一致

　　修道建军，这是极为重要的，但还不是事情的全部。孙子
主张，不仅要"修道"，而且要"保法"。他说："法者，曲制、
官道、主用也。"（《计篇》）我们从这里可以看出，孙子所讲的
"法"，乃是军队编制、军需供给、军费使用制度以及各级将吏的
职责区分和规定。"保法"就是确保这些规章制度的贯彻执行。

　　在"保法"方面，孙子特别强调士卒要令行禁止，绝对服从
命令。他在《地形篇》中指出："厚而不能使，爱而不能令，乱而
不能治，譬如骄子，不可用也。"他在《九地篇》中说："将军之
事，静以幽，正以治。能愚士卒之耳目，使人无知。易其事，革
其谋，使人无识；易其居，迂其途，使人不得虑。帅与之期，如
登高而去其梯；帅与之深入诸侯之地，而发其机，焚舟破釜，若
驱群羊，驱而往，驱而来，莫知所之。聚三军之众，投之于险，

此谓将军之事也。""犯三军之众，若使一人。"驱使三军战斗，如同牧人驱使羊群一样，东西出没，纵横驰驱——这是军纪严明所致。能使三军如此听从指挥，并非易事，士兵毕竟是人不是羊，让其绝对服从命令是不容易的，这其间大有经纶，尤须辅以机权才能办到。在我国历史上，能严明治军的将帅不乏先例。

《史记·绛侯周勃世家》载：文帝之后六年，匈奴大举入边。朝廷乃以宗正刘礼为将军，军霸上；祝兹侯徐历为将军，军棘门；以河内守周亚夫为将军，军细柳，以备胡。文帝劳军，至霸主及棘门军，直驰入，将以下骑送迎。已而之细柳军，官兵都披坚执锐，张弓弩，持满待发。文帝先驱至，不得入。先驱传谕说："天子且至！"军门都尉曰："将军令曰：'军中闻将军令，不闻天子之诏。'"文帝至，也不得入。于是文帝乃使使节诏将军："吾欲入劳军。"亚夫仍传言开壁门。营门官吏告诉文帝的从属车骑说："将军约：'军中不得驱驰。'"

于是文帝乃按辔徐行。至营，将军亚夫持兵揖说："介胄之士不拜，请以军礼见。"文帝为动，改容式车，使人称谢："皇帝敬劳将军。"成礼而去。既出军门，群臣皆惊。文帝曰："嗟乎，此真将军矣！曩者霸上、棘门军，若儿戏耳！其将固可袭而虏也。至于亚夫，可得而犯邪？"称善者久之。月余，三军皆罢。乃拜亚夫为中尉。文帝将崩时，嘱咐太子说："即有缓急，周亚夫真可任将兵。"文帝崩，拜亚夫为车骑将军。孝景三年，吴、楚反。亚夫以中尉为太尉，东击吴、楚。……凡相攻守三月，而吴、楚破平。

像周亚夫这样严明治军的将帅，在我国历史上有许许多多，宋代的岳飞，明代的戚继光，都能让士卒格遵约束，拼死决战。

在"保法"方面，孙子还十分强调要保证将帅独立的指挥权。

自古因国君不知兵，从中牵制，致使将帅不能临机应变，活用所长，终至贻误战机，覆军杀将者，不可胜数。因此，孙子告诫人们："故君之所以患于军者三：不知军之不可以进而谓之进，不知军之不可以退而谓之退，是谓縻军。不知三军之事而同三军之政者，则军士惑矣。不知三军之权，而同三军之任，则军士疑矣。三军既惑且疑，则诸侯之难至矣，是谓乱军引胜。"（《谋攻篇》）孙子此论，切中时弊，绝非危言耸听，患军之人，孙子之前有之，孙子之后也有之。唐时哥舒翰灵宝之败，完全系受杨国忠制约，迫令进战，以致全军覆没，主帅被擒（《旧唐书·列传第五十四哥舒翰》）。又如，郭子仪、李光弼等九节度之师围邺，只因各军缺少一个总司令统一指挥，事事受中官鱼朝恩的制约，不能适应时机，统一作战，卒有相卅之败（《旧唐书·列传第七十郭子仪》）。再如，晋周处因受梁王彤的倾陷（《晋书·列传第二十八周处》），宋杨业，因受护军王侁的逼迫（《宋史·列传第三十一杨业》），不但覆军，而且身殉。南宋名将韩世忠和岳飞，都是天挺人豪，旷代奇才，终因受秦桧的制约，不但不能驱除金虏，收复河山，而且还令含冤被害（《宋史·列传第一百二十三韩世忠》《宋史·列传第一百二十四岳飞》）。

　　为使将帅的指挥权不受制约，孙子在《九变篇》提出"君命有所不受"。在吴宫训练女兵时吴王宠爱的两个妃子不听号令，孙子欲斩之，吴王下令赦免，孙子对曰："臣既已受命为将，将在军，君命有所不受。"遂斩二姬以殉。在《地形篇》孙子对"君命有所不受"作了更详细的阐述，他说："故战道必胜，主曰无战，必战可也；战道不胜，主曰必战，无战可也。"这样看来，孙子的"君命有所不受"，不是拒绝执行一切君命，同国君闹独立，而是有所受，有所不受。凡是有利于军争，有益于人民和国家的"治

命"，必须绝对服从，不得稍有违异。倘若无益于军争，有害于人
民和国家的"乱命"，自不必绝对服从，一律接受。战争制胜的
要诀，在于能因敌制胜。假如国君的使命不适合战场上瞬息万变
的实际情况，将帅能临场应变，从宜行权，这不仅不算是违抗命
令，而且是通权达变，创造性地完成国君所赋予的使命。这就叫
作"反经然后合道"。如果将帅不识权变，只知一味服从上级命
令，甚至出征在外，相距千里，事无大小还要一一请命国君而后
行，那贻误战机，覆军杀将，可就难免了。这种将帅，名为唯命
是从，实则贻误战机，败坏大事，对这种人不可轻信、轻用。孔
子说得好："可与立，未可与权。"（《论语·子罕第九》）

三、备战——先为不可胜

为了建设胜利之师，孙子在《形篇》中提出"先为不可胜，
以待敌之可胜"，强调首先创造不可被敌人战胜的条件，然后等
待、寻求战胜敌人的时机。他在《九变篇》告诫人们："故用兵之
法，无恃其不来，恃吾有以待也；无恃其不攻，恃吾有所不可攻
也。"这种以备防战，以备应战的思想，是积极稳妥的，是军事家
所必须优先考虑的问题。

比孙武所处时代早一点的军事家们，从考虑国家安全着眼，
提出过非常精辟的论点。公元前638年，鲁僖公轻视邾是小国，
"不设备而御之"。鲁国大臣臧文仲提出："国无小，不可易也。无
备，虽众不可恃也。"（《左传》僖公二十二年）公元前562年，晋
国以大国地位，迫使郑国订立盟约，郑国交纳了许多礼品，晋悼
公因大臣魏绛有功，以礼品之半赐之。魏绛是有远见的军事家，
他引用古逸《书》上的话说："'居安思危'，思则有备，有备无

患，敢以此规。"(《左传》襄公十一年)这两位军事家都是从战略和国家的安全着眼，强调有备无患，"先为不可胜"的思想。

孙子正是依据先人的智慧财富，总结出"先为不可胜"的军事哲理，并用以指导战争实践。对此，历代军事家无不钻研探求。

公元前632年，在晋楚城濮之战中，实力较弱的晋军打败了实力强大的楚军，是具体说明"先为不可胜，以待敌之可胜"的谋略思想的著名战例。

公元前636年，晋文公(重耳)嗣位后，为了争霸中原，采取了一些改革措施。在经济上，减轻赋税，奖励农耕，发展商业，节省开支，储备物资，推动了生产力的发展。在军事上，把原有的二军扩充为三军，积极训练，增强军事力量。公元前635年，周襄王遭到其兄弟叔带勾结狄人的攻击，避居郑国，向秦、晋求援。晋文公借此打起"尊王攘夷"的旗号，打败狄人，杀了叔带，迎接周襄王回洛阳复位。这样，晋文公为他争霸中原，在政治上、军事上、物资上以及舆论上，做好了充分的准备。

当时，强大的楚国，为了争霸中原，在灭掉黄河流域的许多诸侯小国之后，挥师援鲁以制齐，结曹、卫以抗晋，进逼疏楚亲晋的宋国。公元前633年，楚军围困宋国都城商丘(今河南商丘)，宋向晋求援。晋文公和大臣们分析了形势，认为如果晋国直接出兵救宋，劳师远征，可能遭到楚军与曹、卫前后夹击的不利局面。于是便采纳了狐偃提出的进攻曹、卫，调动楚军北上，以解宋围的建议。晋国先后打下了曹、卫两国，使楚军救卫不及，陷于被动。

晋攻占曹、卫之后，楚军还是全力围攻宋国都城商丘。晋国中军元帅先轸分析了楚国与齐、秦两国的矛盾，建议由宋国送厚礼给齐、秦，求其向楚国讲情，要楚国撤军。楚对齐、秦为利充当宋国说客大为不满，断然拒绝了齐、秦的调停。齐、秦对楚此举大为恼火，便弃楚转向晋、宋。这样一来，晋、楚双方的力量发生了根本性的变化。

在形势对楚国不利的情况下，楚将子玉派使者宛春以谈判为名，向晋国施加压力，要晋国允许曹、卫复国，如果晋国同意，楚军就解除对宋国的包围。晋文公采纳先轸对策，将计就计：一面私下答应曹、卫复国，使曹、卫同楚绝交，同晋国结盟；一面扣留楚军使者宛春，激楚求战。这招果然奏效，恼羞成怒的子玉，依仗优势兵力，贸然带兵长驱直入，向晋军驻地曹都陶丘（今山东定陶）进发。

晋文公见楚军向曹都陶丘逼近，为了履行先前在楚国时对楚王许下的"退避三舍"的诺言，便下令晋军后退九十里（一舍三十里），在预定的战场城濮停下来。

决战一开始，晋军针对楚军的部署，针对子玉不知虚实、骄傲轻敌的弱点，晋下军佐将胥臣，把驾车的马蒙上虎皮，先向战斗力很差的楚右军发起进攻。楚右军遭到这一突然而奇怪的进攻，惊慌失措，立即溃败。而对战斗力较强的楚左军则采取诱敌深入的打法，晋上军主将狐毛，故意在车上竖起两面大旗，引军后退。同时，下军主将栾枝也在阵后用车拖着树枝，扬起地面尘土，假装后面的军队也在撤退，以诱楚军。子玉不知是计，下令追击，进入晋军事前布置好的口袋里，伤亡惨重。子玉为了保住中军，退出战场，大败而归。城濮之战确定了晋文公的霸业。

像晋文公及其属下这样运用先为不可胜，以待敌之可胜谋略思想的军事家，在我国历史上还有很多。但是，也有许多军事家，甚至有远见卓识的国家统帅，有时往往以为自己强大，或者受了高明敌人的迷惘，一时疏虞误事而遗恨不已。

第二次世界大战序幕已经拉开。苏联当时的军事力量很强大，但斯大林出于建设社会主义的目的以及慎战的指导思想，不愿与东西两敌——日本和德国轻启战端，先后与两国订立了互不侵犯条约，自以为万事大吉，高枕无忧了。于是，苏联疏于警惕，放松了戒备，以致遭到希特勒"闪电战"的突然袭击。德军在两周内就向苏联西部边境推进了400余公里。斯大林事后曾指出：当时德军在苏联边境集中了170个师团，已经处在完全备战状态，只是待命进攻；而当时苏联军队，却尚须动员起来和推进到边界上去。……很显然的，我们爱好和平的国家，既不愿首先破坏条约，也就不能走上背信弃义的道路（《论苏联伟大卫国战争》）。处在战争年代，两面强敌大军压境，即使订立了约束条约，也不能放松戒备，在侵略者看来，条约犹如废纸。如早有"先为不可胜"的谋略思想，能"居安"而"思危"，即使战争突然爆发，也不会使人民和武装力量遭受如此惨重的损失。后人评论斯大林在卫国战争初期决策失当，不无道理。

无独有偶，在德军入侵苏联半年（1941年6月20日至12月8日）时间后，日本军国主义者对美国的珍珠港同样采取了突然袭击。此次突袭更具有戏剧性：就在日本特使来栖三郎正和罗斯福举行谈判时，日军竟把美国在太平洋的舰队和军事设施几乎全部摧毁。有消息说，当时中国曾将日军企图通报美国，但他们不以为然，竟一笑置之。受此袭击，战争初期美军一直处于被动地位，一年之后才逐渐恢复军力，开始反攻。

综上所述，"先为不可胜"的谋略思想，是以备防战，以备应战，应付敌人突袭的重要法宝，是力避被动，争取主动，稳妥胜战的重大措施。每一个战争指导者，都应该从战争全局出发，认真思考，深刻探讨，真正做到"先为不可胜，以待敌之可胜"。

第二十一讲
孙子的持久战思想

持久战，是持续时间较长的作战，是相对于速决战而言的。持久战有战略的持久战和战役、战斗的持久战。孙子限于当时的历史条件，未能将战略、战术区分开来，而是把战争、战役、战斗统称之为"战"。

对于"战"，孙子喜好速战速决，厌烦持久、缓慢。在这方面他明确表示，"久暴师则国用不足"，主张"兵贵胜，不贵久"（《作战篇》），强调速战速决。

孙子喜好、强调速战速决，但不能以此就认为孙子否定持久战，忽视持久战，更不能进而否认孙子持久战的思想。我们仔细探析孙子之论，并不难发现在特定的情况下，孙子还是赞同缓战、久战的，孙子持久战思想还是相当深刻而丰富的。

一、以迂为直，以患为利

孙子在《军争篇》说："以迂为直，以患为利。"孙子的这一名言，讲的不仅是战术问题，而且也真实地表现了他的缓战、持久战思想。撇开直路不走，绕行走远道，须时也；把不利变为有利，亦须时也。变迂为直，变患为利，要有一个准备过程，非用一定的时日不可，非久战而无他法矣。

孙子的《军争篇》主要论述交战双方如何相互争奇制胜的条件问题。他说："军争之难者，以迂为直，以患为利。"为了使这一原则得以执行，就要"迂其途而诱之以利"，采取表面上不利于己的手段来欺骗迷惑敌人，从而做到"后人发，先人至"。

迂与直，患与利，后发与先至，彼此之间是有矛盾的。但是，只要指挥得当，就可化不利为有利。在历史上，不乏"以迂为直，以患为利"的名将。

三国时代，魏国派遣钟会领兵伐蜀。魏将邓艾即采用"以迂为直"这一策略，绕远路，走险山绝地，从阴平直入蜀都。蜀因事前在这方面毫无防备，仓促之间无以应战。蜀主刘禅不得已，自缚拜降（《三国志·魏志》）。

汉初，汉王派遣韩信领兵伐赵。韩信即采用"以患为利"这一策略，先派遣万人出背水阵，赵军望见都大笑起来，以为韩信置军死地，定遭覆灭。及见韩信督人挑战，于是挥师出击。韩信见赵军全部出动，随即命令所部退回河边阵地拼力奋战，就在这时韩信预先派遣的两千轻骑兵，火速冲进赵军营垒，拔去赵军的旗帜，插上汉军的旗帜。赵军望见汉军的旗帜，知巢穴已破，大惊失色，仓皇逃跑。韩信乘势反攻，遂大败赵军，斩陈余，擒赵王歇（《史记·淮阴侯列传》）。

从上述两战例，可以看出孙子之论并不是违反常情，故作骇俗之言，而是切中精义，确是可行之策。

二、避其锐气，击其惰归

"避其锐气，击其惰归"（《军争篇》）是表现孙子缓战、持久战思想的又一作战原则。

孙子认为军队作战，随着时间的推移，其士气和战斗力将会发生变化：初战时士气饱满，中期将逐渐懈怠，后期士气就衰竭了，这就像人在一天之中的生理状态一样，"朝气锐，昼气惰，暮气归"。所以，作战要避开敌人初来时的锐气，等待敌人士气懈怠衰竭时再去打它，也就是使敌疲劳沮丧，以求减杀其优势。

孙子之言，受历代名将推崇效仿。

楚汉相争时期，韩信设十面埋伏之计，在垓下包围了项羽，又施四面楚歌之计，彻底摧毁了楚军的斗志，连项羽本人也认为自己到了穷途末路。

晋时，大将军刘琨被胡兵围困城中，危急万分，月夜中，刘琨突生一计，命人吹响胡笳，夜色迷茫，旷野寂寥，笳音哀怒，数万胡兵顿生思乡之意，竟放弃唾手可得的胜利，解围而去。

北宋年间，北疆外的西夏和辽（即契丹）逐渐兴起。公元1044年，辽国夹山部落八百户叛辽归西夏，辽主耶律宗真和韩国王萧惠向西夏主赵元昊索归八百户人马。赵元昊不答应，两国因此大动干戈。交战初期，辽国依仗优势兵力，连连取胜，西夏被迫从贺兰山败退。辽国穷追四百余里不舍，赵元昊见力战难以取胜，心生一计，写下"议和书"，派使者送至辽营，向耶律宗真和韩国王萧惠求和。与此同时，赵元昊下令将所有的粮食带走，继续后退。还四处放火，将牧草一烧而光。韩国王萧惠接到"议和书"后，冷笑不止。"议和书"上写道："……夏兵接连数败，已无力再战，请求韩国王同意罢战议和……"萧惠对西夏使者说："早知如此，何必当初。现在才想求和，晚了！"萧惠挥师直捣西夏大营，但所到之处，早已人去营空，片片焦土，漫漫烟雾。萧惠气急败坏，率兵急追。辽兵追赶几十里后，又见片片焦土，几座空营。如此数次，辽军追赶西夏军一百余里。赵元昊不给辽军留下一粒粮食、一束牧草，辽大军深入西夏腹地，人断粮、马断草，饥渴难耐，又困又乏。就在这时，赵元昊指挥西夏大军犹如从天而降，从四面八方合围上来。辽军已是强弩之末，又兼无粮无草，顿时兵败如山倒。赵元昊乘胜追击，将辽军歼灭。

赵元昊避敌锐气，诱敌深入，果断出击，以弱制强，巩固了西夏国的地位。

三、先为不可胜，以待敌之可胜

孙子在《形篇》说："昔之善战者，先为不可胜，以待敌之可胜。"此句意为过去善于指挥战争的人，都力避仓促投入战斗，总是想办法创造条件，加强自己的力量，创造不可被敌人战胜的条件，然后等待或寻求敌人有被己战胜的时机或条件。

孙子的这一军事命题，具有普遍的借鉴意义。

汉代刘安曰："善用兵者，必先修诸己而后求诸人；先为不可胜，而后求胜。修己于人，求胜于敌。己未能治也，而攻人之乱，是犹以火救火，以水应水也，何所能制。"（《淮南子·兵略训》）

《卫公兵法·将务兵谋》曰："若兵无先备则不应卒，卒不应则失于机，失于机则后于事，后于事则不制胜而军覆矣。"

《百战奇法·备战》曰："凡出师征讨，行则备其邀截，止则御其掩袭，营则防其偷盗，风则恐其火攻。若此设备，有胜而无败。法曰：'有备不败。'"

兵家如此借鉴孙子之智，名师更会巧用孙子之术。

《旧唐书·太宗传》载：隋炀帝大业十四年（618）李世民和西秦薛仁杲作战。李世民的军队到达折墌城（今陕西省长武北），薛仁杲派大将宗罗睺去抵御。宗几次向唐军挑战，唐军将官都请求应战，李世民却坚持不出，他说："我们刚打了败仗，士气不高，敌人因为打过胜仗，很骄傲，有轻视我军的心理，所以应该坚守工事等待机会。敌人骄傲，我们奋勉，一战就可击败敌人。"李世民按兵不动，深沟高垒，两军相持60余日。宗罗睺部队的粮食吃完了，一部分将士向唐军投降。李世民了解到敌人离心、战斗力衰减的情况，于是派梁实在浅水原（今陕西省长武东北）布阵诱敌，宗罗睺果然上当，以全部精锐部队向梁实进攻，梁实固守，宗罗睺连攻几天不下。李世民见敌已疲劳，则下令全面向敌人攻击，宗罗睺大败。

在近代，"先为不可胜，以待敌之可胜"的战例更多。

1922年，德国首先与苏联缔结了旨在建立友好平等关系的《拉巴洛条约》，这使英法感到"布尔什维克势力"扩展的巨大压力，旋即调整对德政策，以给予平等地位为诱饵，拉德国加入由他们主宰的"国际联盟"，阻止苏德靠拢。德国政府认为，加入"国际联盟"有利于摆脱《凡尔赛条约》的束缚，而保持同苏联的友好关系，手中又有对付英法的主动权。所以，德国外长斯特莱斯曼表示，德国所处的国际地位和受欧洲政治格局的制约，既不应同苏联结盟，也不应充当英法的突击队，在两大势力之间找平衡，易于发展政治、经济实力而不被别国所战胜。依据这样的战略构想，德国奉行了如下外交策略：第一，以国内存在强大共产主义组织为理由，在争取参加"国际联盟"的同时，强调一旦发生对苏战争，德国只能用兵自保，推脱为英法充当反苏打手的义务；第二，用"国际联盟"盟约反对限制德国发展军备的《凡尔赛条约》，要求英法允许德国重振军备，否则，无力担当反苏前哨任务；第三，调整立场，接受凡尔赛会议作出的安排，换取法国同意，恢复德国的某些主权；第四，以近而不亲的方针，保持和发展同苏联的双边关系。

　　德国"先为不可胜"的外交牌打得十分"顺手"。抓住英法惧怕苏联的弱点，以守为攻，巧妙地驾驭矛盾，经过几年激烈的讨价还价，终于迫使英法作出重大让步，修改了"国际联盟"盟约中限制德国发展军事实力的条款，松动了对德国重振军备的限制，默认德国有同苏联保持非结盟关系的权力等。1926 年 9 月，德国在取得重大外交胜利，完全达到政治目的之后，宣布加入"国际联盟"，并很快成为该组织六大理事国之一，争得了同英法等战胜国平等的国际地位，奠定了重振经济、政治的基础，为本国的全面发展，创造了一个良好的，而且是十分重要的国际环境，使自身较快地成为军事大国。德国不但没有被其他强国所战胜，而且在以后的第二次世界大战中曾一度战胜欧洲数国。

孙子的防御战思想

　　孙子在论述战胜策时，偏重于讲进攻速胜，较少讲防御克敌，更没有单独立篇论述防御战问题，因而给人一个错觉，似乎孙子并没有形成比较系统的防御战思想，有人甚至认为这是《孙子兵法》的缺欠。其实，我们只要把孙子之书认真地加以研究，就不难发现，孙子不但形成了比较系统的防御作战思想，而且其在整个孙子军事思想体系中占有一定的地位。

　　孙子的《形篇》是一篇着重论述战略防御的专论，应当引起我们的重视。

　　复读此篇，我们可以发现孙子不仅重视进攻，也十分重视防御。尤其是有别于传世本的汉简本的一段文字，更能佐证这一点。现将这段文字抄录如下，以便对照。

　　宋本《十一家注孙子》：

　　"不可胜者，守也；可胜者，攻也。守则不足，攻则有余。善守者藏于九地之下，善攻者动于九天之上，故能自保而全胜也。"

　　竹简本校勘后的上段文字为：

　　"不可胜，守也；可胜，攻也。守则有余，攻则不足。善守者，藏于九地之下，动于九天之上，故能自保而全胜也。"

竹简本与传世本有两点不同：一是"守则有余，攻则不足"；二是"善守者，藏于九地之下，动于九天之上"。

汉简本的这段文字大意是说：同样的兵力，用于防守则兵力有余，用于进攻则兵力不足。善于防守的人，首先要使自己如同藏于九地之下一样无隙可乘，然后才能抓住敌人的疏漏，如同自九天而降的飞兵一样进攻敌人。只有这样才能既达到自保（防御以求自保）又进而战胜敌人的目的。

孙子的防御战思想，不只是反映在这段文字上，在其他地方也都有所显现。下面拟以三个议题加以分析。

一、知不若避之者，胜

在防御作战指导上，孙子强调"致人而不致于人"（《虚实篇》）。处处力争主动，力避被动。孙子从战争实践中认识到，"小敌之坚，大敌之擒也"（《谋攻篇》）。因此，防御时主张根据敌我兵力对比来决定作战方针，"敌则能分之，少则能逃之，不若则能避之"（同上）。就是说，在防御时，有与敌人相等的兵力就要抗击敌人的进攻；兵力比敌人少，就要实行战略退却；战斗实力比敌人弱，就要避免与敌人在不利条件下决战。孙子的这种在优势敌人进攻面前，主张实施必要的战略退却，避免陷入被动的防御作战思想，实际上是一个灵活用兵的问题。孙子的"逃之"，不是消极的逃跑，而是主动转移；孙子的"避之"不是消极的逃避，而是暂时避开，以求选择新的进攻方向。

历史上，周亚夫攻吴、楚之战很能佐证孙子的这一思想。公元前154年，汉景帝为平定七王之乱，派周亚夫率军东攻吴、楚。周亚夫见吴、楚兵势强盛，难与争锋，便采取了"以梁委之，绝其粮道"的谋略。于是先进据昌邑（今山东金乡西北），避而不战，听任吴、楚联军进攻梁军，以便利用梁地（今河南东部）拖住敌方。接着进至下邑（今安徽砀山东），但仍深沟高垒，坚壁固守。等到吴、楚联军饥疲不堪而不得不撤退时，周亚夫才率军乘势追击，大破吴、楚联军。

孙子从朴素的辩证唯物论观点出发，还看到了人的主观能动性在防御作战中的作用。《九地篇》有这样一段问答式的描写："敢问：'敌众整而将来，待之若何？'曰：'先夺其所爱，则听矣。'"意思是说，请问：假使敌军众多，而严整地向我军逼进，准备发起大规模进攻，该怎样对付它呢？回答说：先设法剥夺敌人所心爱和所依恃的有利条件，就能使它陷入被动而听从我们的指挥调动了。在具体做法上，或"利而诱之"，用敌人所企求得到的利益，把它引诱到其他方向；或"怒而挠之"，设法激怒敌人，使敌人指挥员丧失冷静和理智，以"治其心"；或断其粮道，"夺其所爱""攻其所必救"，迫使敌人背离它所要攻击的方向和目标，破坏敌人的进攻企图。这样就能做到，"我不欲战，画地而守之，敌不得与我战者，乖其所之也"。"守而必固者，守其所不攻也。"（《虚实篇》）

二、知重点之守者，胜

在防御兵力部署上，《虚实篇》有言："备前则后寡，备后则前寡；备左则右寡，备右则左寡；无所不备，则无所不寡。寡者，备人者也，众者，使人备己者也。"孙子认为，无论是把兵力集中起来防守某一个防御方向，还是平分兵力，四面设防，都存在着严重的防御薄弱部位，都会授以进攻之敌可乘之隙。同时，由于

"所备者多","所与战者"必然就"寡"。因此，都不是理想的防御部署样式。

那么，究竟什么样的兵力部署才是理想的防御部署样式呢？孙子认为，"夫兵形象水"，"水因地而制流，兵因敌而制胜。故兵无常势，水无常形，能因敌变化而取胜者，谓之神"（《虚实篇》）。意思是说，只有像水受地形制约而决定它奔流的方向一样，根据当时敌情实际，采取相应的灵活而有重点的防御措施，重点设防，重点守备，并掌握一定数量的机动兵力，实施机动作战，才能克敌制胜。

古代兵家名将，运用"兵因敌而制胜"的谋略，散敌乱势，巧妙制胜的例子很多。此类战例，尤以曹操、袁绍官渡之战更为典型。公元 200 年，曹操与袁绍对峙官渡。袁绍派颜良等率军围攻曹部将东郡太守刘延于白马城，自己率军至黎阳，准备渡河。曹操欲引兵北救刘延，谋士荀攸认为，彼众我寡，北救于我不利，须使袁绍兵分散才能取胜。建议曹操发兵一部至延津，佯装渡河示"欲向其后"之形，引袁绍"西而应之"。然后乘其兵力分散之隙，轻兵突袭白马，出其不意，攻其不备，则白马可救，颜良可擒。曹操纳之。袁绍果然分兵西应，曹操便率军直取白马，遣张辽、关羽斩杀了颜良，白马之围遂解。可见，在刀光剑影，殊死搏斗的战场上，不管强军还是弱军，只要做到"兵因敌而制胜"，就能够掌握主动权，从而把失败推向对手。

孙子在《九地篇》中还主张防御兵力的部署要做到其势如"常山之蛇"，"击其首则尾至，击其尾则首至，击其中则首尾俱至"，互为依托，互相支援，形成有机整体，协调一致地对付敌之进攻。

由此可见，重点守备，灵活用兵，因敌制胜，是孙子军事思想的精华，也是防御作战兵力部署的重要原则之一，这在现代防御作战中还是很有借鉴价值的。

三、知地之用者，胜

在古代兵家中，恐怕没有比孙子更重视对地形的研究和利用的了。孙子不但在战略研究上把"地"作为预测战争胜败的基本条件之一加以考察，而且在战役战术上也很重视地形的作用，特别是在防御作战中对地形的利用。

孙子在《地形篇》中指出："夫地形者，兵之助也。料敌制胜，计险阨远近，上将之道也。知此而用战者必胜，不知此而用战者必败。"意思是说，地形是用兵作战的辅助条件。正确判断敌情，制定取胜计划，考虑地势险要，计算道路远近，这是主将指挥作战的原则。懂得这些原则并能用这些原则指挥作战的，就必然胜利，不懂得这些原则去指挥作战的，就必然失败。但地形对于攻守双方所提供的利用机会并非均等，孙子指出："凡先处战地而待敌者佚，后处战地而趋战者劳。"（《虚实篇》）防御的一方由于"先处战地"，"以近待远，以佚待劳，以饱待饥，此治力者也"（《军争篇》）。就是说，防御作战有利于部队养精蓄锐，增强战斗力。孙子认为，防御作战可以先敌"治力"，以改变攻防力量的对比。一般说来，防御者由于"先处战地"，比进攻者更能得到地形之利。

为在防御时对地形利用得当，孙子指出，地形有"通""挂""支""隘""险""远"等六种，根据它对作战所产生的不同影响，又可分为"散地""轻地""争地""交地""衢地""重地""圮地""围地""死地"等九类。这些，有的是"战而不利"，即不利于防守的，如"散地""轻地""争地"，应"无战""无止""引而去之"，要果断、明智地避开它；有的是对防守有利的，应坚决地、不失时机地去抢占它，利用它。"险形者，我先居之，必居高阳以待敌。"孙子强调，防御一方必须先敌占领隘口和险要地形，控制视野开阔的高地，等待敌人来犯。即所谓"善守者，藏于九地之下"，"刚柔皆得，地之理也"。意为善于防守的人，能将自己的兵力深深地隐藏于各种地形之中。这即是"善守者，藏于九地之下"的精神实质。

公元 792 年，吐蕃多次出兵到唐朝的灵州（今甘肃灵武）、泾州（今甘肃泾川）等地侵扰，并占领了盐州（今宁夏盐池县），使唐朝的边境失掉屏障，不仅灵州暴露于吐蕃的马足之前，就连鄜、坊（今陕西富县、黄陵）二州也直接受到威胁。唐王朝为了制止进犯，决定调兵于盐州境内筑城防守。邠宁（今陕西西彬县、甘肃宁县）节度使杨朝晟上书请战。唐德宗李适便下诏询问："以前在盐州北境的五原（今内蒙古自治区五原县）筑城，动用了七万多人在方渠、合道、木波堡三个重要关隘建立了三座城堡，而今请战，你却不要朝廷发兵，有何妙计呢？"于是，杨朝晟详尽地陈奏说："过去在五原筑城，用兵较多，是因为吐蕃事先就了解我朝的意图。而这次筑城，朝廷下达诏令后，吐蕃必然预料我军不会少于十万兵力。他若不见朝廷调遣大军前往筑城，必以为朝廷不发兵，故就必然不作戒备。而我以本部人马秘密前往筑城，只要十天工夫就可准备就绪，约用一个月时间即可将城堡修筑起来。而后聚草屯粮，驻兵坚守，将周围的庄稼草木全部割掉，那时吐蕃若发兵来攻，全部暴露在我城堡的监视之下，既不便强攻，又无法长期围困，只得自行退走，这是万全之策。倘若动用大军，必然被吐蕃发现，必将来攻，那时只有全力作战而顾不上筑城了。

兴师动众，耗资甚大，且达不到预期目的。"李适认为杨朝晟对形势的分析精辟透彻，很有道理，随即同意。

杨朝晟兵分三路，分别在方渠、合道、木波堡开工筑城。动作隐蔽，安排周密，工程进展十分顺利，不到一个月，三个城堡就全部完工了。驻军防守后，吐蕃才发现了唐军筑城固守，随即发兵前往争夺，但只见那些城堡已构筑完备坚固，粮草堆积如山，再看城堡周围，赤地数十里，无水无草，只得叹息着撤兵了。

孙子在强调利用地形的同时，还特别指出要搞好防御伪装，制造种种假象。孙子认为，"形兵之极，至于无形；无形，则深间不能窥，智者不能谋"（《虚实篇》）。要防御者通过各种手段巧妙地欺骗、迷惑敌人，使敌人最高明的间谍也摸不清我防御部署的情况。这是孙子所追求的伪装最佳效果。在古代侦察技术不发达的条件下可能是做得到的，但在科学技术高度发展并广泛应用于侦察的今天，就恐怕很难实现了。尽管如此，孙子关于防御伪装的思想还是值得我们重视的。

第二十三讲
孙子的选将之道

选将是战争的关键。

孙子说："夫将者，国之辅也，辅周则国必强，辅隙则国必弱。"（《谋攻篇》）"故知兵之将，生民之司命，国家安危之主也。"（《作战篇》）将帅的选择是国家的大事，选择的对与错，直接影响着战争的胜负，关系着国家的存亡、民族的命运。美国军事家小埃德加·普里尔作过一个生动的比喻："由一头狮子带领一群羊将战胜一只羊带领一群狮子。"狮群败给羊群的奥秘在哪里？关键在头领。就领袖资格而论，狮子必胜于羊。强有力的领导能指挥一个"貌似软弱"的集团取得征战的胜利；反之，其结果将是败北。

在选将方面，孙子反对奴隶主阶级的"世卿世禄"制度，把能否执行新兴地主阶级的政治主张和战略决策作为选任将帅的标准，这无疑是一个很大的历史进步。

一、良将者，以"五德"为本

孙子在《计篇》中指出，"五事"之四曰将，"将者，智、信、仁、勇、严也"。具此"五德"方可为将。

何谓良将之智？智，智谋才干，虑事决策，动合机宜。

拿破仑论主将时说：主将的第一个条件便是头脑冷静，如此方能认识事情的真相，不会随便地被好消息或坏消息所影响。必须准确地反映客观事物，正确地判断客观事物，从而果断而慎重地决策战机。

诸葛亮是我国军事史上的智慧之神。他辅佐刘备共建西蜀，形成魏、蜀、吴三分天下的格局。他知人善任，认为用兵之道在于人和。如何才能得以人和？他说，关键是"养人如养己子，有难，则以身先之，有功，则以身后之；伤者，泣而抚之；死者，哀而葬之；饥者，舍食而食之；寒者，解衣而衣之；智者，礼而禄之；勇者，赏而劝之。将能如此，所向必捷矣"（《诸葛亮集·将苑哀死》）。由此可见，治兵重在官兵休戚与共，风雨同舟。将能爱卒，卒才能拱卫亲附。战场上，将帅身先士卒才能效力战死。

明将戚继光因率军抗倭寇而功垂青史。他的用兵之智，就是想办法使军中气和心齐。他说："主将常察士卒饥饱劳逸，强弱勇怯，材枝动静之情，使之依如父母，则和气生。气和则心齐。兵虽百万，指呼如一人。"（《练兵实纪·练胆气·第二循士情》）将士和睦，可以以一当十。军中不和，虽有兵百万，也无济于事。

何谓良将之信？信是诚信、威信。将帅之信是指将帅个人的威信。将帅个人威信来源于将帅固有的权力和智慧，来源于将帅个人的道德与品格。将帅因其个人的品格、经验、学识，赏罚严明以及爱吏亲卒之心所形成的威信，是军团荣誉的化身。古代出征，军团所执战旗多以将帅姓氏为标志。汉代李广曾率兵驻守陇西，在胡汉交兵时，胡人常闻李广之名而逃阵。此事足见良将的价值。

　　诸葛亮纵观良将诚信举动、形象，细分为虑、诘、勇、廉、平、忍、宽、信、敬、明、谨、仁、忠、分、谋等十五种类型（《诸葛亮集·将苑谨候》）。《六韬·龙韬》记载："将有三胜"，"将与士卒共寒暑，劳苦，饥饱，故三军之众，闻鼓声则喜，闻金声则怒。高城深池，矢石繁下，士争先登；白刃始合，士争先赴。士非好死而乐伤也，为其将知寒暑、饥饱之审，而见劳苦之明也"。

　　常言道：其身正，不令而行；其身不正，虽令不从。严于律己，方能律人。将帅诚信治军，自我慎行，就能取信吏卒，就能使令必行，行必果。

　　何谓良将之仁？仁，是仁爱，是春秋时代新兴地主阶级的进步社会思潮，具有浓郁的封建民主意识。仁德作为封建统治阶级的民主意识，要求人们用"仁"修养自身，忧民报国。古今名将用兵，无不以爱为本。蔡锷说过：军人以军营为第二家庭。此言殊亲切有味。汉代李广，带兵如父兄带子弟。他体恤卒伍，能与之同甘共苦，又以超群的勇毅，令敌人丧胆的雄威，赢得后世景慕。《史记·李将军列传》载："广廉，得赏赐辄分其麾下，饮食与士共之，终广之身，为二千石，四十余年，家无余财，终不言家产事。"李广清正廉洁，得赏赐就分赠于手下将士，与大家共享富贵，所以无人不敬。又载："广之将兵，乏绝之处，见水，士卒不尽饮，广不近水；士卒不尽食，广不尝食。宽缓不苛，士以此爱乐为用。"李广身为将帅，与士卒同甘共苦，忍饥挨饿，宽缓待人，致使上下同心同欲，协力奋战，焉能不胜。

　　何谓良将之勇？勇，是勇敢果断，是将帅人格精神的职业化的集中显现。吕不韦论将士威勇时曾道："凡兵，天下之凶器也；勇，天下之凶德也。举凶器，行凶德，犹不得已也。举凶器必杀。杀,所以生之也;行凶德必威,威,所以慑之也。敌慑民生,此义兵之所以隆也。"(《吕氏春秋·威勇》)由此可知,在战国时代,社会上也认为"勇"是一种"德",它与凶器相关,故称为"凶德"。

若米尼曾在《战争艺术》中写道:"一个将才的最重要的条件,永远只有两个:一是精神上的勇敢,能够负责作重大的决定;二是物质上的勇敢,不怕任何危险的献身。"此二者相辅相成,构成将帅取义成仁的勇德。孙中山先生赞美这种高尚的道德,"军人之勇在乎成仁取义,为世界之大勇",表现了神圣的牺牲精神。

将帅的勇德是领袖式勇德,是勇而有谋,勇而有智。西楚霸王项羽力能举鼎,重以轻举,勇武过人,举世公认,他在与刘邦争霸天下的战争中,败于韬略,自刎乌江,成为有勇无谋,千古悲剧传奇的角色。韩信布下背水阵,七使调虎离山计,引诱赵军空壁出击,届时让事先埋伏好的两队骑兵,从间道乘虚潜袭,奇取赵壁,成为历代传颂的出奇制胜,以少胜多的著名战例。由此观之,良将之勇,不是"一夫之勇",不是简单的鲁莽冲杀,而应是深韬远略,为夺取战争胜利,既勇且智的武德。

何谓良将之严?严,是执法严明,是将帅的行为准则。戚继光说:严以治军,正直无私,我不怕人,人皆敬我,此为将之根本。诸葛亮说:师出以律,失律则凶。即是说严肃军令才是战胜的保证。诸葛亮治蜀,用法虽严而人咸畏服。蜀亡后,陈寿撰《三国志》替他立传,对他的评语是:"诸葛亮之为相国也,抚百姓,示仪轨,约官职,从权制,开诚心,布公道;尽忠益时者虽仇必赏;犯法怠慢者虽亲必罚;服罪输情者虽重必释;游辞巧饰者虽轻必戮。善无微而不赏,恶无纤而不贬;庶事精练,物理其本,循名责实,虚伪不齿。终于邦域之内,咸畏而爱之,刑政虽峻而无怨者，以其用心平而劝戒明也。可谓识治之良才，管、萧之亚匹矣。"

正因为诸葛亮治蜀，用心平而劝戒明，所以，他既没以后，能使李严致死，廖立痛哭。倘使他生前执政时，用心不平而劝戒不明，死后怎能使受过他惩治的人反而感激涕零，乐为致死呢！由此可知，只有平明之治，才能赏当其功，罚当其罪。

二、良将者，力避素质缺憾

孙子十分重视将帅的素质问题，他在《九变篇》说："故将有五危：必死，可杀也；必生，可虏也；忿速，可侮也；廉洁，可辱也；爱民，可烦也。"在这里，他明确地指出了将帅的这五种人格品性缺憾，并对其危害性作了深刻的阐述。

这段文字简短，寓意颇深，单从表面看容易引起误解，需要揣摩思索，了解其深刻含义。

"必死，可杀也"——敌方将帅只知死拼，我可以诱其蠢动，借机杀之。

"必生，可虏也"——敌方将帅贪生怕死，我可以利用其弱点，治气，治心，擒之。

"忿速，可侮也"——敌方将帅急躁、易怒则经不起刺激，我可侮之，造成其轻举妄动，以待可乘之机。

"廉洁，可辱也"——敌方将帅喜矫饰，好名誉，急于廉己，我可污辱之，使其形成心理压力，造成错误，以乘其隙。

"爱民，可烦也"——敌方将帅对民溺于爱惜，我可以利用其怜爱百姓，使其军队烦劳而实施有效的追杀。

总之，孙子主张尽量利用敌方将帅性格上的弱点，造成其指挥上的错误，使之败北；我则以为戒，谨防犯类似的错误，以求获胜。对此，孙子非常感慨："凡此五者，将之过也，用兵之灾也。覆军杀将，必以五危，不可不察也。"（《九变篇》）

孙子此言，极为精当，不少战例可为史证。

秦末，刘邦为了统一全国而和项羽进行了长期战争，史称楚（项羽）汉（刘邦）战争。公元前204年，两军争夺战略要地成皋（今河南汜水镇）。

彭越的军队在楚军后方积极活动，截断了楚军的补给线，并攻占了睢阳（今河南商丘南）、外黄（今河南杞县东北）等十七城，严重地威胁着楚军的后背。项羽为了解除其后顾之忧，将主力撤出成皋，率军到睢阳去攻打彭越，留下海春侯大司马曹咎防守成皋。临行，项羽告诫曹咎说：谨慎防守成皋，若汉军挑战，千万不可出战，只要能阻止汉军东进就行了。我十五天内一定击败彭越，然后与你汇合。

刘邦乘项羽主力东移之机，举兵进攻成皋。曹咎遵照项羽告诫，坚守不出。刘邦了解到曹咎有勇无谋，自负易怒，于是派军士辱骂和挑战，一连五六天，曹咎忍耐不住，便率军出城应战。当楚军正半渡汜水（在今河南荥阳境内）时，汉军乘机攻击，楚军全军被歼。曹咎等自杀于汜水之上。于是汉军夺取了成皋，乘胜向东挺进。

刘邦避免硬攻，抓住敌人弱点，用"忿速，可侮"的办法，诱敌出战，取得胜利；曹咎的失败则是"覆军杀将，必以五危"的又一个例证。

刘邦夺取成皋是楚汉战争中有决定意义的一个胜利，致使项羽失去主动，一筹莫展，双方的强弱形势发生了根本的变化。第二年，在垓下一战中，汉军包围了楚军。项羽兵少粮尽，陷于四面楚歌的绝境，只得率八百人死拼突围。汉军乘胜穷追，迫使项羽走投无路，自杀于乌江（今安徽和县东北）（《史记·项羽本纪》）。

三、良将者，通晓"九变"之利

战略与战术问题，历来是军事家们所要研究的对象。《孙子兵法》中《计篇》《谋攻篇》等都属于研究战略，而《军争篇》《九变篇》则主要是研究战术。战术是指挥官在战场上机动灵活地部署部队，根据实际情况，配置与使用兵力的艺术。

孙子不仅要求将帅要有战略头脑，也要求将帅要有灵活的战术思想。在《九变篇》中，他说："故将通于九变之地利者，知用兵矣；将不通于九变之利者，虽知地形，不能得地之利矣。治兵不知九变之术，虽知五利，不能得人之用矣。"

孙子要求将帅必须通晓"九变之利"。何谓"九变之利"？"九变之利"意为多变之利：

一曰"圮地无舍"——在山林险阻、水草丛生的沼泽地，不可以设营扎寨。这种地域交通不畅，部队行动不便，军需物资运输困难，既不利于部队进攻，也不利于部队防守。诸葛亮称"圮地为地狱"。地势中间低四面高，正好被敌人囚困。

二曰"衢地合交"——在多国相交，四通八达的地区，务必同各诸侯国结交。古时人们认识到，军事行动不能不受到各国间相互关系的制约。苏秦、张仪的合纵连横政策就是以建立或破坏各国间军事联盟的外交战略活动为目的。

三曰"绝地无留"——在交通阻隔，既无水草又无粮食的区域，不可安营设防。古代军队因受运输条件限制，作战所需物资要在当地解决。若处绝地，则不能生存，当然更不宜从事攻防作战活动。

四曰"围地则谋"——在四面险阻，出入通道狭窄的战区，与敌军争锋，须安排奇谋取胜。《十一家注孙子》贾林注曰："居四险之中曰围地。敌可往来，我难出入，居此地者，可预设奇谋，使敌不为我患，乃可济也。"

五曰"死地则战"——在进不得、退不得的战区，采取死战求生的战术与敌人拼，要不惜一切代价威慑对方，以求转危为安。

六曰"涂有所不由"——为了军争的成功，就不要选择那些道路险狭、易设伏兵的交通线。

七曰"军有所不击"——为了战争的整体目标，必须对打击对象有所选择。有的要打，有的不要打，决不能见敌人就打。打与不打，目的是为了击中敌人的要害，歼灭敌人，取得战争的胜利。

八曰"城有所不攻"——从战略的整体考虑，有些城池非攻不可，有些城池就不宜攻。攻与不攻，目的是避开敌方陷阱和敌方锐兵之势，而攻其兵寡势弱之处，以求得胜。

九曰"地有所不争"——夺城占地，目的是扩大势力，增强实力，如所夺之城，所占之地不能实现这一目的，就不要去夺，去占。假若是一个关系全局胜败的战略要地，自然可以不惜一切代价夺取，如果只是为了夺地而夺地，则是毫无战略意义的愚蠢之举。

十曰"君命有所不受"——将帅受命于君，自然要听命于君，而战场上风云变幻，神鬼莫测，因此，将帅应根据实际情况，对君命有所不受。如果机械地执行君命而不考虑战场实际，只能丧失战机，或者是招致征战失败。

以上是孙子要求将帅必须通晓的"九变之利"。为了加深对这一思想的理解，特举一典型战例说明之。

三国末期（263）魏国派遣大将钟会、邓艾率大军攻蜀。

蜀将姜维领兵据守剑阁（今四川剑阁北），魏军久攻不克，又因长途远征，运输不便，军粮缺乏，钟会准备引兵先退回魏国。邓艾建议说，不可回军，应乘虚直进。我领兵从阴平（今甘肃文县西北）走山间小路，直奔涪城（今四川绵阳），离成都只有300多里，再出奇兵攻其心脏。如果姜维放弃剑阁而救涪城，你便率兵长驱直进；如果姜维不回兵救涪城，涪城守兵一定很少，我便率兵直取成都。钟会同意他的建议，于是邓艾便率兵由阴平直趋涪城。魏军行经荒无人烟的山陵地带700余里，凿山开道，架设便桥。山高谷深，军粮又渐渐不足，处境十分危险。邓艾鼓励兵士说：快速进入平地，就有粮食，否则我们都要被饿死在这里。于是自己先用毛毡裹着身体，从山上一滚而下。兵士都手攀树枝，沿着悬崖，一个接一个越过深涧，很快地到达江油（今四川江油）。江油守将马邈毫无准备，猝不及防，便投降魏军。蜀将诸葛瞻奉命抵御邓艾军，到达涪城后停驻不前。邓艾没有遇到任何抵抗，得以逾越险阻到达涪城，击败诸葛瞻的前锋部队。诸葛瞻退守绵竹，列阵以拒邓艾。邓艾令其子邓忠击其右翼，司马师袭击其左翼，大败诸葛瞻。诸葛瞻、诸葛尚等战败被杀。邓艾率兵挺进成都，蜀后主刘禅及群臣出城投降，蜀国就这样被灭亡了。

邓艾不争剑阁这座孤城，而绕过剑阁，领兵逾越险阻，直袭蜀国的心脏成都，免除过大的消耗，能迅速灭蜀，是"通于九变之地利者"。诸葛瞻等放弃险要不守，是"不通于九变之利者"，他们虽知地形，但不能得地之利，导致"覆军杀将"的恶果，这是必然的（《三国志·邓艾传》）。

　　在选将用人方面，孙子除了要求将帅要具备"五德"，力避"五危"，通晓"九变之利"外，他还要求将帅要"知彼知己""知天知地"，了解各方面的情况；要有"知诸侯之谋"的政治头脑；要有勇有谋，要有能"示形""任势""料敌制胜"的指挥才能；要有"合于利而动，不合于利而止"的决断能力；要有"进不求名，退不避罪"的负责精神；对士卒管教要严格，赏罚要严明，能"令素行以教其民"，能"与众相得"，使士卒"亲附"等。他认为，只有这样的将帅，才是"国之辅""国之宝"。

　　像孙子这样选贤荐能，是历代志士仁人的共识，也是我们中华民族的美德。但是，在实际生活中，真能排除亲朋之情，做到任人唯贤，却是件极其不容易的事。

孙子的育将之法

选将要有标准，要有眼光；用将要有智谋，要有方法；育将要有举措，要有韬略。前面已用两章篇幅，阐述了孙子的选将之道，用将之术，现在再辟专章探析孙子的育将之法。

一、育之忠君

孙子十分重视将之忠君。他在《地形篇》曰："故进不求名，退不避罪，唯人是保，而利合于主，国之宝也。"

对孙子这段话，王晳注曰："皆忠以为国也。""战与不战，皆在保民利主而已矣。"杜牧注曰："进不求战胜之名，退不避违命之罪也，如此之将，国家之珍宝，言其少得也。"何氏注曰："进岂求名也，见利于国家、士民，则进也；退岂避罪也，见其蠹国残民之害，虽君命使进而不进，罪及其身不悔也。"张预注曰："进退违命，非为己也，皆所以保民命而合主利，此忠臣，国家之宝也。"

诸家之解，更使我们看清，孙子认为，好的将帅思考战与不战问题，出发点应该从大局、从国家利益着想，切不可患得患失。

要抛弃自我，做到"进不求名，退不避罪，唯人是保"。照此说来，良将既不易做，也不易得。凡是能达到孙子为将标准的将帅，不论在何时代，都会受到人们的尊重。

孙子在吴宫训练女兵，决斩吴王宠爱的二妃；穰苴斩庄贾；魏绛戮杨干，都是名扬千古的佳话。司马懿奔袭孟达，也是良将忘己忠君之举。

魏明帝太和元年（227），魏国的新城（今湖北房县）太守孟达，秘密联结蜀、吴谋反。当时，屯军于宛城（今河南南阳市）的司马懿得到了这一重要情报，准备征讨。按说，司马懿要发兵平叛，必须先上表在洛阳的魏主，待接到旨意后才能进兵。可是，从宛城到洛阳往返有一千六百余里，要走半个多月；从宛城到孟达准备起事的上庸城往返也有一千二百余里，也要走十多天。若等魏主降旨后再前往平叛，那么魏军只有在孟达举事一个月后才能开到上庸城下。

魏军和孟达的兵力对比在数量上是四比一，但魏军的粮食不够一个月，孟达的粮食则可以支持一年。也就是说，魏军若等洛阳传来旨意进军，兵到上庸城之日，正是粮草用尽之时，而孟达恰好可以在这一个月的时间里，充分作好应战准备。因此，时间成了双方争取主动的关键。

足智多谋的司马懿为了争取时间，以快制胜，便一反惯例，机断行事，在没有接到魏主进军命令的情况下，就暗中率领大军疾进，讨伐叛军。三军分八部并进，昼夜兼程，几乎每一天都走两天的路程。结果，只用了八天时间就赶到了上庸城下。满以为可以争取到一个月备战时间的孟达惊呼："吾举事八日，而兵至城下，何其神速也。"上庸城因工事未固，准备不足，在魏军优势兵力的攻击下，军心动摇，难以支持。孟达的外甥邓贤和部将李辅等开门出降，魏军入城斩杀孟达，俘虏一万多人，仅用 16 天时间就平定了叛乱。

此战，司马懿冒着无君令而进兵的风险，挥军平叛，表现了忠君利国的高尚将德。

二、育之爱民

孙子在《九变篇》中说将有五危，其中第五危为："爱民，可烦也。"

对此，曹操注曰："出其所必趋，爱民者，则必倍道兼行以救之；救之则烦劳也。"李筌注曰："攻其所爱，必卷甲而救；爱其人，乃可以计疲。"杜牧注曰："言仁人爱人者，惟恐杀伤，不能舍短从长，弃彼取此，不度远近，不量事力，凡为我攻，则必来救。如此，可以烦之，令其劳顿，而后取之也。"张预注曰："民虽可爱，当审利害。若无微不救，无远不援，则出其所必趋，使烦而困也。"

诸家所解，阐明孙子此句是说，在战场上，将帅因过分怜爱百姓，掩护百姓转移就会使部队烦劳，影响部队对敌作战。孙子称其为五危之一矣。

孙子的这种观点是对的。作为统领三军的将帅，大敌当前，应以克敌制胜为本，决不能因转移、照料百姓而影响战事。这样说，这样做，并不能说孙子不要将帅去爱民。恰恰相反，孙子非常强调为将者要爱民。他曰："视卒如婴儿""视卒如爱子"（《地形篇》）。这是说，将帅对待士卒要像对待婴儿那样精心呵护，要像对待亲生儿子那样倍加爱护、关心和照顾。

夫将者，爱民也。如何做才谓播爱施恩呢？孙子曰："令之以文，齐之以武。"（《行军篇》）就是要用政治、道义教育他们，用军纪、军法约束他们。

"修道而保法，故能为胜败之政。"（《形篇》）就是要修明政治，确保法制的贯彻执行，掌握胜败的决定权。

"施无法之赏，悬无政之令。"（《九地篇》）就是要施行没有法令上规定的奖赏，颁布打破常规的号令，驱使全军同心协力地作战。

将帅对士卒、对民众播爱施恩，能利于克敌乎？孙子曰："令素行以教其民，则民服。""令素行者，与众相得也。"（《行军篇》）"视卒如婴儿，故可与之赴深溪；视卒如爱子，故可与之俱死。"（《地形篇》）在《计篇》中，孙子指出，人心的向背是决定战争胜负的首要因素。他说："道者，令民与上同意也，故可与之死，可与之生，而不畏危。"在《行军篇》，他进一步指出："兵非益多也，惟无武进，足以并力、料敌、取人而已。"

孙子这种得民心者得天下的思想，被无数的历史事实所证明。

战国时，吴起为将，与士卒最下者同衣食。卧不设席，行不乘骑，亲裹赢粮，与士卒分劳苦。卒有病疽，吴起吮之，其卒母闻而哭之。或问曰："子，卒也，而将军自吮疽，何为而哭？"母曰："往年吴公吮其父，其父不旋踵而死于敌；今复吮此子，妾不知其死所矣！"

后汉段颎为破羌将军，以征西羌行军，仁爱士卒，伤者亲自瞻省，手为裹疮。在边十余年，未尝一日蓐寝，与将士同苦，故皆乐为死战也。

晋王濬为巴郡太守，郡边吴境，兵士苦役，生男多不举。濬乃严其科条，宽其徭课，其产育者皆与休复，所全活者数千人。及后伐吴，先在巴郡之所全活者，皆堪徭役供军。其父母戒之曰："王府君生尔，尔必勉之，无爱死也。"故吴子有父子之兵。

失民心者失天下，史籍上也大有记载。殷王受有臣亿万，惟亿万心。所以，牧野之战，前锋倒戈，攻于后，以北，殷王见众叛亲离，大势已去，遂投火自焚而死。《孟子》轻蔑地说："闻诛一夫纣矣，未闻弑君也。"

再则，楚霸王兵败垓下，业已突围南出，跑到阴陵，因迷失道路，偶遇一老者，他问向哪边走，老人骗他说，往左边走。于是项羽遵言而行，竟入大泽之中，被汉军追及，刎颈自杀。

三、育之善诡

"兵者，诡道也。"（《计篇》）"兵以诈立。"（《军争篇》）征战攻取，都应以诡诈为原则。为将者，不善诡道用兵，何以取信吏卒，何以立功？孙子要求为将者必须善用诡道之术。

如何识别诡道之术，掌握、提高、巧妙使用诡道之技艺呢？孙子在《计篇》中概括了"诡道十二法"："故能而示之不能，用而示之不用，近而示之远，远而示之近。利而诱之，乱而取之，实而备之，强而避之，怒而挠之，卑而骄之，佚而劳之，亲而离之。"意为凡是能达到"攻其无备，出其不意"的目的，都可以广泛实施，巧妙运用欺诈手段。另外，在孙子的十三篇中，有关虚实转化，奇正相生，示形误敌的战法，无不是诡道之术的具体运用。

对孙子诡道用兵这一主张，后代兵家将帅极为认同，积极承继。梅尧臣注曰："非谲不可以行权，非权不可以制敌。"王皙注曰："诡者，所以求胜敌；御众必以信也。"张预注曰："用兵虽本于仁义，然其取胜必在诡诈，故曳柴扬尘，栾枝之谲也；万弩齐发，孙膑之奇也；千牛俱奔，田单之权也；囊沙壅水，淮阴之诈也。此皆用诡道而制胜也。"后代良将常以诡道用兵取胜。

公元 1360 年，占据安徽、江西一带的陈友谅部，自恃势力较强，企图消灭占据南京一带的朱元璋部；朱元璋则采取诈骗歼敌的办法，命令部将康茂才（陈友谅的老朋友）向陈友谅诈降，表示愿为内应，并约定在江东桥（今南京江东门附近）会合，暗中设置大量伏兵。陈友谅信以为真，率舟师顺流急下，在江东桥一带遭朱元璋军水陆夹击。陈友谅军大乱，淹死无数，被俘七千余人，陈友谅逃往江州（今九江市）。

第二次世界大战时，英国海军情报局的一批双重间谍中有两个挪威籍人，一个叫穆牧，一个叫杰夫。他们原属德国间谍，被英国人捕获后，收买过来，叫他们为德国提供假情报。当时德国人派遣他们俩的任务主要是制造恐怖事件，进行破坏活动。为了使他们继续取得德国情报局的信任，英国海军情报局和有关当局合作，为他们导演了两次引人注目的爆炸事件。德国人却对此信以为真并非常满意。他们俩乘机提供了很多假情报。

以上是两个诡道用兵的典型战例。实际上，凡克敌制胜者，无不用诡诈之术。良将者，无诡道之术，无诈敌之能是不可思议的。

第二十五讲
孙子的用将之术

孙子论将言简意赅，启迪人悟。

著者在前面已对孙子的选将之道作过一些论述，在这里设专章，对孙子的用将之术再作进一步的探析。

一、信任有加

孙子在《作战篇》中说："知兵之将，生民之司命，国家安危之主也。"

对此句，十一家注多有精解。曹操注曰："将贤则国安也。"李筌注曰："将有杀伐之权，威欲却敌，人命所系，国家安危，在于此矣。"杜牧注曰："民之性命，国之安危，皆由于将也。"梅尧臣注曰："此言任将之重。"王晳注曰："将贤，则民保其生，而国家安矣；否，则民被毒杀，而国家危矣。明君任属，可不精乎！"何氏注曰："民之性命，国之治乱，皆主于将；将之材难，古今所患也。"张预注曰："民之死生，国之安危，系乎将之贤否。"

细嚼孙子之言和十一家释义，甚感孙子十分看重、十分信任将帅，将其称为国家安危的主宰者。用将就要信任将，俗言士为知己者死，将得信任，怎能不以卓越战绩相报呢？

孙子信任用将之术，为后代明君良将所承继。现举二例以证之。

汉初三杰之一的陈平，在佐助刘邦定国安邦方面做出了重大的贡献，但在他被刘邦封为都尉的当天，就有人告他盗嫂、受贿。刘邦开始对陈有疑虑，亏得魏无知及时解释："现在楚汉相争，陈平是有利于决胜负的奇谋之士，怎么能因有盗嫂、受贿的毛病，就不大胆地使用他呢？"刘邦给陈平位加一等，陈平后来"凡六出奇计，辄益邑，凡六益封"，刘邦"用其计谋，卒灭楚"。

刘邦在奇取天下之后的一次宴会上，与列侯诸将讨论这样一个问题：我刘邦为什么能得天下，而项羽又为何失去天下？有人回答说项羽妒贤嫉能而陛下与之相反等等的话。刘邦说："公知其一，未知其二。夫运筹帷幄之中，决胜于千里之外，吾不如子房；镇国家，抚百姓，给馈饷，不绝粮道，吾不如萧何；连百万之军，战必胜，攻必取，吾不如韩信。此三者，皆人杰也，吾能用之，此吾所以取天下也。项羽有一范增而不能用，此其所以为我擒也。"

刘邦信任部属，部属拱卫刘邦，君臣同心，灭楚兴汉，建立刘氏天下。刘邦可谓信任不疑用人之人杰。

三国时的集能臣和奸雄于一身的曹操，也是一个信任用人的高手。

公元200年，曹操与袁绍展开了著名的官渡之战。当袁绍的将领高览、张郃二人，由于攻打曹营失败，又遭袁绍的谋士郭图的诽谤，决定弃袁投曹时，曹操部属却怕二人有诈，曹操说，即使有诈，只要厚待他们，也是可以归心的。于是给二人各封为侯，这样二人就安心在曹营中任职。在曹操开始进攻袁绍营寨时，高览和张郃自愿作先锋，把袁绍打得大败。

曹操在建安十九年，下了《敕有司取士毋废偏短令》，令中提出对于有缺点的贤能之士，也要同样予以任用，并强调说：人有某些缺点，在所难免，能因此就不用他们吗？选官的人员如果明白了这一点，那么，有才之士被埋没的可能性就会大大减少。曹操还对那些"或堪为将军，负污辱之名，见笑之行；或不仁不孝，而有治国用兵之术"的人加以重用，如戏志才、郭嘉等人的名声都不太好，杜畿这个人则是简傲少文，但这些人"皆以智谋举之，终各显名"。

疑人不用，用人不疑。古之成大器者，用人，信任有加；今日想干大事业者，也不可对人疑神疑鬼，自个儿单打独斗。

二、放权有余

孙子用将的又一个突出特点是十分尊重将帅的指挥权。他认为为将者，必有生杀大权，必有战事决断权。为了维护将权，他提出如下观点：

一曰：悬权而动。

他主张将帅受命于君，合军聚众，根据瞬息万变的战场实际情况，衡量利害得失，"悬权而动"（《军争篇》）。"战道必胜，主曰无战，必战可也；战道不胜，主曰必战，无战可也。"这就是说，将帅从作战条件来看，不可能取胜，即使国君说打，也要坚持不打。将帅可以自行决断，自行处理。这种决策的出发点和落脚点，都是为了克敌制胜，都是为了"利合于主"也（《地形篇》）。

二曰：君勿御军。

反对君主御军，是孙子思想的明显特征。孙子说知胜有五：

"知可以战与不可以战者胜，识众寡之用者胜，上下同欲者胜，以虞待不虞者胜，将能而君不御者胜。"(《谋攻篇》)知胜有五，第五为"将能而君不御者胜"。意思是君不御将之指挥权，为第五个知胜之道；如果君御将，干涉过多，军之患也。孙子曰："故君之所以患于军者三：不知军之不可以进而谓之进，不知军之不可以退而谓之退，是谓縻军；不知三军之事，而同三军之政者，则军士惑矣；不知三军之权，而同三军之任，则军士疑矣。三军既惑且疑，则诸侯之难至矣，是谓乱军引胜。"(同上)为避免自乱其阵，自乱其军，予敌以胜，自取败亡的结局，君王应放权于将也。

三曰：君命有所不受。

国君如能认识御军之患，明智放权于将，那是最好不过的了。但国君作为一国之尊，一国之主，出于对江山社稷的关心，御军御战之事，往往难以避免。如若是此种情况，将帅自主之权怎能维护呢？孙子曰："君命有所不受。"这就是说正确的君命要执行，不符合实际情况的君命就不要执行。诚如是，将帅之权可保也。

对君命有所不受，并不是违抗君命。这种不受，是"有所"，不是"一概"。对错误的君命拒绝执行或加以改造之，改变之，在某种意义上说是更好的"受"。

现举一例证之。

东周敬王十四年（前506）十一月十九日，吴、楚两国军队在柏举摆开阵势，阖庐的弟弟夫概王，早晨请示阖庐说："楚国令尹子常不仁，他的部属都没有誓死拼战的意志。我们先向他进攻，他的士兵一定会逃跑，尔后我大军接着追击，必获全胜！"阖庐不同意。夫概王说：做人臣的见到合理的事，应立即去做，不必等待君命，说的就是这种情况。今日我决心死战，楚军可破。于是，夫概王不顾阖庐的反对，自行率领部下五千人首先攻击子常的部队。楚师溃散，子常奔郑。

此战，吴军深入楚国，劳师远征，应速战速决。夫概王见到有利时机，建议吴王阖庐进军未准，于是果断自行决定向楚军进攻，一举而破楚军，这是深得"君命有所不受"的精义之举。

三、赏罚有度

孙子用将，讲究赏罚。有功者则赏，有过者则罚。功过是非，泾渭分明，赏罚适度，赏罚得当，是孙子的重要用将之术。

关于孙子对有功者进行奖励的问题，著者将在后文"孙子的激励思想"一讲中作较为详细的评说，这里先不展开介绍。

下面就孙子关于对有过之将，采取惩罚的论说，作一简析。

何谓将之过？

一曰：将有"五危"。

孙子在《九变篇》曰："故将有五危：必死，可杀也；必生，可虏也；忿速，可侮也；廉洁，可辱也；爱民，可烦也。凡此五者，将之过也，用兵之灾也。覆军杀将，必以五危，不可不察也。"

这意思是说，将帅有五种致命的弱点：只知道死打硬拼，就可能被杀；贪生怕死，就可能被俘虏；急躁易怒，就可能经不起刺激而容易中敌人的轻侮之计；廉洁自爱，就可能经不起侮辱；过分怜爱百姓，就可能因掩护百姓而使部队烦劳。这五点，是将帅的过错，是用兵的灾害。军队覆灭，将帅被杀，都是由于这五种危害造成的，是不可不认真对待的。

孙子此论极是。人的性情很难一无所偏，这是人性之常，不足深究。但是，作为领兵打仗的将帅，就必须严加检束，随时纠正性情上的偏差。如果知其毛病而不改，或任性发展，就是勇敢、廉洁、爱民诸美德也都能导致恶果。"美德的误用，会变成罪过"（《罗密欧与朱丽叶》）。这就要求将帅必须严于知己、律己，用己所长，毋用己所短，临事适变，从宜行权，各适其宜，共成其美。

二曰：将有"六失"。

孙子在《地形篇》曰："故兵有走者，有弛者，有陷者，有崩者，有乱者，有北者。凡此六者，非天之灾，将之过也。夫势均，以一击十，曰走。卒强吏弱，曰弛。吏强卒弱，曰陷。大吏怒而不服，遇敌怼而自战，将不知其能，曰崩。将弱不严，教道不明，吏卒无常，陈兵纵横，曰乱。将不能料敌，以少合众，以弱击强，兵无选锋，曰北。凡此六者，败之道也；将之至任，不可不察也。"

这意思是说，军队有"走""弛""陷""崩""乱""北"等六种必败的情况。这些情况非天地造成的灾害，而是将帅自身的过错。在势均力敌的情况下，而以一击十使自己败逃的叫作"走"。兵强将弱，使部队陷于失败的叫作"弛"。将强兵弱，使部队招致失败的叫作"陷"。部将对主将不满，不听指挥，遇到敌人擅自出战，主将又不了解他的才能未加控制，因而失败的叫作"崩"。将帅懦弱不严，管教不明，吏卒无所遵循，布阵杂乱无章而失败的叫作"乱"。将帅不能判断敌情，以少对多，以弱击强，用兵时又不能选择精锐将士做先锋而失败的叫作"北"。以上六种情况，都是打败仗的原因，将帅自负重任，对此不可不认真研究。

孙子在此列举了六种影响军队取胜的情况：敌我势均，而将帅以己之寡击敌之众；兵强将弱；将强兵弱；将校不睦，下不服上；将帅管教不严，指挥失当；将帅料敌不明，又无精兵可用。以上所论，既讲到将吏的智愚、士卒的勇怯，也讲到战时的指挥和平时部队的管理教育，还讲到将吏之间、吏卒之间的关系。总之，涉及部队组织管理的方方面面。从这里我们可以看出孙子十分重视对部队的全面建设，他认为部队内部有隙，"非天之灾，将之过也"。克服部队消极因素，设法建设胜利之师，是"将之重任，不可不察也"。

三曰：用间惜金。

孙子在《用间篇》曰："凡兴师十万，出征千里，百姓之费，公家之奉，日费千金；内外骚动，怠于道路，不得操事者，七十万家。相守数年，以争一日之胜，而爱爵禄百金，不知敌之情者，不仁之至也，非人之将也，非主之佐也，非胜之主也。故明君贤将，所以动而胜人，成功出于众者，先知也。先知者，不可取于鬼神，不可象于事，不可验于度，必取于人，知敌之情者也。"

这意思是说，凡是兴师十万，出征千里，百姓的耗费，国家的开支，每天要花费千金。国内外动乱不安，运输队伍繁乱疲惫，影响到不能从事正常农耕的有七十万家。两军相持多年，只为争一朝胜利，如果吝惜爵禄和金钱，不肯重用间谍，以致不能了解敌情而招致失败，那就太不仁了。这种人就不是军队的好将帅，就不是国君的好助手，就不是胜利的主帅。所以，明智的国君，贤良的将帅，其所以动辄战胜敌人，成功超出众人，就在于事先了解敌情。要事先了解敌情，不可祈求鬼神，不可用相似的事情作类比推测，不可用夜视星辰运行的度数去占卜验证，一定要从了解敌情的人那里去获得。

孙子认为，两国交战，"相守数年，以争一日之胜"，如果因爱惜爵禄百金，不肯用间察之敌情而导致战争失利，是"不仁之至也"。批评这样的人是"非人之将也，非主之佐也，非胜之主也"。

孙子指出，明君贤将，用兵胜敌，功绩卓著，是由于能预先了解、掌握敌情，是"先知也"。如何先知呢？他说："不可取于鬼神，不可象于事，不可验于度，必取于人，知敌之情者也。"这种知敌"必取于人"的朴素唯物主义认识论，是孙子军事思想的精华。

在使用间谍问题上，他提出"五间俱起，莫知其道"，使敌人陷入茫然无从应付的境地。同时又指出"非圣智不能用间""非微妙不能得间之实"，要求在使用间谍时，必须机智、果敢和精心细致，以防止被敌人欺骗和利用。这种认识也是比较深刻的。

在我国频繁发生的战争中，涌现出不少用间不惜千金，使间极其巧妙的名将。

公元 205 年，刘邦在荥阳被楚军所围。为能顺利突围，刘邦采纳陈平计策，让其拿出黄金四万斤，离间楚军君臣。陈平在楚军中进行反间，宣扬说："钟离眜等为项王将，功多矣，然而终不得裂地而王，欲与汉为一，以灭项氏而分王其地。"项羽听了这些谰言，果然怀疑钟离眜等人。不久，刘邦又乘项羽派使者来汉军的机会，故意叫人先端上最上等的酒菜，见了楚使，假装惊讶地说："吾以为亚父使，乃项王使。"立即将酒菜拿走，换上粗劣的饭菜给使者吃。楚使将在汉军的见闻告诉了项羽。项羽对他的主要谋士、骨鲠忠臣范增也怀疑起来。当时，范增力劝项羽抓紧时机攻下荥阳城，以免汉军转移。但项羽怀疑范增别有用心，不肯采纳。范增察觉对己疑心，乃怒曰："天下事大定矣，君王自为之，愿请骸骨归！"刘邦趁项羽内部分裂，放松攻城之际，率军突围，撤出荥阳城。后来，刘邦势力渐强，兵力由劣势变为优势。公元 209 年，刘邦在成皋同项羽进行战略决战，消灭了项羽的军事力量，建立了西汉王朝（《史记·陈丞相世家》）。

纵观历史上用间战例，无不受孙子用间思想的影响。孙子的

"五间"用并,"反间"为主的方针和"三军之事莫亲于间"的原则,在今天看来,仍具有很好的学习、借鉴价值。但是,仅仅拘泥于这些方针、原则,是远远不够的。现代战争由于科学的发展,电子技术、激光技术都应用于搜集情报方面,这一切是古人设想不到的,是不可能提出适合现时的用间见解的,这就要求我们灵活运用先人的思想,扎实地吸取别人的经验,在实践中总结自己的体会,增强用间、防间意识,提高用间技巧,创造出新的用间理论。

第二十六讲
孙子的统御之术

　　统御，乃是控制、驾驭部众之意。统御之术是一种领导艺术，它比世间其他所有的艺术更复杂、更加捉摸不定。孙子在他长期的治军实践和频繁的征战过程中师古创新，择精取义，书写了统御艺术的光辉篇章，创建和丰富了统御谋略宝库。

一、令文齐武

　　孙子在《行军篇》中说："卒未亲附而罚之，则不服，不服，则难用也。卒已亲附而罚不行，则不可用也。故令之以文，齐之以武，是谓必取。"（注：竹简作"故合之以文"）

　　在这里，孙子认为，取得士卒拥护是将帅执行军纪的前提，"未亲附而罚之"，效果不好；已亲附而不罚之，是娇生惯养，是将之过。为此，他提出对士卒要"令之以文，齐之以武"——用"文"的怀柔手段去管理他们，用"武"的军纪军法使他们整齐一致，使之养成服从的习惯。孙子的这种统御主张，同我们今天强调的建章立制观点是很相似的。国有国法，家有家规，从古至今历来如此。无法可依，无章可循，朝令夕改，随心所欲，就不能统一大家的步调。

在《行军篇》，孙子就这一问题，接着说："令素行以教其民，则民服；令不素行以教其民，则民不服。"这就是说，平时能以一贯严格执行命令的行动来教育士卒，士卒就能养成服从命令的习惯；平时不能以严格执行命令的行动教育士卒，士卒也就不会养成服从命令的习惯。"令素行者，与众相得也。"平时，士卒能贯彻执行将帅命令的，这表明二者相处融洽。

孙子在这里所倡导的兵将之和，带有封建式的民主意识，是制造军中和谐气氛的明智之举。官兵相处于友爱与平等的环境中，才能彼此交流，团结一心。这种精神对军事发展有着越来越重要的作用。美国的巴顿将军甚至认为：士兵有兴趣的一切，将官也必须有兴趣。艾森豪威尔要求：一个指挥官，不论他有多少重要问题分心，也决不能不去体察部队的感受。他能够也应该将战术责任授权给他选定的部属，而不干涉他们的权力，但他必须从实质上和精神上与他们保持最密切的联系。否则，在大规模的重要战役中，他就会失败。和士兵"与众相得"，重要的是了解他们的思想感情，这正如德国的坦克专家古德里安所描写的：长官与部属共同生活，同甘共苦，应摸清部属的心理，争取他们的信任，了解他们的思想感情并经常给予关怀。只有受到部属信任和爱戴的长官才能向部属提出更高的要求。事实证明，处理战争中的人际关系是非常重要的。特别是协调军队内部，加强官兵团结，已被现代军事家所赞成。德国邓尼茨在总结二战时德国海军战略时指出，对于军人来说，正确的原则应是：部队即是一个军人团体，精神上团结愈紧密，它的战斗力就愈强大。毛泽东缔造的中国人民解放军，执行官兵一致的建军原则，正是古代进步的治军思想的时代体现。

孙子主张"令素行",实施教育,整饬军纪,一定要始终如一,平时颁布的命令怎样说,遇事一定要怎样办,绝对不能打折扣,更不能通融例外。这样,才能取得士卒的信赖,获得拱卫的力量。否则,士卒是不会服从的,更谈不上取得士卒的爱戴和拥护。

孙子这种始终如一,严执军令的思想,给后人以极大影响,许多著名军事家都十分强调言必行,行必果,十分禁忌出尔反尔,言而无信。《孙膑兵法·将义篇》道:"将者不可以不信,不信则令不行,令不行则军不抟,军不抟则无名,故信者,兵之足也。"意思是说,当将帅的不可以不讲信用,不可言而无信;不讲信用,言而无信,士卒就不亲附,命令就不能执行;命令不能执行,军队就无法集中统一。

在我国历史上,有许多严执军纪的将帅。诸葛亮挥泪斩马谡就是一例。东汉末年,曹操统一了北方,刘备占据西南,孙权奠基江东,形成三国鼎立的局面。蜀国刘备死后,诸葛亮执行改革政治,"务农植谷""分兵屯田"的总方针,制定了自汉中北取甘肃,东进关中,以图中原的策略。公元228年,诸葛亮采取声东击西的战术,扬言由斜谷进军取郿(今陕西眉县),使大将赵云、邓芝为疑兵,据箕谷(今陕西汉中市褒城北)。诸葛亮却自率大军进攻祁山(今甘肃西和县西北),威震四方。南安(今甘肃陇西一带)、天水(今甘肃天水一带)、安定(今甘肃泾川一带)三郡叛魏归蜀,关中震惊。魏明帝西镇长安,命张郃拒亮。亮使马谡督诸军在前,与郃战于街亭。马谡引兵占据街亭后,麻痹轻敌,不遵诸葛亮嘱咐,也不听王平劝告,执意选择远离水源的孤山扎寨。魏将张郃领兵赶到,发现蜀兵自处绝地,立即切断水源,四面包围。蜀兵无水缺粮,饥渴难耐,不战自乱。张郃乘机猛攻,蜀军大溃，街亭失守。诸葛亮拔西县千余家，还于汉中。诸葛亮认为马谡担此重任，麻痹轻敌，一意孤行，失陷要地，依法当斩。参军蒋琬等人求情，诸葛亮还是挥泪斩了马谡，并请蜀后主免去他的丞相职务，降级三等（《三国志·诸葛亮传》）。

二、严训素练

孙子在《势篇》说："凡治众如治寡，分数是也；斗众如斗寡，形名是也。"这就是说，分级编制，递相统领，如网在纲，无不如意。

统御百万之众，率以赴战，像是统领、指挥一两个人一样容易，不仅需要严密的组织，周到的联络和指挥，而且尤其需要训练有素。孙子在《计篇》中把"士卒孰练"看作预知胜负的"七计"之一——经常有计划有步骤地训练士卒，致使其有胆有识的人身强力壮，既习于武器，又娴于战斗。这样，率以御侮，方能收指挥如意、克敌制胜之功。

严训素练是有效的统御之术，也是人们的共识。

孔子《论语·子路第十三》说："善人教民七年，亦可以即戎矣。"又说："以不教民战，是谓弃之。"

吴子据孙子"士卒孰练"广为推衍，而倡"用兵之法，教戒为先"。他说："一人学战，教成十人；十人学战，教成百人；百人学战，教成千人；千人学战，教成万人；万人学战，教成三军。"他还提出了具体的训练计划，"以近待远，以逸待劳，以饱待饥。圆而方之，坐而起之，行而止之，左而右之，前而后之，分而合之，结而解之。每变皆习，乃授其兵。是为将事"（《吴子·治兵第三》）。

三国诸葛亮说:"有制之兵,无能之将,不可以败;无制之兵,有能之将,不可以胜。"(《诸葛亮集·兵要》)这就是说,将帅个人的才华无论怎样高超,都难以指挥没有素养的乌合之众。俄国彼得大帝感慨道:良好的秩序,勇敢的精神,完好的武器,是战争中克敌制胜的保证。良好的秩序,勇敢的精神,从何而来,还是靠平时令文齐武,严训素练。我国汉代,与名将李广齐名的将领程不识,治军风格与李广相异,他个人才智不如李广,但其严于训练军士,能使部队井然有序,其战斗力不亚于李广所指挥的部队。可见严于治军的价值。

明末,戚继光治军,学习孙子统御之术,注意"教戒为先",狠抓士卒训练。他根据自己的切身体验,撰成《练兵实纪》一书。当时,戚家军名闻天下,南征北剿,所向无敌。削平倭寇,保障东南;生执长秃,降服二寇(《明史·戚继光传》)。其制胜原因,当有诸多因素,但治军严明,训练得法,是不可忽视的重要原因。

加强士卒的训练,使之养成服从命令,听从指挥,具有较高政治素质和军事素养的斗士,是军事家所追求的目标,也是军事家所要掌握的统御之术。训练有成的劲旅,一旦遭遇战事,即可迅而出战,击败敌人,取得胜利。

严训素练,是为将事,古今历来如此。当然,古今差异很大,兵器不同,组织结构不同,训练教育士卒的具体方法也自然不同。今天的练兵,谁也不会局限于先前戈矛时代的训练方法,而是根据现代战争的特点,进行精心安排,精心组织,并随着战争条件的改变而改变,随着时代演进而演进。尽管如此,孙子为增强统御之术,所提出的严训素练士卒的原则,直到今天还是极为正确的。

三、播爱施恩

孙子的统御之术，不仅强调执法执纪，令行禁止，他还十分看重播爱施恩，视卒如婴。他在《行军篇》详细论述了如何令士卒亲附的问题。又在《九地篇》中说："令发之日，士卒坐者涕沾襟，偃卧者涕交颐。"他的这种描述，表现出孙武对其部下的极其怜爱之心。他在《地形篇》更明确地指出："视卒如婴儿，故可与之赴深溪；视卒如爱子，故可与之俱死。"总之，在孙子看来，对士卒关心爱护，士卒对其就能亲附，就能乐于效力。

孙子的这种以父母之心，行将帅之事的统御之术，许多著名兵家都能深得其义，巧妙运用。

战国时代，吴起为魏将，与士卒最下者同衣食，卧不设席，行不乘骑，系裹嬴粮，与士卒同劳苦。兵有患疽的，吴起亲为吮疽，所以士兵感戴，誓以死报（《史记·孙子吴起列传》）。南宋岳飞为将，兵有患病的，岳飞亲为调药。诸将远戍时，岳飞特派他的夫人慰问其家。士卒战死，不但亲为举哀，而且还要抚育其孤。凡有犒赏，尽给军吏，不私秋毫。因此，士卒亲附，乐为效命（《宋史·岳飞列传》）。

吴起、岳飞之所以能使三军感奋，士卒爱戴，愿与生死共命，实因平时能与士卒同甘共苦。假若平时德泽不加，休戚不顾，只知用笞杖以立威，剥兵饷以自肥，及战时而欲责士卒以犯难效死，那一定是办不到的。

孙子还主张对俘虏也要宽待，也要播爱施恩。他在《作战篇》中说，俘获的士卒要"车杂而乘之，卒善而养之"。他称此"是谓胜敌而益强"，意思是说战胜敌人，而能使自己日益强大。

　　对俘虏播爱施恩，是孙子统御思想的精华。远古时代，战争双方除了在战场上相互砍杀之外，胜利的一方对于失去战斗力的俘虏（还包括不参战的男女老幼）则一律处死。正如恩格斯在《反杜林论》中指出的："在这以前人们不知道怎样处理战俘，因此就简单地把他们杀掉，在更早的时候甚至把他们吃掉。只是在进入奴隶社会以后，统治者们才把战俘当作牲畜一样的生产工具来使用，同时也作为平时祭神鬼，开战时祭军旗，用人血涂战鼓以及殉葬的牺牲品。"孙子在《作战篇》中明确地指出："卒善而养之。"要宽待俘虏，这在两千多年以前，实在是难能而可贵的。

　　孙子的这种人道主义精神，极大地影响了以后我国的军事学说。如《吴子·应变》中说："军之所至，无刊（砍伐）其木，发（拆毁）其屋，取其粟，杀其六畜，燔其积聚（物资），示民无残心，其有请降，许而安之。"《司马法·仁本》中也说："入罪人（敌国）之地，无暴神祇，无行田猎，无毁土功，无燔墙屋，无伐林木，无取六畜、禾黍、器械。见其老幼，奉归勿伤，虽遇壮者，不校勿敌，敌若伤之（敌人受伤），医药归之。"这充分显示出中国古代的文明。至于"胜敌而益强"，就是利用俘虏来壮大自己的力量，这就更有积极意义了。

　　孙子认为，虐杀俘虏是最愚蠢的，它迫敌死战，人尽成仇。楚南公说："楚虽三户，亡秦必楚。"（《史记·项羽本纪》）这就是说，结怨于人，终必报复。厚待俘虏，多方教育，既可根除他们思归背叛的心理，又能使他们心悦诚服，乐为我军效力，更进而借以招降纳叛，潜消敌兵的斗志。《孟子》说："以力服人者，非心服也，力不赡也。以德服人者，中心悦而诚服也。"（《孟子·公孙丑章句上》）《三略》也说："归者招之，服者活之，降者脱之。"老子则说："报怨以德。"（《老子道德经·下篇》）对俘虏播爱施恩，从而换取敌军士卒的好感，借以消灭其斗志，瓦解敌人，我便可兵不血刃，取胜无形。此类事例，在历史上有许多。唐初，秦王奉命出征王世充。会寻相叛去，诸将疑尉迟敬德且乱，囚之行台，并劝秦王把敬德杀死。秦王不但不肯杀他，反而引入卧内，重赐以金，说："必欲去，以为汝资。"事后，有一天，正巧秦王行猎于榆窠，王世充率步骑数万骤至，把秦王包围起来。单雄信引槊直趋秦王，敬德跃马大呼，横刺雄信坠马，掩护秦王杀出重围。然后敬德又率兵还斗，大败敌军。战毕，秦王亲握敬德的双手，感激地说："公怎么报答我这样快呢！"（《新唐书·列传第十四尉迟敬德》）

孙子的激励思想

　　人的情感不但是对客观存在的反映，而且具有强大的动力功能，能推动人们去认识和改造客观世界。在战争中，情感的动力功能突出地表现在军队勇敢杀敌精神对战斗进程和结局的影响上。孙子涉及这方面的论述很多，下面加以探讨。

一、取敌之利者，货也

　　孙子在《作战篇》中说："取敌之利者，货也。"曹操注曰："军无财，士不来;军无赏，士不往。"李筌曰："利者，益军实也。"杜牧曰："使士见取敌之利者，货财也。谓得敌之货财，必以赏之，使人皆有欲，各自为战。"杜佑曰："人知胜敌有厚赏之利，则冒白刃，当矢石，而乐以进战者，皆货财酬勋赏劳之诱也。"梅尧臣曰："杀敌则激吾人以怒，取敌则利吾人以货。"王晢曰："谓设厚赏耳。若使众贪利自取，则或违节制耳。"张预曰："以货啗士，使人自为战，则敌利可取。故曰：'重赏之下，必有勇夫。'"

　　诸家所注，意思是说让士卒奋勇杀敌，就要进行物质奖励。孙子后辈孙膑也十分重视物质奖励的功能，他说："夫赏者，所以喜众，令士忘死也。"（《威王问》）大意是奖赏就是要让士兵兴奋，为了获取物质利益，忘我冲锋，忘死战斗。

古往今来，民以食为天。追求物资占有，追求物质享受，既是人类生存本能之所需，也是人类追求物质文明之必要。明主良将如能善施此法，就能激励将士，同仇敌忾，奋勇杀敌。

张预举证说："皇朝太祖命将伐蜀，谕之曰：'所得洲邑当与我，倾竭帑库以飨士卒，国家所欲，惟土疆耳。'于是将吏死战，所至皆下，遂平蜀。"

杜牧也举了个度尚讨伐卜阳、潘鸿的例子。后汉荆州刺史度尚，讨桂州卜阳、潘鸿等，入南海，破其三屯，多获珍宝，而鸿等党聚犹众，士卒骄富，莫有斗志。尚曰："卜阳、潘鸿作贼十年，皆习于攻守，当须诸郡并力可攻之，今军恣听射猎。"兵士喜悦，大小相与从禽。尚乃密使人潜焚其营，珍积皆尽，猎者来还，莫不泣涕。尚曰："卜阳等财货，足富数世，诸卿但不并力耳，所亡少，何足介意。"众闻，咸愤踊愿战。尚令秣马蓐食，明晨径赴贼屯，阳、鸿不设备，吏士乘锐，遂破之。

孙子认为物质奖励是激励士气的重要方法，但实施此法必须举措恰当。孙子在《作战篇》中说："故车战，得车十乘已上，赏其先得者。"这就是说奖励要及时、有序、轻重适当。

所谓及时，就是赏其先得者，不等后得者。孙膑说："赏不榆（逾）日"（《将德》），即要求速赏。《司马法》中也说过"赏不踰时，欲民速得为善之利也"。意为奖赏时不要延迟过久，以便使士兵迅速得到奖赏的利益。可见，古代兵家注重奖赏的时效性。

所谓有序，就是奖励要有先后顺序。孙子所指"先得"，即率先杀敌斩将，缴获战利品多的士兵。"赏其先得者"就是要与"后得者"有所差别，以鼓励勇敢者。

所谓轻重适当，就是奖励要讲究度，讲究量。孙子曰"得车十乘已上"受奖，这就是受奖的度，受奖的量。如果不掌握奖励的尺度、数量，胡乱奖励，就不会得到好的效果。《吕氏春秋·义赏》说："赏重则民移之（注：移者，归也）。"古谚曰："重赏之下，必有勇夫。"这都是笼统地讲物质奖励愈多愈好，愈重愈善。但是，孙膑在《行篡篇》中却认为："称乡（向）县（悬）衡，虽（唯）其宜也。"意为要像公正的天平那样，按照功劳的大小，给予犒赏，并且要做到十分恰当，即要"赏唯其宜"。这就不是什么"重赏"了，而是要根据受赏人的具体情况，给予恰当的、适宜的奖赏。奖励要公正，这是关键。赏唯其宜的思想有重要的价值，一方面，功必有大小，而相应地在奖赏的"量"上也必有差别，这才能真正起到激励的作用；另一方面，可以避免奖赏不公正而造成人心不满，以使奖励的副作用趋向最小。

孙子主张奖励要讲究度，讲究量，但在特殊情况下，他也主张灵活处理，并要根据平战情况和环境的不同而有所变通。他在《九地篇》中说："施无法之赏，悬无政之令。"这就是说，战争情况错综复杂，战场上更是瞬息万变，指挥者为了使奖励有效地调动士卒的积极性，激发斗志，就不能拘守常法、常规、常政，而应该一切都依条件、地点、时间为转移，通权达变，方能激励士气，取得胜利。

孙子后辈孙膑，不仅继承了孙子激励士气的思想，在某些方面还有所发展。他主张奖励要与受奖人的需要相结合，予以受奖人之所需。这是孙子所没有论及的。他说："夫民有不足于寿，而有余于货者，有不足于货，而有余于寿者，唯明王圣人智（知）之，故能留之。死者不毒，夺者不慑。"（《行篡》）意即有的人爱惜生命，但是他财货有余；有的人并不想长寿，但其财富却感到不足，这只有圣明的君主和将帅才能体察了解，并根据他们的特点来奖励和安排职务，因而这些人能为君主或将帅所使用，就是死了也毫无怨言，剥夺了（他并不需要的）奖赏也不发怒。这里孙膑列举了人的两个基本需要：一个是寿命，一个是财物。君主和将帅在实施奖赏时，应该考虑到士兵的心理需要。当然，孙膑此论已超出了物质奖励的范围。我们说，组织所授的奖励，必须和受奖者的需要结合起来，奖励才能有良好的刺激效果。所谓予不期多寡，贵当其急，就是这个道理。

二、杀敌者，怒也

孙子不仅重视物质奖励，激励士气，而且还十分注重精神激励，鼓舞士卒斗志。孙子说："故杀敌者，怒也。"（《作战篇》）李筌注曰："怒者，军威也。"杜牧解释说："万人非能同心皆怒，在我激之以势使然也。"说明将帅要注意体察士兵的心理、精神状态，要造成一种同仇敌忾的气势。《尉缭子》说："民之所以战者，气也。气实则斗，气夺则走。"（《战威》）大意是说士兵之所以能英勇作战，其原因就在于气势。精神饱满，意气风发，战斗力就强；士气丧失，精神不振，就会败逃。可见，在战争中，为了取得胜利，将帅必须进行精神鼓动，造成人人奋发，个个欲战的高昂气氛。

孙膑在《延气篇》中说道："合军聚众，□□□□，复徙合军，务在治兵利气，临竟（境）近商（敌）务在疠（励）气，战日有期，务在断气，今日将战，务在泘（延）气。"（注：框中所缺四字，据张震泽说，应是"条在激气"四字，见其所撰《孙膑兵法校理》。）可见，"激气""利气（使士气锐利）""励气""断

气（张震泽注曰：战日已定，不容犹豫，务有断然不回之气，同
上书）""延气（释放士气）"等都是关于激励组织士气的论述。

怒而杀敌的战例很多，何氏注举了三个典型战事。

燕围齐之即墨，齐之降者尽劓，齐人皆怒，愈坚守。田单又
纵反间曰："吾惧燕人掘吾城外冢墓，戮辱先人，可为寒心。"燕
军尽掘垄墓，烧死人。即墨人从城上望见，皆泣涕，其欲出战，
怒自十倍。单知士卒可用，遂破燕师。

后汉班超使西域，到鄯善，会其吏士三十六人，与共饮。酒
酣，因激怒之曰："今俱在绝域，欲立大功，以求富贵。虏使到裁
数日，而王礼貌即废；如收吾属送匈奴，骸骨长为豺（豺）狼食
矣！"官属皆曰："今在危亡之地，死生从司马。"超曰："不入虎
穴，不得虎子。当今之计，独有因夜以火攻虏，使彼不知我多少，
必大震怖，可殄尽也。灭此虏，则功成事立矣。"众曰："善。"初
夜，将吏士奔虏营。会天大风，超令十人持鼓，藏虏舍后，约
曰："见火燃，皆当鸣鼓大呼。"余人悉持弓弩，夹门而伏。超顺
风纵火，虏众惊乱，众悉烧死。

蜀庞统劝刘备袭益州牧刘璋，备曰："此大事，不可仓卒。"
及璋使备击张鲁，乃从璋求万兵及资宝，欲以东行。璋但许兵
四千，其余皆给半。备因激怒其众曰："吾为益州征强敌，师徒勤
瘁，不遑宁居。今积帑藏之财，而恡于赏功，望士大夫为出死力
战，其可得乎！"由是相与破璋。

三、众陷于害，能为胜败也

孙子在物质奖励、精神激励士气的同时，也十分注重环境对
士卒的刺激作用，他在《九地篇》中有诸多论述。

"围地则谋,死地则战。"

"投之无所往,死且不北,死焉不得,士人尽力。兵士甚陷则不惧,无所往则固,深入则拘,不得已则斗。"

"围地,吾将塞其阙;死地,吾将示之以不活,故兵之情,围则御,不得已则斗,过则从。"

"投之亡地然后存,陷于死地而后生。夫众陷于害,然后能为胜败。"

孙子以上所论,主要阐述围地则谋,围地则御;死地则战,死地求生。梅尧臣对此注曰:"地虽曰亡,力战不亡,地虽曰死,死战不死,故亡者存之基,死者生之本也。"

为什么将士卒调遣到极端不利的地理环境中作战,反而会爆发出更强大的战斗力?而且通过力战、死战仍能取得胜利呢?这是由于环境的变化,向官兵提供十分恐怖的信息,强烈地刺激身心所导致的结果。

孙子认为:有刺激必有反应。当部队处于危险境地时,提供给官兵的是十分恐怖的信息。这时,性命攸关,必然引起强烈的情感振动,促使官兵力战求生。就是那些平素贪生怕死者也会明白,在这种特殊环境下,改变旧有的态度、行为是对自己有利的。因此,就能够收到"投之无所往,死且不北"的效果。

孙子对这一点有着深刻的认识,他认为,将帅理应洞察环境的变化,捕捉环境的有利条件,借助外力,增强部队的战斗力。是谓"聚三军之众,投之于险,此谓将军之事也"(《九地篇》)。

孙子认为,投之亡地,陷之死地,虽属莫大危险,但在此种情况下,最易唤起士兵拼搏求生的欲望和决心。三军同心,齐力奋战,就可化险为夷,转败为胜。

西汉初,汉将韩信在井陉口布背水阵,大破赵军,斩陈余,擒赵王歇。战后，部下问他取胜的道理，他回答说:"这本在兵法上，但诸君没有注意罢了。兵法上不是说陷之死地而后生，置于亡地而后存吗?"

韩信布背水阵是善用孙子之法的范例。但也有拘泥此规，死啃教条，因而遭到惨败的。三国时代，汉将马谡因违背诸葛亮的节度，舍水上山，不下据城堡，又拒副将王平的建议，自以为驻军山上，被敌人包围，反可收"陷之死地然后生"的效果。魏将张郃断其上山水道，派兵围而不攻。马部被困山上，受饥挨饿，战力大减，终到全军瓦解，被魏军歼灭。

正反两例说明，运用孙子此战法是有条件的，战场用兵者，必须根据当时的情况，灵活运用，否则将事与愿违。

谋　略

孙子的谋略精髓——诡道论

　　孙子主张对敌作战，要讲究谋攻。谋攻就是用计谋战胜敌人。《谋攻篇》专门讲了谋攻之法。谋攻之法的精髓何也？"兵者，诡道也。"

　　孙子有关诡道用兵的论述，一是在《计篇》，一是在《军争篇》。

　　《计篇》曰："兵者，诡道也。故能而示之不能，用而示之不用，近而示之远，远而示之近。利而诱之，乱而取之，实而备之，强而避之，怒而挠之，卑而骄之，佚而劳之，亲而离之。攻其无备，出其不意。此兵家之胜，不可先传也。"

　　《军争篇》曰："故兵以诈立，以利动，以分合为变者也。"

　　除此之外，孙子有关虚实转化，奇正相生，示形误敌等战法的论述，亦无不闪烁着诡道用兵的思想光辉。

　　对孙子诡道用兵这一军事命题，后代兵家良将极为认同。曹操曰："兵无常形，以诡诈为道。"李筌曰："军不厌诈。"梅尧臣曰："非谲不可以行权，非权不可以制敌。"王晳曰："诡者，所以求胜敌；御众必以信也。"张预曰："用兵虽本于仁义，然其取胜必在诡诈。故曳柴扬尘，栾枝之谲也；万弩齐发，孙膑之奇也；千牛俱奔，田单之权也；囊沙壅水，淮阴之诈也。此皆用诡道而制胜也。"

究其古今中外，凡是克敌制胜者，无不诡道用兵。孙子此论，实乃传世之真理也。为探其深刻涵义，拟分三个方面加以阐述。

一、诡与"智"

孙子说良将有五德，"智"为五德之首。

何谓"智"？杜牧曰："兵家者流，用智为先，盖智者，能机权，识变通也。……不智，则不能知民之极，无以诠度天下之众寡。"梅尧臣曰："智能发谋。"王皙曰："智者，先见而不惑，能谋虑，通权变也。"何氏曰："非智不可以料敌应机。"张预曰："智不可乱。"诸家释义，都是说有智才有谋，深谋才能远虑，进而才能料敌应机，诡道用兵矣。试想，一名无智无谋之将，怎能做到对敌"攻其无备，出其不意"呢？又怎能妙用虚实兵略，奇正之法呢？！在某种意义上可以说，诡道用兵之术，带有为上智者、上谋者的专有属性。

翻查中外战史，凡是诡道用兵的经典之作，无不是上智良将所为。

公元11世纪初叶，北宋王朝和契丹民族建立的辽国，缔结了"澶渊之盟"，雄州（今河北雄县）成了与辽国接壤的边境城市。雄州的北郊，居住着不少宋朝的百姓。由于没有边城环护，难以防范敌人的军情刺探和侵扰蚕食。北宋有意"实而备之"，扩筑北城，可又怕辽国寻衅。因为当时的军事形势辽强宋弱，北宋朝野上下笼罩着一片苟且偷安的气氛，边防斗争稍有纰漏，都可能成为敌人诉诸武力的借口，引起外患内怨。担负雄州防务的地方官李允想了一个"移花接木"的办法，他先用白银铸造了一个大香炉，放在北郊的一座庙宇里，故意不设人看守。没过几天，银香炉被盗。李允煞有介事地四处张榜，悬赏捉拿盗贼。这本属"醉翁之意不在酒"，却弄得满城风雨，丢失银香炉的案件也没有侦破。与此同时，李允乘机放风说，庙中器物屡次丢失，非得筑城墙围护不可。在这种舆论的掩饰下，他征集民夫，急修北城，工程不出十日而就。当强敌还没有悟出李允筑城的军事用意时，雄州已成了与辽国对峙抗衡的防御堡垒。

李允巧妙筑城，表现了他的大智大谋；曹玮大败党项军也同样显露出诡诈用兵之能。

北宋时，名将曹玮领兵和党项羌族作战，党项军初次交锋受了些挫折，为避实待机，主动撤退。曹玮想同敌人决战，以求全胜，但他没有引军追击，而是见敌人走远后，让自己的部队赶着缴获的牛羊和军需品，缓缓回返，部队弄得松松散散，很不整齐。这时，已经撤退了几十里地的党项军，听说曹玮军因贪图牛羊之利，队伍散乱，急忙乘机回兵还击。曹玮得知后非但不慌，反而命令部队更加放慢速度，待来到一个地形有利之处，才停下来整军迎战。当敌军接近后，曹玮又使人告诉他们的首领说，你们远道赶来，一定很疲劳，我们不愿意乘你们疲困之际打仗，请你们休息一会再决战吧。党项军听了都很高兴。他们哪里知道，休息片刻之后，心劲一松，锐气大减，曹玮率军冲杀大败党项军，随即整军凯旋。

宋将不理解这次制胜的奥妙，曹玮说："敌军撤，我以贪图牛羊辎重的假象，引敌再返回来寻我作战，他们这一去一返，连续走了近百里路，已经相当疲劳了。但如果马上交战，敌人的锐气尚未完全消失，取胜还需付出大的代价。你们知道，走远路的人，如果稍微休息一下，顿时就会感到双足麻木，腰酸腿疼，打仗的勇气也就随着消失了。这时我们再与他战，那自然如虎蹚羊群一样。”

二、诡与“勇”

孙子说，良将有五德，第四德为“勇”。

何谓“勇”？杜牧曰：“勇者，决胜乘势，不逡巡也。”“不勇，则不能断疑以发大计也。”梅尧臣曰：“勇能果断。”王晳曰：“勇者，徇义不惧，能果毅也。”何氏曰：“非勇不可以决谋合战。”张预曰：“勇不可惧。”

以上兵家释义，都是说，将勇，才能“徇义不惧”，才能“决谋合战”，才能施诡施诈，克敌取胜。试想一个心存疑惧之将，怎敢空城退兵，怎能以少击众，怎能巧施“诡道十二法”呢？！只有那些智谋勇将，妙用诈术，才能掩盖其真象，给敌以假象，也才能知己知彼，以少胜多，百战不殆。

智谋勇将，是大智、大谋、大仁之勇将，而那种“怒而兴师”“愠而致战”“必死可杀”的勇将之勇，不过是一种失智、失谋、失仁的“愚勇”“鲁勇”，即匹夫之勇罢了。“愚勇”之将，何能对敌施诡道之术呢？

战场上，斗智、斗勇、斗诡、斗诈，高明者，能制服对方；低能者，被对方制服。这里录两个典型战例，以佐证之。

公元前341年，魏国（今河南中部、北部和山西西南部，当时都城在大梁，即今开封一带）和赵国（今河北南部、山西东部和河南的黄河以北的一部分，都城在晋阳，即今太原北边一带）联合进攻韩国（今陕西东部和河南西部，当时都城在阳翟，即今河南禹县一带）。韩国向齐国（今山东，都城在营丘，即今山东临淄县一带）告急求救。齐国派大将田忌领兵直奔大梁。魏国大将庞涓听说，赶紧抛下韩国领兵回魏。这时田忌的部队已经向西进发了。田忌的军师孙膑向田忌建议，说：赵、魏这些国家的军队一向强悍、勇敢，看不起齐国，认为齐国的军队胆怯。善战者，应当因势利导也。为此，二人商定减灶计谋。齐军进入魏国之后，第一天宿营时设十万个灶，第二天减为五万，第三天减为三万。田忌采纳了这个建议。庞涓回兵走了三天，看到齐军减灶，大为高兴，说："我早就知道齐军胆怯，果然才进入我国三天，就逃亡大半了。"于是丢下步兵，率领少数车骑轻兵，加速追赶。孙膑算定庞涓在当晚到达马陵。马陵道路狭窄，两旁山险林密，是伏兵佳地。于是在一棵大树上，刮去树皮，用白粉写上"庞涓死于此树之下"几个字，派很多射手埋伏在道路两旁，约好入夜看见火光就一起发射。庞涓果然当晚到了马陵，看见树上有白字，点着火来看，没等看完，两边万箭齐发，庞涓被射死，魏军大败。孙膑因这一仗而大大出了名，历代都传诵他著的兵法。

孙膑是孙武的后代，著有兵法，久已失传，1972 年才在山东临沂银雀山出土。《孙膑兵法》中有《禽庞涓》篇，可见庞涓战场阵亡是历史事实。

公元 392 年，后燕王慕容垂从中山（今河北正定）引兵向滑台（今河南滑县）进攻翟钊，准备从黎阳津（今滑县北）渡河。此时翟钊已布精兵在南岸拒守。慕容垂为了在此处渡河成功，故意把部队移至离此地 40 余里的西津，同时用牛皮船百余只，装载疑兵，溯流而上，假装要到西津去渡河。翟钊信以为真，立即把主力调到西津对岸。慕容垂见自己的示形之术成功，便命令部将慕容镇从黎阳津趁夜渡河，至天明时，已在对岸设营。翟钊发觉上当，急忙回军，已措手不及。军队往返奔跑，相当疲劳，被慕容垂打得大败。

三、诡与"仁"

孙子是诡道论的创始者，也是西破强楚，北威齐晋，施诡用诈的大师。但孙子对诡道的使用，有严格的界定范围，那就是"对敌斗争"这一范围之内。他说："兵者，诡道也，故能而示之不能""兵以诈立"。这两句话里的"兵"都是指作战指挥，这就对使诡用诈的范围和对象做出了规定。因此，它的诡道不但不包括一般社会道德伦理范围内的奸诈活动，而且也不包括正常的国际外交活动中出现的不守信用的行为，更不包括对自己内部实行的诡诈。相反，它主张在自己内部要实行"信"，所谓"令素行以教其民""修道而保法"，要求将帅必须具备"仁"和"信"的品质等。因此，其"诡道"乃是以"奇"和"隐"为特征的变化、欺骗的致敌取胜之"道"。对敌诡诈，对己仁信，两种手段，一个目的，是孙子仁道和诡诈辩证统一思想的明显表现。

孙子仁道和诡诈辩证统一思想，是当时人们的观念由重信轻诈向以诈谋利方面转化的产物。这种变化在军事斗争领域中反映尤为明显。周郑繻葛之战，晋献公灭虢、虞之战，晋楚城濮之战，秦晋殽之战，晋楚鄢陵之战等，都向人们证明：战争必须靠智谋取胜。宋襄公在泓水之战中"不鼓不成列""不重伤，不禽二毛""不以阻碍"而致遭惨败，则从反面证明，在作战指挥上墨守陈旧落后的仁信观念已为时代所不允许。晋国的子犯已看出了这一重大的变化，率先提出了"战阵之间，不厌诈伪"（《韩非子·说难》）的观点。可以说这是对军事指挥上陈旧的仁信观念在经验层次上的否定。

　　孙子总结了这些经验教训，认识到只仁不诈，不能取得战争的胜利；但只诈不仁，不能得民心，不能使上下同欲，也不利分化瓦解征服敌人，难以长期巩固取得的胜利。只有将二者结合起来，才能团结内部，安定外部，使自己立于长久不败之地。他吸收了古代仁信思想中的某些精华成分，去其迂腐观念，从而最早将仁与诈这两种截然相反的思想辩证地统一起来，形成了完整的战争指导理论。

孙子战术思想精髓——奇正论

　　孙子关于奇正之法的论述主要在《势篇》中，现摘录如下：

　　"三军之众，可使必受敌而无败者，奇正是也。"

　　"凡战者，以正合，以奇胜。"

　　"故善出奇者，无穷如天地，不竭如江河。"

　　"战势不过奇正，奇正之变，不可胜穷也。"

　　"奇正相生，如循环之无端，孰能穷之。"

　　对孙子奇正之说，曹操注曰："先出合战为正，后出为奇。"李筌注曰："当敌为正，傍为奇。"杜牧注曰："正者当敌，奇者从傍不备。以正道合战，以奇变取胜也。"按这些论说都有对的地方，但都不够全面。须知奇正的意义是多方面的，总的说来，正为正常，奇为变异；正是常式，奇是变式。就战斗的方式方法来说，迎敌为正，旁出为奇；合为正，分为奇；进攻时前进为正，退却伴北为奇；防御时坚守为正，出击为奇；以实击虚为正，以虚就实为奇；以众击寡为正，以寡敌众为奇。概括说来，正与奇就是通常与异常、正常与"反常"的区别和变化。用兵常法为正，用兵变法为奇，凭着奇正之变化，可以制造出许许多多的诱敌、诈敌、歼敌的战术战法来。

奇正为兵法战术推导之起点，一切攻守、进退、虚实、动静、分合、众寡等法则都导源于奇正之理。自古良将用兵，进也合奇正，退也合奇正；庸将统军，率尔合战，偶尔分胜负，不识奇正之变，不辨主客之势，不详虚实之情，不明分合之理，胜为偶然，败是必然矣！

究其孙子奇正战法之精义，拟归结为三项。

一、奇正相辅相成

凡战者，莫不以正合，以奇胜。奇正关联，相辅相成。奇正是军事指挥上的两种手段，两者不能偏废。只用正兵而不用奇兵，则虽整而无功，这种将领充其量不过是个守将；只用奇兵而不用正兵，则虽锐而无恃，这种将领充其量不过是个斗将。不论有正无奇，还是有奇无正，都是军事指挥上的片面认识。成功的军事指挥与成功地运用奇正相关，失败的军事指挥与不能成功地运用奇正相关。

公元前 205 年，面对数万汉军前来进攻，陈余统率 20 万赵军驻扎井陉（在今河北省井陉县东南井陉山上）进行抵御。李左车建议：汉军来势凶猛，锋芒不可挡。赵军应当利用井陉道路艰险狭长、兵力得不到展开的地形条件，针对汉军因行进数百里而将运粮兵抛在后面的队列弱点，兵分两支，奇兵三万迂回到汉军后面截击它的辎重，正兵则构筑防御工事，坚壁不战。这样，就会把汉军置于前不得进、后不得退的危亡境地。但是，陈余"常称义兵不用诈谋奇计"，拒不采纳。在离井陉 30 里处，汉军统帅韩信连夜部署进攻。他先派出骑兵二千人作为奇兵，每人带着一面汉军赤帜，乘夜色埋伏到赵营附近的山上。然后，他率领正兵一万人，渡过绵蔓水（今滹沱河支流），扎下背水阵。清晨，汉军正兵与赵军会战。大战良久，韩信假装失利，退回汉军营中；赵军倾巢而出，追赶擒捉韩信。汉军正兵背水作战，没有退路，拼命搏斗，挡住赵军进攻。就在这时，汉军奇兵乘虚进入赵营，拔去赵帜，竖起汉帜。赵军望见自己的军营已被攻占，全军溃败。汉军正兵大举反攻，歼灭赵军，陈余被杀。

在井陉之战中，赵军不识奇正之术而遭覆灭，汉军巧用奇正之术而获全胜，这一军事实践证明，奇正在军事指挥中的确是克敌制胜的关键所在。

二、奇正相变相生

凡战者，莫不以正合，以奇胜。奇正相依，相变相生。名将善用此法，无不克敌制胜。

邓艾巧用奇正相变之术，攻陷蜀汉京城成都。

公元 263 年，魏军分为三路向蜀汉进击，钟会军为主力，邓艾军和诸葛绪军为侧翼；后来，诸葛绪军归并入钟会军。这时的邓艾军，属于魏军正兵中的一个方面军。钟会军攻取汉中（在今陕西省汉中市东）后，蜀军主力集结在剑阁（在今四川省剑阁县东北大剑山和小剑山之间），与钟会军对峙，从而造成蜀汉后方防御空虚。邓艾军由正兵转变为奇兵，通过阴平（在今甘肃省文县西北），袭击江油（在今四川省江油市），直插蜀汉腹心地区。蜀汉仓促调集后方军队，由诸葛瞻统率，进行抵御。邓艾军又由奇兵转变为正兵，与诸葛瞻军在绵竹（在今四川省绵竹县）会战，诸葛瞻军一举被歼灭，邓艾军进入成都（蜀汉京城，今四川省成都市），蜀汉覆灭。

曹操妙用奇正相生之道，赢得官渡大战之胜。

公元 200 年，曹操军与袁绍军相持于官渡（在今河南省中牟县东北）。这时的曹操军属于正兵。当袁绍军的粮草运集乌巢（在今河南省延津县东南）时，曹操派曹洪固守军营，他亲自率领精兵偷袭乌巢，焚烧袁绍军粮草。这支偷袭乌巢的兵力，就是从曹操军正兵中分离出来的奇兵。乌巢粮草被烧掉的消息传开，袁绍军崩溃，曹操军奇兵与正兵会合，追击消灭袁绍军。在官渡之战中，曹操军先由正兵生出奇兵，再将奇兵合于正兵。

孙子"奇正之变""奇正相生"之说，应该是指奇与正参差配合，因而生出种种变化来。从理论上说，战阵之间，可用正，可用奇，可以奇正迭用，这是一条法则；而奇正本身，正可以生奇，奇可以生正，这又是一条法则。这是奇正原理的总的内容，也是它的基本规律。在应用上，正兵不能胜，则用奇兵；或者为了争取胜利，用奇兵来配合正兵。在用兵过程中，正兵可以改作奇兵用，奇兵也可以当作正兵用。就运用手法来说，我之正兵可使敌人认为奇兵，我之奇兵可使敌人认为正兵。这样，奇正之变就显得十分变幻莫测了。

据《史记·白起王翦列传》所载："秦闻马服子将，乃阴使武安君白起为上将军。……赵括至，则出兵击秦军。秦军佯败而走，张二奇兵以劫之。赵军逐胜，追造秦壁。壁坚拒不得入，而秦奇兵二万五千人绝赵军后，又一军五千骑绝赵壁间，赵军分而为二，粮道绝，而秦出轻兵击之。"接着，秦又发兵趋长平，始终断绝赵救兵与粮运。此战结果，赵兵四十五万被全歼。秦方主将白起在这里使用的是奇正迭用的战法：以正兵佯败诱敌，以奇兵绝后，又以正兵实施攻击。这一奇正变化主要体现于进退之间。

《国语·吴语》所载吴越笠泽之战："于是吴王起师，军于江北，越王军于江南。越王乃中分其师，以为左右军，以其私卒君子六千人为中军。明日将舟战于江，及昏，乃令左军衔枚泝江五里以须，亦令右军衔枚逾江五里以须，夜中，乃命左军、右军涉江鸣鼓中水以须。吴师闻之，大骇曰：'越人分为二师，将以夹攻我师。'乃不待旦，亦中分其师，将以御越。越王乃令其中军衔枚潜涉，不鼓不噪以袭攻之，吴师大北。越之左军、右军乃遂涉而从之。"此战越方采取的是奇正相生的方法，由正兵分为奇兵，奇兵（"私卒君子六千人"）充作正兵由下面突破。这一奇正变化主要体现在分合之间。

《史记·淮阴侯列传》载龙且"与信夹潍水陈。韩信乃夜令人为万余囊，满成沙，壅水上流，引军半渡，击龙且，详不胜，还走。龙且果喜曰：'固知信怯也。'遂追信渡水。信使人决壅囊，水大至。龙且军大半不得渡，即急击，杀龙且。龙且水东军撤走，齐王广亡去"。此战韩信采用手法为用奇—用正—用奇—用正。兵法曰：半渡可击。两军主将都懂得这个道理，龙且依照兵法迎击汉军是用正，韩信迎合对方心理而佯败，是用奇；然后他又要把兵法那条正理反加到对方头上去，这是用正；然而这里他又不是调动军队直接予以迎头痛击，而是别出心裁，使用上流壅水，决水淹兵的做法来割裂楚军，这是一种正中有奇，是出奇；最后再以己之众歼击敌已渡之寡，这又是用正。楚军当时号称二十万，汉军处于少数，所以这里奇正运用过程中也体现了一个众寡的问题。

《宋史·岳飞传》载绍兴四年岳飞北取襄阳，"李成迎战，左临襄江。飞笑曰：'步兵利险阻，骑兵利平旷。成左列骑江岸，右列步平地，虽众十万何能为！'举鞭指王贵曰：'尔以长枪步卒击其骑兵。'指牛皋曰：'尔以骑兵击其步卒。'合战，马应枪而毙，后骑皆拥入江，步卒死者无数，成夜遁"。这是一种以奇击正、以正击奇的战法。因为按战法常理，骑兵击步兵者占优势，因此以骑击步是用正，以步击骑是用奇。在双方都投入大量步、骑兵的一般情况下，骑须要用以对付敌之骑，步决不能冒险迎战数量众多之敌骑。这是因为李成一方先失兵机，岳飞才有这样的部署法。

由上述事例可以看出，奇正运用的关键在于一个"变"字，形式的变化是奇正运用的枢机。从理论上说，这种变化应该是无穷的，但是在实际应用上，其变化种类毕竟有限。从史籍中可以看到，前人用过、后人仿效的也不少，此外也有推陈出新的。总之，越能做到变化莫测，越具有意想不到的效果。

三、奇正贵奇贵诈

在奇正这个对立统一体中，正，是已然、已发、已就的；奇是未然的，积极的，活跃的。在一次较大规模的战斗中，针对战阵之间变化不定的形势，主将必须随时调整、变换战术。客观形势决定了将帅们必须以灵活多变的战法来跟敌人周旋，这就导致了运用奇正法则时的不断用奇。

《草庐经略·奇兵》云："兵无奇不胜，故将非奇不战。"考察名将胜战轨迹，往往也就是审阅名将不断用奇取胜的经过始末。《史记·高祖本纪》："汉王用韩信之计，从故道还，袭雍王章邯。""为疑兵，陈船临晋，自夏阳木罂缶渡军，袭安邑，定魏；井陉为背水阵，以奇兵拔帜易帜，破赵；燕从风而靡，用蒯通计，趁齐之不设防，袭历下，定临菑；以囊沙壅水，用决水浸兵之法杀龙且，破楚军；最后会师垓下与项羽决战。"又称："淮阴先合，不利，却；孔将军、费将军纵，楚兵不利，淮阴侯复乘之。大败垓下。"韩信用兵几乎是每战必用奇,其构想之奇妙,真正达到出神入化的境地。韩信用兵之所以"战必胜,攻必取",倒不完全因为他的"多多益善",其关键在于他善于用奇,变换用奇贯穿于他用兵的始终。

孙子的奇正论说,直接地表现为战法战术,而在实际运用中,奇正又表现为作战用计。奇指奇计,所谓用奇,往往是用计,用奇谋秘计。据《李卫公问对》卷上称:"自黄帝以来,先正而后奇,先仁义而后权谲。"这里是把奇谲权谋看作与仁义正道相对的"奇"的。《史记·田单列传》:"太史公曰:兵以正合,以奇胜。善之者,出奇无穷。"裴骃集解:"奇谓权诈也。"司马贞《索隐》:"言用兵之术,或用正法,或用奇计。"可见,一些兵家与史家是把施行谲谋奇计认作是用奇的。这是有道理的,战术上的用奇就是智谋运用的结果,战斗形式的变化转换过程往往即计谋施行的过程,有时因为计谋的作用太突出,甚至独立于作战而产生相当于作战的奇效,它与战斗构成彼此的相对性,于是就形成《索隐》所称的"正法"与"奇计"对立统一的关系。

用奇的内容扩展到用奇兵、用奇计,使得中国古代军事艺术更趋丰富多彩;用奇计配合或指导作战行动,使得作战意图的实现更具可能。就以田单在即墨守城为例而言,田单以一城之力而击败长驱全胜、兵力远胜于己的燕军暴行来激励斗志,然后以火牛阵一举破敌。谲谋用到恰到好处,最后通过战斗直接解决问题。所以,把"或用正法,或用奇计"认为是奇正的一项内容,对于开拓作战取胜的途径是很有益的。当然,以计谋用奇,关键在于必须是奇计,不为对方将领所识破,才能确保军事目的的实现。

计用得奇,其功效之大,甚至出人之意料。《史记》所载荥阳突围:陈平乃夜出女子东门二千余人,楚因击之,陈平乃与汉王从城西门夜出去。陈平制造的这一迷离现象，足以使楚方将士眼花缭乱，头脑发昏，在楚方一片欢呼声中，刘邦却从西门悄悄逃走了。当时刘邦要通过战斗来实现突围的目的是根本不可能的，而使用陈平奇计却轻而易举地做到了。

看来一手用兵，一手用计，"正法"与"奇计"参用，不仅完全行得通，而且往往能奏意想不到的功效。

孙子提出奇正的理论是对军事学术的一大贡献，就像哲学家之阐明阴阳一样，是一个重大杰出发明。它的重要意义在于正确、独到地揭示了军事斗争的有关规律，从而有效地指导实际战争。两千多年中它一直为将吏所采纳，作为用兵作战的最高指导原则。尽管今天由于科学技术的飞跃发展，战略战术不断发生变化，但是作为一种军事理论，奇正的精义对我们进行军事科学决策，制定、实施作战方案，都仍具有一定的指导意义。

第三十讲
孙子的作战指挥艺术

孙子曰:"胜可为也。敌虽众,可使无斗。"(《虚实篇》)战场非消极无为之地。自古以来,有莽将军和降将军,而没有"消极无为"的将军。胜可为是人们的一致看法,重要的是怎么"为"。在怎么"为"、怎么"战"的问题上,孙子十分强调以下几个作战指挥原则。

一、"择人任势"

孙子说:"故善战者,求之于势,不责于人,故能择人而任势。"(《势篇》)所谓"势",就是态势,就是一种必然的趋势。"求之于势,不责于人",就是说善于指导战争的人,他的注意力放在造成或利用对全局有利的态势上,寻机战胜敌人,而不放在对部属的依赖和苛求上。"择人任势",即选用有才能的将帅,根据客观必然性去发挥主观能动性,去争取战争的胜利。孙子指出,"择人而任势",势险节短,取胜甚易。他形容道:"任势者,其战人也,如转木石。""故善战人之势,如转圆石于千仞之山者,势也。"(《势篇》)"胜者之战民也,若决积水于千仞之溪者,形也。"(《形篇》)"激水之疾，至于漂石者，势也；鸷鸟之疾，至于毁折者，节也。是故善战者，其势险，其节短，势如彍弩，节如发机。"(《势篇》)

"择人任势"，是孙子作战思想的精华。我们知道，军事家不能超过物质条件许可的范围企图战争的胜利，然而，军事家可以而且必须在物质条件许可的范围内争取战争的胜利。军事家活动的舞台建立在客观物质条件之上，然而，军事家凭着这个舞台，却可以导演出许多有声有色、威武雄壮的活剧来。

任势是德，造势更是贤。造势，是靠指挥官良好的战略战术素养，稳操胜券的指挥艺术，极为丰富的战斗经验，以及在战略战役上的深思熟虑。一个智勇双全的将领，在战役战斗中，要力求造成势险、节短的态势，不是只凭力量的优势，而是要运用各种有利条件。所谓"一夫当关、万夫莫开"，并不是说这个人有万夫不当之勇，而是说这个人占据了有利的地势。东汉光武以其精锐五千人，袭击王莽军之侧后，一举击溃强大的莽军，就是抓住了有利的战机。诸如先发制人，打敌人措手不及，迫使敌人处于应战的被动地位。掌握有利战机，抓住敌人的弱点，迅速进击。居高临下，"以佚待劳，以饱待饥""避其锐气，击其惰归""无邀正正之旗，勿击堂堂之陈"(《军争篇》)等，都可以造成有利态势。

恰当利用地形，掌握有利战机，激发士气，振奋军威，造成有利态势，是战争胜利的先导。汉代刘安在《淮南子·兵略训》中说道："胜在得威，败在失气。"战争环境往往与时俱变，今日顺势，环境可人，士气饱满，明日可能地覆天翻，环境恶劣到无以存身。今日胜仗，可能打得如以石击卵一般容易，明日就可能攻坚不下，几乎陷于全军覆没。由此看来，在充满意外的战争环境中，保持军威士气和有利态势，是十分必要的。只有永远地保持军威士气，才能征战顺利，攻无不克。

在我国历史上有不少择人任势、出奇制胜的战例。

唐朝自中叶以来，各个藩镇拥有军政大权，割地称雄，政治上动荡不安。淮西吴少阳、吴元济父子，在当地经营多年，与唐王朝中央政权相对抗，气焰嚣张。公元 814 年，唐宪宗李纯兴兵进伐，由于将帅乏能，打了败仗。

唐宪宗元和年间，任命裴度为宰相，任命李愬为征讨淮西大将。李愬受命之后，整顿了军纪，做了许多讨伐吴元济的准备工作。如：抽调山南东道八州精兵，同时征募唐、邓各州青壮才勇之士，以扩充军队，加强战斗力。采取了以敌制敌，瓦解敌军的政策，先后俘获和诱降了文城栅守将陈光洽、吴秀琳、李祐等，并区别情况，加以抚慰和任用。优待降军家属，对父母在淮西的降卒，给予粮食布匹，遣送回家。对蔡州因乞食逃来的军民，也给予妥善安置。此后，不断打了一些小胜仗，先后攻占了蔡州以西的马鞍山、路口栅、楂蚜山、冶炉城等据点，打通了同郾城唐军李光颜部的联系，攻占了蔡州以南白苟、汶港、楚城各栅，切断了蔡州与申（今河南信阳）、光（今河南徽潢川）二州的联系。把军队开进到文城栅一带。李愬这一系列措施，削弱了敌军的斗志，提高了唐军的士气，扩大了唐军的影响，为奇袭蔡州奠定了基础。

这年十月，唐北路军李光颜所率主力部队，渡过溵水（在今河南淮阳西南），在郾城击败淮西兵主力。吴元济十分恐惧，把蔡州守军及卫队都调去加强洄曲（今河南商水县西南）的防守，蔡州城内空虚。李愬见条件已经成熟，便派出使者往见裴度，密谋奇袭蔡州的计划，裴度也认为兵非出奇不胜。于是李愬选择了一个风雪交加、天气阴晦的日子，以降将李祐等率 3 000 人为前驱，自率 3 000 人为中军，以李进诚率 3 000 人为后军，自文城栅秘密东行，连李愬的部将也不知将向何处进军，李愬仅指示"向东行进"。部队前进 60 里，当夜到达张柴村（今河南汝南县以西）稍事休息，整理了装具，继续前进。部将又问："向哪个方向前进？"李愬才答复："到蔡州捉吴元济。"部属都惊慌失色。那时风雪很大，旗帜破裂，人马冻死很多，但部属不敢违抗命令，继续前进。又急行 70 里，于拂晓前到达蔡州城下，城内防守部队毫无觉察，卫兵还在睡觉。李愬首先率部登城，杀死卫兵，打开城门，放进部队，还留下敲木梆的哨兵照常敲击。拂晓时，风雪停止，李愬进入吴元济的外宅。有人向吴元济报告说："官军来了！"吴元济正在睡觉，笑着回答："这是俘囚来偷东西，天亮以后一定要杀死他们。"又有人报告："城已失陷了！"他还不信，回答说："这一定是洄曲子弟向我来要棉衣的。"吴元济起床后，在院内听到李愬军队的号令，才慌忙带着卫士登上牙城（主将所居之城）迎战。李愬的部队围攻牙城，射上牙城的箭多如鹅毛。蔡州民众拿着柴火来帮助唐军烧牙城南门，走投无路的吴元济，于当日午后束手就擒（《资治通鉴·唐宪宗元和十二年》）。

孙子"择人任势"的谋略思想，提示我们不限于战场，在政治、经济及文化领域都有利用形势、抓住时机取得成功的问题。企业经营活动，特别要抓住制造产品、供货、销售等重要环节。在产品销售时，就要测算好市场动态，按市场需要制造、推销产品，获得利润。

二、"知彼知己"

进行战争，事先摸清敌情，掌握战情，既知天又知地，这是自有战争以来，任何军事家必须首先周密、细致地考虑的问题。

孙子在十三篇里着重强调了了解全局情况，是制胜的要诀。他在《计篇》里把"智"列为将德的首位，把"五事""七计"作为预知判断胜负的依据。在《谋攻篇》里提出了预知胜负的五种情况，并在该篇结束语中说"知彼知己，百战不殆"。在《用间篇》首段说："故明君贤将，所以动而胜人，成功出于众者，先知也。"

此外在《作战》《虚实》《军争》《九变》《行军》《九地》《火攻》等篇里还提出了一系列有关了解全局情况，对战争将有怎样的影响以及将会有什么样的后果的问题。他在《地形篇》更进一步指出："知吾卒之可击，而不知敌之不可击，胜之半也；知敌之可以击，而不知吾卒之不可以击，胜之半也；知敌之可击，知吾卒之可击，而不知地形之不可以战，胜之半也。故知兵者，动而不迷，举而不穷。"全篇一共用了十五个"知"字，最后的结论是："知彼知己，胜乃不殆；知天知地，胜乃不穷。"可见，了解敌人，了解自己，了解地形，了解天时，掌握敌我双方全局情况，进行全面比较、分析、研究，确定战略战术，充分发挥主观能动性，就能必胜不败，既无危险，且可收取全功。

我们考察古今中外战史，凡是能按照孙子"知彼知己，百战不殆"这一科学的真理去做，没有不打胜仗的，反之必败。我们可举发生在公元208年的赤壁之战来说明。此战一方为曹操，统帅了号称83万（实际只20余万）的北方大军；一方为刘备、孙权的南方联军，主要是水师，约数万人，实际指挥作战的是诸葛亮和周瑜。诸葛亮了解曹军远征而来十分疲惫，可谓强弩之末。北方人不习水战，曹操新收编的荆州军心又不服。而自己方面尚有关羽所统帅的精练水军两万多人，加上孙权的数万精兵，可操胜算。周瑜也了解曹操后方并不巩固（陕甘一带有反对曹操的马超、韩遂），加之北方人对南方水土不能适应，多生疾病，必然没有什么战斗力。由于诸葛亮和周瑜在"知彼知己"的情况下和敌人决战，结果取得了彻底胜利（《三国志·吴书》卷九、《三国志·蜀书》卷五及《资治通鉴》卷第六十五）。

第二次世界大战，美军自恃有强大的海军（根据过去的军事条约，美、英、日三国军舰总吨位的比例是 5∶5∶3），以为日本不敢同美国作战（当时已有日军要发动太平洋战争的情报，但美军统帅部竟一笑置之）。同时，日本为了掩盖它袭击的企图，先几天还派了特使来栖三郎（妻子是美国人）与罗斯福谈判。

就在此时，日本发动了突然袭击，结果美国的太平洋舰队几乎全部被歼。据美方公布：被击毁的主力舰五艘，其他舰一艘。轻伤主力舰两艘，其他舰一艘。重伤主力舰一艘，轻伤巡洋舰两艘，驱逐舰三艘，其他舰一艘。被击毁海军飞机 92 架。致使一年后美国才有力量反攻，经过许多曲折的道路，而且还在盟军的配合下，特别是中国人民的抗日力量，牵制了大量的日军，最后才取得胜利。可见只明于知己而暗于知彼，也是不行的。

至于"不知彼，不知己，每战必殆"的战例，也是很多的。日俄战争之前，沙俄的驻日陆军武官万诺甫斯基竟然把日本军队比作"乳儿军"，并且说：日本陆军要达到与欧洲最弱的军队相当的那种士气，大约要经过一个世纪。这既是无知，又是狂妄至极。事实是，日本自明治维新之后，对扩军备战极端重视，聘请德国军事顾问训练军队，并创建各级军事学校，培植军国主义骨干分子。经过 30 年，至 1894 年甲午之战，打败清王朝，已取得了远东的霸权地位。又过了 110 年，至 1904 年，才发生日俄战争。那时日军更为强大，这是稍具军事常识的人都可以看到的事情，而沙俄的驻日陆军武官，竟做出如此判断，其暗于知彼甚也！开战以前，曾任沙俄陆军大臣的库罗巴特金，后任远东总司令，指挥这次战争。他又做出了暗于知己的判断。他说：我们有准备，可以在 13 天之内把 40 万军队集中于日本的国境，这是足以打败我们敌人所需要的兵力的三倍。战争的取胜将是易如反掌的，甚至没有必要从德国和奥国的国境调动我们的军队。事实却完全相反。我们研究日俄战史，可以了解到，沙俄的军队是逐次到达战场，不仅没有集中到日本国境，还被日军抢先进占朝鲜，侵入中国，迎击俄军。而且把 40 万大军说成是日军的三倍，也是过于自我夸大，由于清朝政府的腐败无能，国土任人宰割，两个敌对国家在第三国国土进行决战，这还是历史上罕见的事例。在日俄两军一年多的战争中，沙俄不仅逐次从欧洲调遣陆军投入战场，还把波罗的海舰队绕道非洲好望角调到远东驰援。日俄战争完全证明，不仅沙俄军队的士气远远低于日军，库罗巴特金指挥的拙劣，又给世界军事史添了不少的笑话。这场战争，是以沙俄的彻底失败而告终。

以上战例，可以充分证明孙子"知彼知己"论断的科学认识价值。

说到知彼、知己、知地、知天四者，以"知彼"最为复杂而又困难。因为"兵者，诡道也"（《计篇》），战时敌我双方互相诱惑、欺诈，战事又瞬息万变。倘使片面地只看局部现象，而置全局真相于不顾，或只计较眼前的小利害，而看不到长远的大利害，那是一定要失败的。虽然，知彼最为复杂而且困难，但知己、知地、知天，也并不容易。因为人难有自知之明，再者，战时同敌人究竟在什么地方打仗，在什么时候打仗，绝不是仅由我方可以单独预为决定的。因此，聪明的将军，虑事决策，不仅要了解敌人，了解自己，而且还要了解地形，了解天时。换句话说，既要照顾全面，又要前后打算。决不能集中全力仅注意于一方面，而忽略其他方面。这样，才能打败敌人，获取全胜。

　　孙子为了"知彼知己，知天知地"，除前面提到的熟知深究"五事""七计"外，他还特别注意"用间"，主张不要吝惜"爵禄百金"，以取得敌军情报。他说："昔殷之兴也，伊挚在夏；周之兴也，吕牙在殷。故惟明君贤将，能以上智为间者，必成大功。此兵之要，三军之所恃而动也。"（《用间篇》）

　　在战场上，孙子十分重视"相敌"。他要求在进军、接敌、对峙、交战等战争全过程中，都要注意观察各种征候，区别真象假象，正确查明和判断敌情。他并举出"敌近而静者，恃其险也；远而挑战者，欲人之进也"等32个假象掩盖真实意图的实例，告诫人们不要被假象所迷惑。为了验证判断是否正确，他还要求"策之而知得失之计，作之而知动静之理，形之而知死生之地，角之而知有余不足之处"（《虚实篇》）。

　　从以上的论述可知，孙子关于对敌情判断的论述，虽然是古老而简单的，但他所揭示的"知彼知己，百战不殆"的战争指导规律，却给人类的思想智慧之库增添了无价之宝。

　　"知彼知己"这一名言，不仅对指导战争适用，对其他行业亦适用。

三、"以众击寡"

　　孙子不赞成在敌我力量相当的情况下作战，更不赞成"以少合众，以弱击强"（《地形篇》），他以以镒称铢和以铢称镒作比喻，主张在力量上处于绝对优势时打击力量上处于绝对劣势的敌人。

　　在我国历史上，有许许多多遵循孙子之言，以众击寡，以优势对劣势，恰似以镒称铢的著名战例。但也有不少以铢称镒，以少合众，以弱击强的史料记载。

汉武帝天汉二年秋，贰师将军李广利将三万骑击匈奴右贤王于祁连天山，而使陵将其步兵五千人，出居延北约千余里，欲以分匈奴兵，毋令专走贰师也。陵既至期还，而单于以兵八万围击陵军。陵军五千人，兵矢既尽，士死者过半，而所杀伤匈奴亦万余人。且引且战，连斗八日。还未到居延百余里，匈奴遮狭绝道。陵食乏而救兵不到，虏急击招降陵。陵曰："无面目报陛下。"遂降匈奴。其兵尽没，余亡散得归汉者四百余人。(《史记·李将军列传》)。

上举事例正是"以铢称镒"的真实写照。

兵众、兵寡本是既定之局，何以变敌众为敌寡、我寡为我众？孙子说："故形人而我无形，则我专而敌分；我专为一，敌分为十，是以十共其一也，则我众而敌寡；能以众击寡者，则吾之所与战者约矣。"(《虚实篇》)这是说，只要善于调动敌人，在具体的局部战役和战斗上，也可以并且必须造成我众敌寡的态势。他还指出，很好地保密作战地点，完全可以把集中的敌人分散开去。他说："吾所与战之地不可知，不可知，则敌所备者多；敌所备者多，则吾所与战者寡矣。""故备前则后寡，备后则前寡，备左则右寡，备右则左寡，无所不备，则无所不寡。"他的结论是："寡者，备人者也；众者，使人备己者也。""不知战地，不知战日，则左不能救右，右不能救左，前不能救后，后不能救前。"为此，他声言："故知战之地，知战之日，则可千里而会战。"(《虚实篇》)

曹操对《孙子兵法》颇有研究，对孙子变敌众为敌寡，变我寡为我众思想精义的研究很有造诣。公元 200 年，曹操和袁绍在官渡（今河南中牟县东北）进行了一次规模巨大的战争，史称官渡之战。在这场战争中，曹操以两万多兵力战胜了袁绍十万大军，这是曹操在战略战术上运用孙子作战思想，善于调动敌人，掌握主动权，以弱胜强的著名战例。

当时，袁绍占据幽、冀、青、并四个州，兵力雄厚。他把曹操看作不可小视的敌手，于公元 200 年亲自提兵南下黎阳，企图直捣许昌，一举吞并曹操。曹操当时只占有豫州（今河南一带）和兖州（今河南东部和山东西南部），社会生产力在连年兵战中遭到很大破坏，经济实力和军事实力远不如袁绍。但是，他较有远见，善于用人，而且"士卒精练"。早在官渡之战前，曹操在分析双方力量对比的基础上就说过："吾知绍之为人，志大而智小，色厉而胆薄，忌克而少威，兵多而分画不明，将骄而政令不一，土地虽广，粮食虽丰，适足以为吾奉也。"

曹操为了争取战略上的主动，先后作了周密的作战部署：命令曹仁等攻下黄河北岸的战略要地射犬（今河南泌阳县东北），牵制袁军从并州（今山西一带）方向的进攻。命令臧霸进兵青州（今山东济南、莱阳一带），攻下齐（今山东临淄一带）、北海（今山东寿光一带），阻止袁军从青州方向的进攻。命令于禁率步骑两千驻守延津（今河南新乡市东南），协同扼守白马（今河南滑县东）的刘延，共同防御袁军南下。派卫觊到关中招收流民，进行屯田，增加军粮，稳定后方，为官渡之战彻底战胜袁军奠定了基础。

当官渡之战的序幕拉开以后，曹操鉴于敌强己弱的形势，采取了"先退一步""避敌之长"的方针，把主力退至官渡，利用这里渠道多，易守难攻的有利地形，构筑工事，做好还击袁绍的准备。

战争开始后，曹操重视调查研究，察明敌人的虚实，充分发挥主观能动作用，制定了避实击虚，以实击虚的战术。

声东击西，白马解围。袁绍十万大军进驻到黄河北岸的黎阳（今河南浚县），派大将颜良率万余人，包围黄河南岸的曹军军事重镇白马，企图从这里打开一个缺口，保证主力渡河，与曹军主力决战。曹操在袁军锐气方盛，自己兵力不足的情况下，采纳了谋士荀攸"今兵少不敌，分其势乃可"的建议，亲自带兵北上，装出要渡过黄河抄袭袁绍老窝的架势。袁绍慌了手脚，连忙"分兵西迎之"。曹操趁调动袁军西上之际，立即调转向东，"轻兵袭白马，掩其不备"。颜良没有想到曹军会突来白马解围，措手不及，仓促应战，被曹军杀死，袁军大败。曹操解了白马之围，取得初战的胜利，挫伤了袁军的锐气，鼓舞了曹军的斗志。

以利动敌，延津告捷。曹操解了白马之围，仍没有改变全局上袁强曹弱的形势。因此，他继续采取"避实击虚"的战法，率领军队顺着黄河主动向西撤退，避开袁军主力。袁绍又派大将文丑随后紧追。在紧急情况下，曹操命令部队停止后撤，骑兵卸鞍放马，把辎重物品扔在路上，麻痹袁军。袁军一见财物马匹，争先恐后抢作一团，阵势全乱。曹操立即下令迎战，击溃袁军，杀掉大将文丑。

乌巢焚粮，出奇制胜。在官渡相峙中，曹操始终寻找战机，主动出击。针对袁军人数多，粮食消耗大的情况，"绝粮以饥之"，使其不战自溃。当他得悉袁军将领韩猛押运几千辆粮车来官渡的消息后，立即派徐晃、史涣出击，杀了韩猛，烧了粮车，造成袁军缺粮的困难。由于袁绍统治集团内部矛盾重重，互相倾轧，谋士许攸投奔曹操。许攸向曹操建议以精兵奇袭离官渡不远的袁军屯粮基地乌巢（今河南延津县东南），切断袁军的生命线，使其不战自乱。曹操采纳了许攸的建议，分析了袁军"将骄卒惰"，乌巢"屯军无严备"的弱点,"出空击虚,避其所守,击其空虚",留曹洪、荀攸坚守官渡大营,亲自率领五千精兵,打着袁军旗号,乘黑夜偷袭乌巢。半夜到达立即围攻放火,把袁军囤积的数万石军粮全部烧光。

乌巢焚粮的消息传到官渡前线,袁军军心大乱。这时被袁绍强迫进攻曹军官渡大营的大将张郃见袁绍大势已去,自己又受到排挤,便和高览一起烧毁攻城器械,率众投降了曹操,袁军前线立刻崩溃。曹、袁双方力量至此发生了根本变化。曹操乘势向袁绍发起全面反攻,袁绍只带着儿子袁谭和数百亲信,渡过黄河,狼狈逃回河北。官渡之战的胜利,为曹操后来统一中国的北方奠定了基础(《三国志·武帝纪》)。

孙子的变敌众为敌寡,变我寡为我众,集中兵力,以少胜多的作战思想,在现实生活中,得到广泛的应用。无论是统率千军万马的将军,还是领导三五个人的团体头目,都会运用集中力量打歼灭战的战术原则。就我们个人来说,在同一时间内,有几件工作要做,也是要集中精力先做完一件,再做其他。从这里,我们可见孙子思想影响之一斑。

第三十一讲
孙子的速战速胜思想

　　孙子之书，是教人如何用兵打仗之书，是战争指导艺术之论。我们研读，不难发现战胜攻取，速战速决是孙子学说的重心。他在《作战篇》明确指出："兵贵胜，不贵久。""兵闻拙速，未睹巧之久也。夫兵久而国利者，未之有也。"

　　对于战争，孙子喜速胜，厌久战，这是历史条件的产物。对此，他在《作战篇》中作了详尽的说明。他从经济与战争的关系中，看到旷日持久的战争会造成财力枯竭，军队疲惫，别国乘虚进犯，将有亡国的危险。为此，他主张用兵贵在速胜，不宜久战。

　　为了使战事速战速胜，孙子提出了不少著名的论断。下面我们分几个侧面加以论述。

一、势险节短

　　就势的含义问题，孙子进行了解释。他在《计篇》中说："势者，因利而制权也。"在《势篇》中他说："战势不过奇正。"他用"漂石"和"转石"作比喻，说："激水之疾，至于漂石者，势也。""如转圆石于千仞之山者，势也。"汹涌澎湃的激流，能够把巨石漂起来；从很高的山上，能够迅猛地往下滚动圆石，这种迅猛异常、锐不可当的潜在力，就是"势"。用兵就要像激水漂石、转圆石于千仞之山那样，造成强大的战势，利用强大的战势，取胜于敌。

孙子指出，奇正巧妙配合是造成有利战势的最好办法。这样，就能造成敌人的错觉，给敌人意想不到的攻击。大抵善于出奇的良将，无处无时不是正，亦无处无时不是奇。变化莫测，倏忽无常。"纷纷纭纭，斗乱而不可乱也；浑浑沌沌，形圆而不可败也。"（《势篇》）正生于奇，奇生于正；即正即奇，即奇即正；正中有奇，奇中有正；奇正交发，互为其根。"奇正之变，不可胜穷也。奇正相生，如循环之无端，孰能穷之？"（同上）

孙子认为用兵作战，"势险节短"方可克敌制胜，他说："是故善战者，其势险，其节短。势如彉弩，节如发机。"（《势篇》）此论较难领会，用战例却易说明。东汉末年，袁绍、公孙瓒交恶，战于界桥南 20 里。瓒兵三万余人，攻势甚猛。袁绍命麴义领精兵八千名先进，强弩千张，夹承左右。瓒轻义兵少，纵骑兵冲击。义兵却坚伏盾下不动。等瓒兵扑到近前数十步处，已达义兵射程内，于是，强弩一时齐发，所中皆倒。瓒兵因此伤亡惨重，不支溃败。麴义击溃瓒兵，取得胜利，就是善用"势险节短"战术的结果（《三国志·公孙瓒》）。

关于"势"的运用问题，孙子除强调"势险节短"外，还特别强调"择人任势"。他说："故善战者，求之于势，不责于人，故能择人而任势。"（《势篇》）"任势"并不是一任战势摆布，而是任用有才能的人，根据客观必然性去发挥主观能动性，以定随机应变的对策，去争取战争的胜利。

"任势""求势"，说起来容易，做起来并非易事。假若指挥作战的人没有敏锐的观察力、准确的判断力以及卓越的智慧，即使机会到来，形势有利，也还是会失之交臂，甚至因观察错误，判断失实，反受大害。春秋时代，楚子伐隋，隋大夫季梁向隋侯献策说："楚人上左，君必左，无与王迁。且攻其右，右无良焉，必败。偏败，众乃携矣。"少师曰："不当王，非敌也。"弗从。战于速杞，隋师败绩。隋侯逸。斗丹获其戎车与其戎右少师。此役隋师败北，实为可惜，季梁之策，本是知彼知己，洞明虚实的决策，可叹隋侯不纳，反听少师谬说，致使可胜之仗变为损兵折将的败仗（《左传·桓公八年》）。

孙子主张求势、任势，"不责于人"。这里说的"不责于人"，不是说人没有责任，否认人的作用，否认人的主观能动性，而是说不要违背客观规律性去要求人，强使部属去做根本做不到的事。孙子"择人任势"的论述，既体现了他重视客观物质条件，又重视人的主观能动性。这种朴素的唯物主义和辩证法思想，是孙子军事哲学思想的特点。

二、以镒称铢

"镒""铢"是古代的重量单位。镒为24两，一两为24铢，镒是铢的576倍。孙子曰："胜兵若以镒称铢。"这就是说，胜利的一方就好比用镒称铢，那样具有绝对的优势，失败的一方则有如以铢称镒一样处于绝对劣势。这反映了孙子集中优势兵力，以众击寡，确保速战速胜的思想。

孙子此言甚是真理。交战双方势均力敌，怎能速战速决？弱者与强者较量更不能速战速胜。只有以强击弱，以众击寡，以实击虚，才能取胜，才能速战速胜。古今中外，大小战事，大都如此。但是，我们并不否认在人类的战争史上，有无数以少胜众，以弱胜强，以小胜大的光辉战例。但这些"少""弱""小"只是交战双方在战争初期，在全局上相较而言。一旦战事展开，交战双方斗智斗勇，战术战法相生相变。全局上兵少的一方，可能在局部上成为兵众的一方。初战时的弱者，可能变为强者。这就是说，真正的胜者，才是真正的强者。

这种由兵寡变兵众，由弱变强，进而战胜敌方的战例屡见不鲜。

西汉高祖二年（前205），楚汉两军相持于成皋、荥阳一线。拥有优势兵力的项羽不断向汉军发动进攻。刘邦一面坚持防御，一面积极地展开一系列军事和外交活动，争取有利于决战的局面。在左翼，刘邦派韩信率兵出击，攻打归附楚军的魏、赵、燕、齐等国；刘邦又运用政治手段，使项羽的宿将英布背楚归汉，成了汉军有力的右翼；刘邦又利用活动在楚军后方的彭越部队，作为汉军的"游兵"，威胁项羽的心脏地区；刘邦还用计策离间了项羽和他的谋士范增的关系，使项羽失去了有力助手。项羽攻陷荥阳后，进围成皋。刘邦为了避免不利条件下的决战，主动放弃成皋，一面征兵，一面派人破坏楚军的粮道，坚守不战，等候战机。经过两年多的相持，到公元前203年，侧翼的韩信攻下齐国都城，齐国向楚求援，项羽派了大将率兵20万援助，结果被韩信歼灭。同时，活动在楚军后方的彭越部队打下17座城池，切断了楚军由彭城到成皋的一切供应联系。这时，楚军在战略上已经完全陷入被动。为了打通粮道，项羽被迫亲自率兵打彭越，而把成皋战场的一切交给曹咎，要曹咎坚守成皋，切勿出战。这时，刘邦认为决战时机已经成熟，便积极策划转入反攻。刘邦利用曹咎性情暴躁、军事素养不高的缺点，令汉军连日在楚营外挑战、辱骂。曹咎在盛怒之下率军横渡汜水，攻击汉军。当楚军刚渡河一半时，汉军发动猛烈反攻，将楚军击溃，又乘胜追击，夺回了成皋。项羽得知后，回军营救，但已难以挽回危局。楚汉成皋之战，初期项羽占有绝对优势，两年之后，力量对比发生了根本的变化，刘邦已由劣势变为优势，完全掌握了战场的主动权，形成了以镒称铢之势。垓下一战，项羽四面楚歌，走投无路，危迫别姬，刎颈自杀。

三、攻其无备

攻其无备，出其不意，是迅速快捷战胜对手的有效战法。如何才能攻敌无备呢？孙子在《计篇》中说："兵者，诡道也。故能而示之不能，用而示之不用，近而示之远，远而示之近。利而诱之，乱而取之，实而备之，强而避之，怒而挠之，卑而骄之，佚而劳之，亲而离之。攻其无备，出其不意。此兵家之胜，不可先传也。"意为运用诡道的办法很多，能打可以装作不能打，要打可以装作不要打，向近处运动可以装作向远处运动，向远处运动也可装作向近处运动。敌人贪利，就以小利引诱它；敌人混乱，就乘机攻取它；敌人力量充实，就加倍防备它；敌人兵力强大，就暂时避开它；敌将易躁，就故意挑逗激怒他；对看不起己方的敌人，就故意骄纵它；敌人休整充分，就设法疲惫它；敌人内部亲附，就设法离间它。要在敌人毫无戒备的情况下实施攻击，在敌人意想不到的情况下采取果断行动，打敌于措手不及。这些都是兵家制胜的奥妙所在，是不能先泄露、先规定好的。

在战争史上，最能体现孙子这一战法的是前秦苻丕攻占东晋襄阳之战。东晋孝武帝太元三年（378），前秦苻丕率军七万攻东晋重镇襄阳。东晋将领朱序以为有汉水相隔,民船已靠到南岸,秦军无船,就无法渡河,因而对秦大举进攻不以为意,不加戒备。秦将石越率五千骑兵浮渡汉水后,朱序不知所措,才急忙收军固守中城。秦军久攻中城不下,被迫退后扎营。朱序又被胜利冲昏头脑,不但没有加强防卫,反而放松了戒备。最后襄阳落入敌手,朱序也当了俘虏。此战,朱序失备、失戒,败北必然(《晋书·朱序》)。

　　除以上几个能体现孙子速战速胜思想的侧面外,还有奇正、虚实、任势、示形等兵略,也是克敌制胜,速战速决的法宝。

第三十二讲
孙子的用间招法

"用间"是先知敌情的重要手段。

"间谍"这个词出现很早,远在《左传》桓公十二年(前70)就有这样的记载:"罗人欲伐之,三巡,数之,使伯嘉谍之。"(伯嘉自然是一名间谍了)。这可能是"信史"中最早的记载了。《左传》僖公二十五年(前635)记载曰:"晋侯围原,命三日之粮。原不降,命去之。谍出,曰:'原将降矣。'"可知晋文公已会巧妙地于战前把间谍派入敌人城内潜伏,并取得了可靠的情报。

《左传》哀公元年(前494)记载的少康"使女艾谍浇,使季杼诱殪,遂灭过、戈,夏禹之绩",似乎又说明,使用间谍还可上溯到夏朝第六个帝王少康的时代(约在公元前18至19世纪之间)。目前,尽管学界把这一记载只当作传说的历史看,但可以看出在人类战争史上,使用间谍已经是很早的战争手段之一了。

从春秋时代的历史看,远在孙子前两个多世纪的桓公十二年(前700)到他同时代的哀公元年(前494),在战争中已不断使用"间谍"这一手段攫取交战对方的各种情报。孙子总结了这些战争实践,写出了巧妙用间的《用间篇》。

一、"赏莫厚于间"

孙子说："凡兴师十万，出征千里，百姓之费，公家之奉，日费千金；内外骚动，怠于道路，不得操事者，七十万家。"(《用间篇》)事实正是这样，一次战争要耗费大量人力、物力，而且要引起社会的动荡，生产也大受影响。孙子接着说："相守数年，以争一日之胜，而爱爵禄百金，不知敌之情者，不仁之至也，非民之将也，非主之佐也，非胜之主也。"这是责备那些舍不得用官爵和金钱去利用间谍以侦察敌情的君主和将帅。所以，他又说："故明君贤将，所以动而胜人，成功出于众者，先知也。"孙子肯定有作为的君主和将帅，能够战胜敌人，功绩在一般人之上，主要是先摸清楚了敌情。所以，他主张："故三军之事，莫亲于间，赏莫厚于间，事莫密于间。非圣智不能用间，非仁义不能使间，非微妙不能得间之实。微哉！微哉！无所不用间也。"(《用间篇》)

历史上，刘邦使用陈平计离间楚军，是体现孙子赏莫厚于间原则的突出例证。

公元前205年，刘邦同项羽相持于河南荥阳，项羽依仗兵多将广，围困了荥阳城，断绝了汉军的运输要道。刘邦面对敌强己弱的情况，为了突围转移，待机反攻，便问陈平说：今天下纷纷，战乱不已，什么时候才可以安定呢？陈平将楚、汉双方的用人不同向刘邦进行了对比和分析，说："诚各去其两短，袭其两长，天下指麾则定矣。"接着他说："顾楚有可乱者，彼项王骨鲠之亚父、钟离昧、龙且、周殷之属不过数人耳。大王诚能出捐数万斤金，行反间，间其君臣，以疑其心，项王为人意忌信谗，必内相诛。汉因举兵而攻之，破楚必矣。"刘邦听了陈平的话，深表赞同。随即拿出黄金四万斤给陈平，任凭他去怎样使用，他的行动不许别人过问，保证了陈平执行离间楚君臣的任务。

陈平拿了黄金，用厚利在楚军中使用反间，宣扬说：钟离昧等人为项羽的大将，身经百战，立了不少大功，而项羽始终不给他们割地封王，他们准备同汉王一道消灭项氏一族，然后分割项王的领地。项羽听了这些谗言，果然怀疑钟离昧等人。不久，刘邦又乘项羽派使者来汉军的机会，故意叫人先端上最上等的酒菜，见了楚使，假装惊讶地说：我以为是范增的使者，原来是项羽的来使。立即将酒菜又拿走，换上粗劣的饭菜给使者吃。楚军使者非常气愤，回到楚军后，将在汉军的所见所闻告诉了项羽。项羽对他的主要谋士、骨鲠忠臣范增也怀疑起来了。当时范增力劝项羽抓紧时机攻下荥阳城，以免汉军转移。但项羽怀疑范增别有用心，不肯采纳。范增觉察到项羽对他不信任，很生气地对项羽说："天下事大定矣，君王自为之，愿请骸骨归！"范增离去后，陈平乃夜出女子二千人荥阳城东门，楚因击之，陈平乃与汉王从城西门夜出去。遂入关，收散兵复东，重新集合和休整军队。后来，刘邦兵力由劣势转为优势，同楚军进行战略决战，消灭了项羽的军事力量，建立了统一集权的西汉王朝（《史记·陈丞相世家》）。

孙子利用高官厚爵并投入大量金钱进行间谍活动的主张，在今天看来也是有现实意义的。试看世界列强，凡是主持情报工作的高级人员，大多是由低级人员因有特殊"贡献"而被提拔。当然，也有用其他部门的高官来担当要职的。至于投入的金钱数字之巨，更是惊人！美国前空军情报头子基根说："自从第二次世界大战以来，为了建立一个庞大的情报机构，以便使我们不再像珍珠港那样被人家偷袭，就共用了 500 亿到 750 亿美元。尽管如此，我们今天的处境并不比当年的珍珠港事件前好多少。"（《人民日报》1977 年 2 月 20 日第六版）这个数字已够惊人了，但基根仍感不够。由于美国在珍珠港被日军偷袭之前，自己没有掌握到情报，预作准备，致使人员、装备、军事设施以及其他物资遭到极大损失。这个惨痛的历史教训，是值得所有军事指挥人员引以为戒的。它进一步证明孙子在两千多年前所说的"相守数年，以争一日之胜，而爱爵禄百金，不知敌之情者，不仁之至也"这句话，确实是至理名言。

二、"五间俱起"

孙子把间谍分为五种，即"因间""内间""反间""死间"和"生间"。对每一种间谍，他都下了定义。他说："因间者，因其乡人而用之。内间者，因其官人而用之。反间者，因其敌间而用之。死间者，为诳事于外，令吾间知之，而传于敌间也。生间者，反报也。"他指出："五间俱起，莫知其道，是谓神纪，人君之宝也。"（《用间篇》）

孙子之论，甚为正确。我们熟读中外战史，不难发现，使用多种间谍，甚至巧用双重、三重间谍，是军事家了解对方军事意图，指挥战争的重要手段，是克敌制胜的重要因素。因巧于用间而获胜的战例不胜枚举。

三国司马昭平定诸葛诞之乱，就是使用间谍，取得以敌攻敌的极大成功。

三国末期，司马昭掌握了魏国的政权。公元 257 年，魏国征东大将军诸葛诞对司马昭不满，举兵叛乱。司马昭获悉后，亲率大军将诸葛诞围困在寿春（今安徽寿县）。当时，东吴的孙权对诸葛诞的叛乱表示支持，先后派文钦、全怿、朱异及大将军孙綝等率兵前往寿春救援。东吴援军想一到寿春，就破围入城和诸葛诞合兵为一股。但除文钦、全怿进入寿春城，朱异、孙綝均被司马昭击败。司马昭为了彻底消灭被围在寿春城内的诸葛诞及东吴文钦、全怿等两股敌人，使用反间计，致敌人内部发生变化，然后配合军事进攻，获得了最后的胜利。

诸葛诞的亲信将官蒋班、焦彝，由于主张速战，和文钦发生了争执，诸葛诞想杀他们，蒋、焦二人害怕，出城投降了司马昭。

全怿的家住在建业（今江苏南京市）。他的侄儿全辉、全仪因家庭发生纠纷，带着他的母亲及一部分家兵家将跑到司马昭的军中。司马昭采用了钟会的计谋，秘密用全辉、全仪的名义写信，并派全辉、全仪的亲信进城送给全怿。信中说：孙权责怪他们没有取得寿春而大为愤怒，要杀尽咱们在建业的家属，望你立即决策。全怿得到这个消息，又气又怕，便于十二月率数千人出城向司马昭投降。

公元258年一月，城内内乱。诸葛诞与文钦发生火并，文钦被杀，他的儿子文鸯、文虎出城投降。司马昭用数百骑兵保护着他们在城外巡视，并大声向城内喊话：文钦的儿子我们都不杀，其他人何必害怕。于是城内军心瓦解，士兵们拿着弓都不肯射箭了。司马昭看到时机已到，二月，就大举进攻，很快攻破了城池，消灭了诸葛诞的叛军，获得了平定叛乱的胜利（《晋书·文帝记》）。

善用"反间"，击破敌军，获取胜利的战例更是不可胜数。

战国末，秦伐韩，军于阏与。赵王乃令赵奢将兵，救之。去邯郸三十里而止。坚壁，留二十八日不行，复益增垒。秦间来入，赵奢善食而遣之。间以报秦将，秦将大喜，曰："夫去国三十里而军不行，乃增垒，阏与非赵地也。"赵奢既已遣秦间，乃卷甲而趋之，二日一夜至。令善射者去阏与五十里而军。军垒成，秦人闻之，悉甲而至。军士许历谏曰："秦人不意赵师至此，其来气盛，将军必厚集其阵以待之。不然，必败。"赵奢曰："请受令！"许历曰："请就铁质之诛！"赵奢曰："胥后令邯郸。"许历复请谏曰："先据北山上者胜，后至者败。"赵奢许诺，即发万人趋之。秦兵后至，争山不得上，赵奢纵兵击，大破秦军。秦军解而走，遂解阏与之围而归（《史记·廉颇蔺相如列传》）。

赵奢善用"反间"，终于大破秦军，获取胜利。至于善用"死间"，击溃外寇，获取大胜的，亦复不少。

南宋初，金人与刘豫合兵分道入侵。宋高宗手札命韩世忠伤守备，图进取。世忠遂自镇江济师，使统制解元守高邮，候金步卒。亲提骑兵驻大仪，以当敌骑。伐木为栅，自断归路。会朝廷遣魏良臣使金，过之。世忠撤炊爨，绐良臣有诏移屯守江，良臣疾驰去，世忠度良臣已出境，即上马令军中曰："视吾鞭所向。"于是引军次大仪，勒五阵，设伏二十余所。约"闻鼓即起击"。良臣至金军中，金人问王师动息，良臣具以所见对。聂儿孛堇闻世忠退，喜甚。引兵至江口，距大仪五里。别将挞孛也拥铁骑过五阵东。世忠传小麾鸣鼓，伏兵四起，旗色与金人旗杂出，金军乱。宋军迭进，世忠令背嵬军各持长斧，上揕人胸，下斫马足。敌被甲陷泥淖，世忠麾劲骑四面蹂躏；人马俱毙，遂擒挞孛也等二百余人。所遣董旼亦击金人于天长县之鸦口桥，擒女真四十余人。解元至高邮，遇敌，设水军夹河阵，日合战十三，相拒未决。世忠遣成闵将骑士往援，复大战，俘生女贞及千户等。世忠复亲追至淮，金人惊溃，相蹈藉，溺死甚众（《宋史·列传第一百二十三韩世忠》）。

韩世忠善用"死间"，以诳言误敌，诱金兵入伏，聚而歼之。

在当时民族抗战史上，取得了惊人的赫赫战绩。

在近代战争中，敌我双方相互使间、用间更是别出心裁，花样翻新。

第二次世界大战前，希特勒情报机关制造了一整套假情报，诬陷苏联统帅部高级将领图哈切夫斯基与希特勒德国秘密勾结，企图用军事力量推翻斯大林领导的俄共中央，并用各种手段使苏联间谍上钩。结果，苏联间谍信以为真，苏联情报机关以十万卢布的巨款将假情报买到手。苏联统帅部以假情报为据，枪杀了卓越将领图哈切夫斯基，并且牵连到不少将领。德国情报机关离间计得逞，损伤了苏联统帅部的指挥能力，给苏联卫国战争初期的作战造成了不可挽回的损失。

中日相邻，日本特务利用他们面貌和中国人不易区别，又能操流利的汉语，甚至方言和少数民族的语言的特点，渗透到中国的各个角落。当然，还有些为虎作伥的民族败类，这就更使日本特务容易活动。抗战以前，许多中国人甚至一些高级官员都不了解的事情，日本人却了如指掌。譬如"七七事变"以后，在"八·一三"上海战幕揭开的前一周，蒋介石召集最高军事会议，只有他和汪精卫等几个人参加，记录员是他们的机要秘书黄俊。会议决定，在"八·一三"之前的某日要封锁长江。当时，日军在长江尚有大小兵舰和商船数十艘，沿岸各大小城市日侨也很多。日军的高级间谍黄俊（即孙子所说的"因间"，利用对方的官员。黄俊是留日学生，早就被收买），把会议记录送给了日本在南京的使馆，日军当即下达紧急命令，要沿长江各口岸的日侨全部上船（汉口日本租界的许多侨民正在吃饭，顷刻放下饭碗就上船），全速航行，要在某日某时之前通过江阴（原计划在江阴要塞封锁）。据说，当日军舰只通过江阴时，距炸船封锁航道的时间只有数小时。要不是这样，这些舰只和人员就全部可成为俘虏。此事很快被揭发，黄氏父子被枪决。这是抗战初期轰动一时的大汉奸案件。

三、"上智为间"

孙子主张"上智为间"，他说："故惟明君贤将，能以上智为间者，必成大功。"他并且举例佐证："昔殷之兴也，伊挚在夏；周之兴也，吕牙在殷。"（《用间篇》）

孙子所言伊尹，名阿衡，具有圣德。一说伊尹想求见商汤，没有门路。他便"为有莘氏媵臣，负鼎俎，以滋味说汤，致于王道"。一说伊尹处士，"汤使人聘迎之，五反然后肯从汤"。

是时，夏桀为虐政淫乱，而诸侯昆吾氏为乱。商汤兴师伐之，伊尹从汤。汤自把钺以伐昆吾，遂伐桀。桀败于有娀之虚，桀奔于鸣条，夏师败绩。伊尹公布了胜利和仁政，"于是诸侯毕服，汤乃践天子位，平定海内"。汤废除了夏朝的政令，回到亳，写下《汤诰》，伊尹根据汤告诫诸侯的意思，写下了《咸有一德》。商汤去世后，王位三传至嫡长孙太甲。太甲帝元年，伊尹写下了《伊训》《肆命》和《徂后》。太甲帝即位三年之后，错乱暴虐，不遵守汤的法制，败坏道德，于是伊尹把他流放到宫。"三年，伊尹摄行政当国，以朝诸侯。"太甲帝在桐宫住了三年，悔改过失，责备自己，回心向善。于是，伊尹便迎接太甲帝回朝，把政权交还给他。太甲帝修养德行，诸侯都归服他，百姓因而安宁。伊尹便写《太甲训》三篇，赞扬太甲帝，称太甲帝为太宗。太宗逝世，儿子沃丁即位。伊尹去世，沃丁把他安葬在亳。咎单用伊尹的事迹教诲后人，写了《沃丁》。

伊尹实为我国古代史上杰出的政治家，他晓畅军事、政治。

孙子于《用间篇》盛称其功德，盖孙子受其影响启迪者深，故推崇备至（《史记·殷本纪》）。

孙子所言吕尚，字牙，东海上人。其先祖尝为四岳，佐禹平水土甚有功。虞夏之际，封于吕，或封于申，姓姜氏。夏、商之时，申、吕或封枝庶子孙，或为庶人，尚其后苗裔。本姓姜氏，从其封姓，故曰吕尚。吕尚盖尝穷困，年老以渔钓奸会，求见周西伯。一日，周西伯出猎，遇太公于渭之阳，与语大悦之，曰："自吾先君太公曰：'当有圣人适周，周以兴。'子真是邪？吾太公望子久矣。故号之曰太公望。"载与俱归，立为师。或曰，太公博闻，尝事纣，纣无道，去之。游说诸侯，无所遇，而卒西归周西伯。或曰，吕尚处士，隐海滨。周西伯拘羑里，散宜生、闳夭素知而招吕尚。吕尚亦曰："吾闻西伯贤，又善养老，盍往归焉"。三人者为西伯求美女、奇物，献之于纣，以赎西伯，西伯得以出，反国。言吕尚所以事周虽异，然要之为文武师。周西伯政平，及断虞、芮之讼，而诗人称西伯受命曰文王。

文王崩，武王即位。将伐纣，卜龟兆，不吉，风雨暴至。群公尽惧；唯太公强之劝武王，武王于是遂行。十一年正月甲子，誓于牧野，伐纣。纣师败绩。纣反走，登鹿台，遂追斩纣。明日，武王立于社，群公奉明水，卫康叔封布采席，师尚父牵牲，史佚策祝，以告神讨纣之罪。散鹿台之钱，发钜桥之粟，以振贫民。封比干墓，释箕子囚，迁九鼎，修周政，与天下更始。师尚父谋居多。于是，武王已平商而王天下，封师尚父于齐营丘。

太公至国，修政，因其俗，简其礼，通商工之业，便渔盐之利，而人民多归齐，齐为大国。及周成王少时，管蔡作乱，淮夷畔周。乃使召康公命太公曰："东至海，西至河，南至穆陵，北至无棣。五侯九伯，实得征之。"齐由此得征伐，为大国。

总之，吕尚为西周开国之元勋，且系殷周之际，指导新生革命力量与腐旧反动力量进行斗争的卓越军事家。故卒能佐武王以暴力推翻殷纣，夺取政权。宜其媲美周召，堪与伊挚并称，是我国古代史上革命的泰斗（《史记·齐太公世家》）。

商汤，周朝文、武二王是孙子之前以上智为间的明君。与孙子同时代以上智为间的当首推儒家创始人孔子。齐国为报鲁国、吴国先前联合伐齐之仇，举兵向鲁国进发。正在给学生讲学的孔子，闻知此事，对学生们说：鲁国是我们的家乡，父母都在这里，齐国的陈相国已领兵到了鲁国的国境，我们不可不救。你们中谁能为我出使齐国去游说离间齐国，以制止他们进攻鲁国。孔子的学生子张、子石二人自荐前往。孔子没有点头同意。孔子的得意门生子贡见状，便离座而起问孔子：请先生把此重任赐予我吧！孔子欣然应允。子贡即刻起程，先往齐国，把齐军进攻矛头引向吴国。接着，他到达吴国，鼓动吴国放弃进攻越国转而进攻齐国。然后，他又到越国，劝说越王协助吴国，共同攻打齐国。这样一来，子贡的间谍活动，打乱了齐国的军事计划，保住了鲁国。

我国古代用间比较简单，手法技巧还比较粗糙。间谍只要有胆有识，又有"三寸不烂之舌"，就可以大功告成。现代间谍，也同样需要具备这些条件。但随着时代的发展，科学技术的进步，从事间谍活动难度也越来越大，间谍手段也越来越高明、复杂。总之，不论古代当代都是"非圣智不能用间"。

第三十三讲
孙子论"形"

"形"是我国古代军事理论中的一个重要概念。《孙子》十三篇其第四篇曰《形篇》，又作《军形篇》，此篇精义何在？本文就"形"之含义、"识形"之法、"示形"之术等问题作一些探讨。

一、"形"之含义

"形"字在《孙子》十三篇中出现了30次（含篇名一次）。其分布情况是：《形篇》2次，《势篇》4次，《虚实篇》13次，《军争篇》1次，《九变篇》1次，《地形篇》8次，《九地篇》1次。可见，是一个使用频率颇高的字。

何谓"形"？

《说文》曰："形，象形也。"段玉裁据《韵会》改为"形，象也"。并注曰："形容之谓形，因而形容之亦谓之形。"可见"形"字的本意是"形容"，即"事物的形状、样子"，同时又可以表示"因而形容之"，即"对事物外貌形状的描摹和表现"。这两种意义表现于"形"字的两种用法：一作名词用，二作动词用。孙子对"形"字的使用也不外乎这两种用法。

我们将篇名的"形"字除外，作名词用的共 24 次：

"胜者之战民也，若决积水于千仞之溪者，形也。"（《形篇》）

"斗众如斗寡，形名是也。""浑浑沌沌，形圆而不可败也。""强弱，形也。"（《势篇》）

"微乎微乎，至于无形。""故形兵之极，至于无形；无形，则深间不能窥，智者不能谋。因形而措胜于众，众不能知。人皆知我所以胜之形，而莫知吾所以制胜之形。故其战胜不复，而应形于无穷。夫兵形象水，水之形避高而趋下，兵之形避实而击虚。""故兵无常势，水无常形，能因敌变化而取胜者，谓之神。"（《虚实篇》）

"不知山林、险阻、沮泽之形者，不能行军。"（《军争篇》《九地篇》）

"虽知地形，不能得地之利矣。"（《九变篇》）

"地形有通者，有挂者……通形者，先居高阳，利粮道，以战则利。……挂形者……支形者……隘形者……险形者……远形者……""而不知地形之不可以战，胜之半也。"（《地形篇》）

作动词用的，共 4 次：

"故善动敌者，形之，敌必从之。"（《势篇》）

"故形人而我无形，则我专而敌分。""形之而知死生之地。""故形兵之极，至于无形；无形，则深间不能窥，智者不能谋。"（《虚实篇》）

可作名词解释又可作动词解释的 1 次：

"故形人而我无形，则我专而敌分。"（《虚实篇》）

作名词时，表示以下几种意义：

① 形状、外形。如"水无常形"。

② 外在表现。如"无形，则深间不能窥"。"人皆知我所胜

之形。"

③ 阵形。如"形圆而不可败也"。

④ 地形。如"通形者""隘形者"。

⑤ 运动形式。如"夫兵形象水"。

作动词时表示以下几种意义：

① 显露、表现。作一般动词用。如"形之，敌必从之"。"形兵之极"。

② 使显现、使显露。作使动词用。如"形人而我无形"。

可以看出，无论是作动词还是作名词，"形"字所表示的事物或现象都具有以下两个特点。

其一是外显性。静态的形态、状貌，动态的形态、状貌，都是外在的表现，都能够被人的感觉器官，主要是视觉器官所感知。《形篇》曰："若决积水千仞之溪者，形也。"

其二是可变性。事物的外部形态和运动形式在一定条件下是可变的。《虚实篇》曰："兵无常势，水无常形。"就是这个意思。

至此，我们对"形"字的含义可以作出这样的解释：形，指的是军事实力，是军事活动中的一切外在表现形式。它是一个涵义很广泛的术语，既包括军事活动的主体——军队，如将帅智愚，兵力众寡，战阵战法等，也包括与军事活动有关的凡能通过观察而获取的各种有形的事物、现象、情况，如地形、工事等，都可以称为"形"。

在这里我们需要特别提出的是，孙子《形篇》之"形"，并不是指兵力部署所展现于外部的表象，并不是讲我如何"形人"和如何使我"无形"的问题，而是讲作为"形"之内涵的"强弱"问题，而是集中论述具有"强"形之兵，也即所谓"胜兵"的形成问题。一句话，就是优势的形成问题。处于优势地位的"胜兵",就像"决积水于千仞之溪",总是"战胜不忒",能够"自保而全胜"。

如何才能形成这样的"胜兵",孙子指出:"修道而保法。"从政治上加以保证;要能处于"以镒称铢"的优势地位;要善于掌握运用攻守策略,既能"藏于九地之下",也能"动于九天之上"。总之,必须在政治上、经济上和军事上"先为不可胜",首先在战略上"立于不败之地",然后再去"求战",再去"待敌之可胜"。

二、"识形"之法

孙子把《形篇》列为全书的第四篇,反映了他对"形"的重视,也体现了"形"对于军事活动的极其重要的作用。战争中取胜的关键是"知己知彼",要知彼,必须通过对"形"的了解。曹操注:"我动彼应,两敌相察情也。"杜牧注:"因形见情。"说的都是由"形"入手去察知敌情。

"形"具有可变性。真形少见,假形常现。怎样才能不被敌方的假象所蒙蔽,而识其真象呢?

孙子在《计篇》中说:"故经之以五事,校之以计,而索其情:一曰道,二曰天,三曰地,四曰将,五曰法。道者,令民与上同意也,故可以与之死,可以与之生,而不畏危。天者,阴阳、寒暑、时制也。地者,远近、险易、广狭、死生也。将者,智、信、仁、勇、严也。法者,曲制、官道、主用也。凡此五者,将莫不闻,知之者胜,不知者不胜。故校之以计,而索其情。曰:主孰有道?将孰有能?天地孰得?法令孰行?兵众孰强?士卒孰练?赏罚孰明?吾以此知胜负矣。"

这是孙子通过战略运筹，以索敌方真形、真情，预知战争胜负。而在后边的《形篇》中，孙子又在战术范围内进行数量计算，比较敌我之实力，判断其胜负。他说：用兵之法：一是"度"，二是"量"，三是"数"，四是"称"，五是"胜"。敌对双方土地面积不相等，就产生幅员大小的"度"的不同；幅员大小不同，就产生物质资源多少的"量"的不同；物质资源多少不同，就产生所能动员和保持兵力众寡的"数"的不同；力量对比不同，就产生了战争胜负的不同。所以，胜利的军队，所造成的态势就像"以镒称铢"，处于绝对优势；失败的军队，就像"以铢称镒"，处于绝对劣势。胜利者用兵作战，就像决开在八百丈高处的溪中积水一样，势不可挡，这是一种力量的表现呀！

除以上两个"识形"之法外，孙子还在《行军篇》中总结了识敌之"形"的三十二法。孙子曰："敌近而静者，恃其险也；远而挑战者，欲人之进也；其所居易者，利也。众树动者，来也；众草多障者，疑也；鸟起者，伏也；兽骇者，覆也。尘高而锐者，车来也；卑而广者，徒来也；散而条达者，樵采也；少而往来者，营军也。辞卑而益备者，进也；辞强而进驱者，退也；轻车先出，居其侧者，陈也；无约而请和者，谋也；奔走而陈兵车者，期也；半进半退者，诱也。杖而立者，饥也；汲而先饮者，渴也；见利而不进者，劳也。鸟集者，虚也；夜呼者，恐也；军扰者，将不重也；旌旗动者，乱也；吏怒者，倦也；粟马肉食，军无悬瓿，不返其舍者，穷寇也。谆谆翕翕，徐与人言者，失众也；数赏者，窘也；数罚者，困也；先暴而后畏其众者，不精之至也；来委谢者，欲休息也。兵怒而相迎，久而不合，又不相去，必谨察之。"

孙子的三十二个"识形"之法，前十七条，都是论战斗开始之前，侦察敌情的方法，后十五条，是说在战斗进行中侦察敌情的方法。战前,最难的是不知道敌人的动静和虚实,难下决心,以致举措失当,扑虚反实,遭受意想不到的损害。所以前十七条,大抵列举应当戒备的事项,以便开进、展开、攻击、防御,借以克敌制胜。在战斗进行中,最重要的是发现敌人的弱点,以定进攻敌人的对策。后十五条,大抵是揭露敌人的弱点,以便乘隙蹈瑕,击败敌人。孙子揭示的这些相敌之法,都是透过现象看本质。这在今天来看,似乎没有什么了不起,但在两千多年前,能从现象看出本质,确是难能可贵的。

三、"示形"之术

关于"示形"之术,孙子曾有多处论及。例如,"善动敌者,形之,敌必从之"(《势篇》)。曹操对这一段话的注释是:"见赢形也。"杜牧认为曹操的注释不够完全,他补充说:"非至于赢弱也。言我强敌弱,则示之以赢形,动之使来;我弱敌强,则示之以强形,动之使去,敌之动作皆从我。"杜牧的这一解释,应该说更为符合孙子关于"示形"的本意。

所谓"示形",就是隐真示假。诸如孙子所讲的"形人而我无形,则我专而敌分""形之而知生死之地""形兵之极,至于无形"一类,都属于"示形"的范畴,已达到了出神入化境界的、高明的用兵艺术。

孙子除了从宏观上论述了"示形"这一用兵艺术的有关问题外,还从微观上具体地阐明了"示形"的用兵艺术在战争过程中的使用问题。他在《计篇》中写道:"故能而示之不能,用而示之不用,近而示之远,远而示之近。利而诱之,乱而取之,实而备之,强而避之,怒而挠之,卑而骄之,佚而劳之,亲而离之。攻其无备，出其不意。此兵家之胜，不可先传也。"

这就是孙子隐真示假十二术，达到此境界，我方就会处处主动，敌方就会处处被动。

示形诱敌是一门高超的战争指挥艺术。展示两个截然相反的战例，更能体会其术之精妙。一个是战国中期齐魏马陵之战，孙膑用的是减灶示形之计；一个是东汉时代的武都之战，汉将虞诩用的是增灶示形之计。他们都达到了示伪形于敌的目的，从而赢得了胜利。

孙膑退兵减灶是以强示弱，诱敌入瓮。当时，一贯骄傲轻敌的魏将庞涓自桂陵之战惨败之后，就一直急于复仇雪耻。孙膑正是利用庞涓的这一心理状态，在庞涓寻求齐军决战之时，急忙率领齐军掉头回撤。庞涓见齐军不战自退，以为齐军怯战，便在部队没有休整的情况下，迫不及待地尾追齐军。孙膑为了进一步调动魏军，减弱其兵力，助长其骄气，便在三天之内故意减灶示弱。当庞涓追到齐军第一天的宿营地时，发现一共有十万个灶，而第二天只剩下五万个，第三天就只剩三万个了。三天之内少了七万个灶，庞涓不察孙膑示形诱敌之计，错误地判断一定是齐军士兵大量逃亡，士气低落，于是丢下步兵和辎重，只率轻骑昼夜兼程，追击齐军。然而孙膑却早已在马陵道布置好了设伏战场，"以卒待之"，一举全歼入伏的魏军。

500年后，东汉虞诩采取进兵增灶，以弱示强的诱敌之法取得了战胜羌戎的胜利，而且在整个作战过程中多次成功地采用了示形惑敌之法，屡建奇功。

东汉安帝元初二年（115），羌军进犯武都（今甘肃成县），武都告急。虞诩奉命率军三千进击羌军，以解武都之围。羌军则采取攻城阻援的方针，分兵数千，依托大散关的有利地形凭险设防，阻止汉军往救。虞诩见此情景，立即命令部队安营扎寨，并公开宣称要驻守待援，做出一副不急于前进的样子。羌军信以为真，便到附近州县抢掠财物，放松了戒备。虞诩乘羌军分散之机突破大散关，以每天 100 里的速度，昼夜兼程，向武都急进。宿营时，命令全军官兵各做两灶，逐日增加一倍。尾追的羌军看到汉军灶台逐日倍增，部队行军速度又快，因而断定是汉军援军已到，于是停止了追击。

为什么要进兵增灶，虞诩自己有一个很好的解释："孙膑现弱，吾今示强，势有不同故也。"（《资治通鉴》卷四十九）一个减灶示弱，一个增灶示强，原因在于客观形势不同。

虞诩不愧是示形的能手，他到达武都城郊之后，看到羌军聚众万余，兵力强大，因而不敢贸然发起攻击。为了麻痹羌军，便一反先前增灶示强的办法，改为故意示弱，命令军中不要发射强弩，只像打冷枪似的发射小弩攻敌。羌军以为汉朝援军弩力不足、威胁不大，便放心大胆地急攻武都。这时，虞诩见时机已到，于是命令强弓劲弩一齐发射，大败羌军。

虞诩为了进一步迷惑羌军，又运用以少示多的方法，以求进一步巩固武都。他命令士兵三三两两从东门出去，从北门进来，一进一出便换一次服装，每天来回走几次，弄得羌军因搞不清究竟来了多少汉军而不敢贸然攻城，只好作出撤军决定。虞诩得到羌军准备撤退的消息后，又打了一个漂亮的伏击战，从而最终解了武都之围。

由此可见，"兵者，诡道也"。战争中，对敌方是没有任何信义可言的，真真假假，虚虚实实，谁能迷惑对方，谁就有主动权，谁就能左右战局，从而夺取战争的胜利。

孙子论"势"

孙子以"势"立篇，对"势"作了专门论述。究其含义，它包括哪些内容？古今中外的专家学者，已进行过许多探索，但迄今为止，似乎仍未能明其精微，得出较为明晰的答案。本文承继先学，根据己之所思，再作探析。

孙子对"势"的论说，可谓详尽也。他在《计篇》《势篇》《虚实篇》《地形篇》都有所阐述。归纳起来，大致有三个方面：释"势"、造"势"、任"势"。

一、释"势"

何为孙子之"势"？

现在我们来看一看《孙子十一家注》对《势篇》之"势"的注释，并分析一下他们注释的得与失。

曹操的理解是："势"乃"用兵任势"。用"任势"去解释"势"，等于没作解释。仅仅有一点可取之处，那就是他指出了"势"与"用兵"有关。

李筌解释说："阵以形成，如决建瓴之势。"此解缺点和曹说相似。可取之处是，他说出了"势"与"阵"（军队部署、战斗队形）有关，而"阵"是依赖于"形"（军队或军事实力）构成的。

王皙则认为："势者，积势之变也。善战者能任势以取胜，不劳力也。"这样的解释更令人莫名其妙。"积势之变"是什么意思？"积势之变"怎么就是"势"呢？唯一的可取之处，是他揭示了"势"的功用在于"不劳力"。

张预则把"势"理解为："兵势已成，然后任势以取胜。"他只是把"势"分解为"兵势"和"任势"，对"势"的内涵也没作出明确的揭示。

很明显，这些名家无一不是以"势"注"势"。他们这些"用兵任势""积势之变""任势以取胜"之类的话，读之再三，仍然使人不解其义，不得要领。

对孙子之"势"，当今专家学者也有不少释义。有的认为"势"是力量的象征，静止时是威慑力量，运动时是冲击力量。也有的认为"势"是在战争中正确运用兵力和战术而形成的主动地位。还有的认为，"势"的基本含义是力，而孙子的"势论"是关于造成并科学动用力量的理论。也还有的认为，它由知势、造势、任势三个部分组成，抓住了决策规律的要旨，从而形成了重实际，讲辩证，强调发挥人的主观能动性的独树一帜的哲学思想。

很显然，这些兵学界同仁对孙子之"势"释义，都有独到之处，都较贴近孙子原意。我们要进一步释解"势"之含义，还得从孙子之论究其原义，探其精义。

何谓孙子之"势"？孙子曰：

"激水之疾，至于漂石者，势也。"

"势如彍弩，节如发机。"

"勇怯，势也。"

"如转圆石于千仞之山者，势也。"

在这里，孙子对"势"的定义，用两种形象的比喻进行了高度的概括。一是"激水漂石"，二是"彍弩"。我们知道，自然界"激水之疾"要能够"漂石"，必须是流水自高而下，存在落差，且要落差达到一定程度时才会发生。同样的一条流水，在水流平缓，或者落差很小的地方，就不会发生这种情况。这是人们的常识所容易理解的。孙子把这种自然现象，概括、抽象为"势"，并移用到军事领域里来，这个"势"的基本含义对于军队来说就应当是在某种特定情况下，它所具有的一种锐不可当、所向披靡的巨大的"冲击力"（即战斗力）。

在自然界"激水漂石"之"势"，有的是自然存在的，有的则是人们对自然条件改造之后获得的。而军事领域的"势"，就要完全依靠人的聪明才智和不懈的努力去创造了。"势如彍弩"，就讲得更加形象和具体。"弩"，是当时作战用的一种兵器，是一种利用机械的力量射箭的弓，"彍弩"是张弓的意思（如："十贼彍弩，百吏莫敢前。"见《汉书》）。"势"就是张弓所用的"功"并转化为巨大的、潜在的发射力的状态。战国时期的孙膑也讲过类似的话。他说："羿作弓弩，以势象也。""何以知弓弩之为势也？发于肩膺之间，杀人百步之外，不知其所道至，故曰：弓弩，势也。"（《孙膑兵法·势备》）这种表述，就比孙子讲的要明白得多了。

物体的"势"，静止时，冲击力"含而未发"；军队的"势"，开战前，战斗力也是"含而未发"，即是一种蕴含着的、隐蔽着的军事力量。孙子强调隐蔽力量，他在《形篇》中说："善守者，藏于九地之下；善攻者，动于九天之上，故能自保而全胜也。"指出善守和善攻的指挥员都能隐蔽自己的力量，实现"自保而全胜"。他在《军争篇》中说："故其疾如风，其徐如林，侵掠如火，不动如山，难知如阴，动如雷震。"这几句话实质上是描绘军队的"势"在战前、战中的不同表现。战前它是一种蕴含着的、隐蔽着的力量，像森林那样平静，像高山那样安稳，像阴天那样难以窥察。可是一接战，"若决溪水于千仞之溪"，则"其疾如风""侵掠如火""动如雷震"，行动像风那样迅速，攻击像火那样猛烈，威力像雷霆那样强大。

从孙子上述关于"势"的两个比喻性定义来看，我们认为，他所讲的"势"，其含义是军力强弱的征象，有利或不利的作战态势。换言之，"势"就是在军事实力的基础上，由于实行正确的作战指挥，从而在战场上所表现出的实际作战能力。从哲学上讲，"形"是运动的物质，而"势"是物质的运动。《形篇》讲的是客观物质力量的积聚，《势篇》讲的是主观能动作用的发挥，二者相辅相成，是紧密相连、不可分割的军事命题。势强势弱，关系胜败。强"势"之师，战前，巨大的威慑力量可以让敌胆寒，"不战而屈人之兵"；接战，战胜攻取，摧枯拉朽，所向无敌。

二、造"势"

当我们准确、全面地把握了孙子之"势"的含义后，就会自然地跟着兵圣的思路，去探索求"势"、造"势"之法了。如何造势？孙子在《计篇》曰："计利以听，乃为之势，以佐其外。势者，因利而制权也。"意即有利的计谋已被采纳，决策已定，就要造势于外，采取相应的行动，掌握作战的主动权。所谓造势，就是要判明利害关系，向有利的方面采取行动，灵活机变，因利制权。管仲曰："凡攻伐之为道也，计必先定于内，然后兵出乎境。"（《管子·七法·选阵》）贾林曰："斗其利，听其谋，得敌之情，我乃设奇谲之势以动之。"梅尧臣曰："定计于内，为势于外，以助成胜。"(《十一家注孙子》)造势争胜，因利制权，是孙子在作战指导上的一个重要特色。

造势因利而制权，没有固定的模式，但也不是无纲可循。孙子在《势篇》中，对这一总原则作了进一步的论述，提出了"分数""形名""奇正""虚实"四对范畴。他说："凡治众如治寡，分数是也；斗众如斗寡，形名是也，三军之众，可使必受敌而无败者，奇正是也；兵之所加，如以碫投卵者，虚实是也。"即合理的战斗编组，顺畅有效的指挥，灵活机动的战法，正确的兵力部署和攻击目标。把握住这四个要素，就能有效地集结兵力，充分地发挥威力，收到"以碫投卵"的效果。

三、任"势"

何谓"任势"？孙子在《势篇》说："故善战者，求之于势，不责于人，故能择人而任势。"意为善于指挥作战的将帅，他的着眼点是放在造成和利用有利的态势上面，而不是放在苛求部属方面。所以，他能不强求人而去利用和创造有利的态势。曹操曰："求之于势者，专任权也。不责于人者，权变明也。"杜牧曰："言善战者先料兵势，然后量人之材，随短长以任之，不责成于不材者也。"梅尧臣曰："用人以势则易，责人以力则难；能者，当在择人而任势。"(《十一家注孙子》)这表明孙子把造势争胜和因势利导视为作战指导的重要一环。

孙子进一步阐述道："任势者，其战人也，如转木石。木石之性，安则静，危则动，方则止，圆则行。故善战人之势，如转圆石于千仞之山者，势也。"由此可见，"任势"就是把存在于将帅及其军队中的指挥、战斗能力借助于客观条件（如地形），使其最大限度地显现出来，给敌以威慑力和冲击力。

任势之法，何也？孙子说："战势不过奇正。""战势"的主旨在于强调指挥员要善于在一般作战方法（正）的指导下创造符合当时敌情我情的新战法（奇），要善于摆脱老套套的束缚而"出奇制胜"。

孙子的论势学说，对后世产生了深远的影响，不但开"兵权谋家""兵形势家"之先河，而且所有兵家学者无不讲兵论势。儒家、法家等诸子也都强调知势和用势。荀子说："圣人生非异也，善假于物也。"（《荀子·劝学篇》）孟子讲："虽有智慧，不如乘势。"（《孟子·公孙丑上》）都强调任势的重要。至于战国时的纵横家们，对势更是倍加重视，"时势者，百事之长也"；管庄刺虎，无刺一虎之劳，而有刺两虎之名；鹬蚌相争，渔翁得利等，此类言行，在《战国策》中可谓俯拾皆是。《阵纪·因势》中说："或因敌之险以为固，或因敌之谋以为计。"讲的也是任势谋略。历史上那些杰出的战略家、政略家、军事家，无不都是善于知势、造势、任势的大师。如，张良每每在关键时刻，审时度势，为刘邦筹策划谋；诸葛亮的隆中对策及宽严要因势而定的思想；刘基的利用矛盾、各个击破的时务十八策等，都是历史上任势的杰作。

第三十五讲
孙子的权变思想

　　研读《孙子》之书，我们会发现，穷究变化之理，是孙子显著的军事思想特色。

　　孙子曰："故五行无常胜，四时无常位，日有短长，月有死生。"(《虚实篇》)"五行"相生相克，四季依次更替，白昼有长有短，月亮有圆有缺，一切都永远处于变化之中。这就是孙子一切皆流，一切皆变的宇宙观。这种深谙宇宙变化之道的古典唯物论思想，使孙子论战之言放射出奇妙绚丽的光彩。

一、战势，奇正之变

　　关于战势，著者在"孙子论'势'"一章中，就"势"之涵义，如何造"势"，如何任"势"，已作了论述；关于奇正问题，也在"孙子的战术思想精髓——奇正论"一章中，作了论证，在这里亦不重述。本章只是想从二者之间相互依存的关系中，去探析孙子的权变思想。

　　孙子曰："战势不过奇正。"(《势篇》)战势者，是军力强弱的征象，是有利或不利的作战态势；奇正者，是用兵常法和用兵变法之变化。"奇正之变，不可胜穷也。奇正相生，如循环之无端，孰能穷之？"（同上）凭着奇正之变化，可以创造出许许多多欺敌、诈敌的战术、战法，从而营造出利我胜敌的态势。

孙子对巧用奇正之变的良将，极有赞美之词，他说："凡战者，以正合，以奇胜。故善出奇者，无穷如天地，不竭如江河。终而复始，日月是也。死而复生，四时是也。声不过五，五声之变，不可胜听也。色不过五，五色之变，不可胜观也。味不过五，五味之变，不可胜尝也。战势不过奇正，奇正之变，不可胜穷也。奇正相生，如循环之无端，孰能穷之？"这意思是说，正生于奇，奇生于正；即正即奇，即奇即正；正中有奇，奇中有正；奇正交发，互为其根。大抵善于出奇的良将，无处无时不是正，亦无处无时不是奇。变化莫测，倏忽无常。"纷纷纭纭，斗乱而不可乱也；浑浑沌沌，形圆而不可败也。"

战场上，两军对垒，双方将帅无不为增强己之战势，而巧用奇正之变。

战国廉颇为赵将，秦使间曰："秦之所恶，独畏马服君赵奢之子赵括为将耳。"赵王因以括为将，代廉颇。赵括既代廉颇，悉更约束，易置军吏。秦将白起闻之，纵奇兵，佯败走。而绝其粮道，分断其军为二，士卒离心。四十余日，军饿，赵括出锐卒自搏战，秦军射杀赵括。括军败，数十万之众遂降秦，秦悉坑之。

隋（唐）突厥犯塞，炀帝令唐高祖与马邑（也）太守王仁恭率众备边。会虏寇马邑，仁恭以众寡不敌，有惧色。高祖曰："今主上遐远，孤城绝援，若不死战，难以图全。"于是亲选精骑四千，出为游军，居处饮食，随逐水草，一同于突厥。见虏候骑，但驰骋猎耳，若轻之。及与虏相遇，则掎角置陈，选善射者为别队，持满以待之。虏莫能测，不敢决战。因纵奇兵击走之，获其特勒所乘骏马，斩首千余级。李世民选精锐千余骑为奇兵，皆黑衣玄甲，分为左右队，建大旗，令骑将秦叔宝、程咬金等分统之。每临寇，李世民躬被玄甲先锋，率之候机而进，所向摧殄，常以少击众，贼徒气慑。

以上战例，皆为出奇制胜之例也。

二、战形，虚实之变

著者在前文"孙子论'形'"中，已就"形"之含义，"识形"之法，"示形"之术作了探究。在"孙子的虚实兵略"一章中，对虚实之义，虚实之变，贵在以实击虚等问题，也作了论述，不再重复阐述，在这里只就战形赖于虚实之变，虚实之变影响战形问题，加以探讨。

《孙子》十三篇，第四篇为《形篇》。关于战形之义，曹操注曰："军之形也，我动彼应，两敌相察，情也。"李筌注曰："形，谓主客、攻守、八阵、五营、阴阳，向背之形。"杜牧注曰："因形见情。无形者情密，有形者情疏；密则胜，疏则败也。"王晳注曰："形者，定形也，谓两敌强弱有定形也。善用兵者，能变化其形，因敌以制胜。"张预注曰："两军攻守之形也，隐于中，则人不可得而知，见于外，则敌乘隙而至。"可见，孙子所论之"形"，是指军事实力、军事活动中的一切外在表现形式。

"形"具有可变性。"故形兵之极，至于无形；无形，则深间不能窥，智者不能谋。因形而错胜于众，众不能知；人皆知我所以胜之形，而莫知吾所以制胜之形。故其战胜不复，而应形于无穷。夫兵形象水，水之形避高而趋下，兵之形避实而击虚，水因地而制流，兵因敌而制胜。故兵无常势，水无常形，能因敌变化而取胜者，谓之神。"兵之战形，真形少见，假形常现。真真假假，虚虚实实，谁能迷惑对方，谁就有主动权，谁就能左右战局，致人而不致于人。

秦二世三年（前207）八月，刘邦率军进至武关（今陕西商南县西南，陕西与河南、湖北交界处）。秦相赵高逼二世皇帝自杀，强立子婴为秦王。九月，子婴刺杀赵高后，遂调兵遣将据守峣关（今陕西省蓝田县东南，自古为关中平原通往南阳盆地的交通要隘），以阻止刘邦起义军西进。刘邦得此消息，企图乘胜西进，迅速向峣关发起进攻。张良劝阻说："现在秦军还很有力量，我们不能掉以轻心，贸然进攻。应当先派出一些士卒，在峣关周围的山头上多树我军旗帜，作为疑兵，使秦军不知我军虚实，产生恐惧心理。然后，再让郦食其、陆贾带上厚礼，去说降秦将。"刘邦按照张良的建议，一面虚张声势，炫耀自己的力量，以震慑秦军；一面让郦食其带厚礼去见守关秦将，晓之以利害，采用威胁利诱、软硬兼施的手段，迫使秦守将答应立盟倒戈，和刘邦一起进攻咸阳。接着，刘邦便乘其不备，突然对秦军发起进攻，引兵绕过峣关，越蒉山，大破秦军于蓝田以南，很快攻进秦都咸阳（今陕西咸阳市以东），结束了秦王朝统治。

北魏孝武帝永熙元年（532），高欢征讨尔朱兆，就以虚虚实实之法取得了巨大的成功。尔朱兆驻秀容（今山西朔县西北），一天，突然得报，高欢率大军从晋阳开来，不日可到。尔朱兆刚败于高欢，本是惊弓之鸟，一听高欢进攻，更加恐慌，忙下令部队作好准备。可是过了数日，不见动静，派人打听，高欢已收兵回营。尔朱兆虚惊一场。过了十多天，探马又来报同样消息。尔朱兆未敢松懈，但部下有点不在乎了。紧张一阵，又不见动静。不几日，又传来高欢出兵的消息。尔朱兆也有点将信将疑，最后仍然和前两次一样。尔朱兆认为"事不过三",不会有第四次了。可是,不久又得到报告说高欢率兵离开晋阳。尔朱兆又紧张忙碌起来,没曾想又是一场空忙。尔朱兆断定,高欢这是为了集中精力对付关中及朝内反对势力,故意虚张声势,以防侵扰,也就消除了忧虑,放松了戒备。

高欢得知尔朱兆放松了戒备,知道自己的计谋已经成功,果断地定下大举进攻的决心。一切准备就绪,高欢断定尔朱兆部队一定会在除夕之夜大摆酒宴,放松戒备,便决定利用节日偷袭尔朱兆。公元533年正月初一,高欢以精骑掩袭尔朱兆,尔朱兆吏卒惊恐万状,慌忙逃散。尔朱兆逃至赤洪岭(今山西省吕梁市离石区),自知末日来临,让部将把他的头割下来去投降领赏。部将不忍,他举刀杀死自己的坐骑,而后在一棵大树上上吊自杀了。

识敌战形,不是易事,虚虚实实,真假难辨也。故曰:"能因敌变化而取胜者,谓之神。"

三、战阵,分合之变

孙子曰:"凡用兵之法,将受命于君,合军聚众,交和而舍,莫难于军争。"(《军争篇》)这是说,凡用兵的法则,将帅受领国君的命令,从征集兵员编成军队,到同敌人对垒,这中间没有比争夺战场主动权和制胜条件更困难的了。

知难而进,何以得军争之利?孙子曰:"故兵以诈立,以利动,以分合为变者。"(同上)对此,李筌注曰:"以诡诈乘其利动;或合或分,以为变化之形。"杜牧与李筌注相似:"分合者,或分或合,以惑敌人;观其应我之形,然后能变化以取胜也。"孟氏注曰:"兵法诡诈,以利动敌心,或合或离,为变化之术。"张预注曰:"或分散其形,或合聚其势,皆因敌动静而为变化也。或曰:变谓奇正相变,使敌莫测,故卫公兵法云:'兵散则以合为奇,兵合则以散为奇。三令五申,三散三合,复归于正焉。'"这是说,诡诈用兵,为利而战,要采用分合之术。"分合为变",即按照兵力分散和集中的程度来变换战术。

"分"与"合"在中国古代兵法中,是一对辩证的范畴。纵观古今中外的战例,不知"分合为变"而败亡者不知有几多。

南北朝时,前秦苻坚统合百万之众,浩浩荡荡南攻,一朝败于淝水,即溃退千里,连政权都寿终正寝。此即兵能合而不能分之所致也。

南宋与金朝对峙,金占有北部中国大片土地,军力强盛,然而不能乘势灭亡偏安一隅的南宋。究其原因,除了有政治、经济等方面外,军事上金兵兵力分散也是重大的战略失策。金在漫长的战线上实施全线进攻,兵力不敷分配,进展虽速,掠地虽广,却无法巩固所占地域,往往愈是长驱深入,愈是处处被动。而南宋抗金军岳飞等部反能集中兵力,一再破敌。此即是金兵未能"合"之故也。

能随敌而变,能巧用分合之术,就能得军争之利。此类战例亦多。

明太祖朱元璋的灭元总指挥徐达,是一位用兵持重、战法多变、能因敌制胜的大将。他率明军占领大都(今北京)后,进军山西。徐达取步步紧逼之法,率部稳步前进,所到皆克。此时,元太原守将王保保率兵出雁门关,经保安州(今河北涿鹿),企图入居庸关进袭大都。徐达当机立断,一改原策,顺详敌意,并力一向,矛头直指太原。他对部下说:"王保保率师远出,太原必虚,大都孙都督总六卫之师,足以镇御。我与汝等乘其不备,直抵太原，倾其巢穴，彼进不得战，退无所依，此兵法所谓批亢捣虚也。若彼还军救太原，则已为我牵制，进退失利，必成擒矣。"于是，率军经井陉、平定，直向太原进兵。王保保进到保安，闻明军西攻太原，急忙回救，两军在太原附近遭遇。徐达率军夜袭，大败王保保军，最后王仅率十八骑逃窜（《明史记事本末》卷九）。

这则战例告诉我们，在特定的情况下，要果断地采用敌变我变之术，合理地实施分合之道，方可克敌制胜。通过具体过程和目标的权变达到速胜、全胜的最优化战果。

第三十六讲
孙子的"用兵八法"论

孙子论战，既讲奇术、奇谋，也讲常法、常规。下面，我们就孙子的用兵八法之论作一浅析，探其思想精义。

一、"用兵八法"之定义

何谓"用兵八法"？孙子在《军争篇》中说："故用兵之法：高陵勿向，背丘勿逆，佯北勿从，锐卒勿攻，饵兵勿食，归师勿遏，围师必阙，穷寇勿迫，此用兵之法也。"这是说，用兵的方法是，不要去仰攻占领高地的敌人，不要迎击背靠高地的敌人，不要追击假装败走的敌人，不要攻击敌人精锐部队，不要上敌军饵兵的当，不要阻拦回本国的敌军，包围敌军要留个缺口，对处于穷途末路的敌人不要去逼迫它，这是用兵的法则。孙子此八句名言，后人统称为"用兵八法"。

二、"用兵八法"之涵义

现简述各法之义。

"高陵勿向"——梅尧臣注曰:"高陵勿向者,敌处其高,不可仰击。"张预注曰:"敌处高为阵,不可仰攻,人马之驰逐,弧矢之施发,皆不便也。故诸葛亮曰:'山陵之战,不仰其高;敌从高而来,不可迎之。势不顺也。引至平地,然后合战。'"

"背丘勿逆"——孟氏注曰:"敌背丘陵为阵,无有后患,则当引军平地,勿迎击之。"何氏注曰:"后周遣将伐高齐,围洛阳。齐将段韶御之,登邙坂,聊欲观周军形势。至太和谷,便值周军,即遣驰告诸营,与诸将结陈以待之。周军以步人在前,上山逆战。韶以彼步我骑,且却且引,得其力弊,乃遣下马击之。短兵始交,周人大溃,并即奔遁。"

"佯北勿从"——李筌、杜牧注曰:"恐有伏兵也。"贾林注曰:"敌未衰,忽然奔北,必有奇伏,要击我兵,谨勒将士,勿令逐追。"杜佑注曰:"北,奔走也。敌方战,气势未衰,便奔走而陈兵者,必有奇伏,勿深入从之。故太公曰:'夫出甲陈兵,纵卒乱行者,欲以为变也。'"王皙注曰:"势不至北,必有诈也,则勿逐。"张预注曰:"敌人奔北,必审真伪。若旗鼓齐应,号令如一,纷纷纭纭,虽退走,非败也,必有奇也,不可从之,若旗靡辙乱,人嚣马骇,此真败却也。"

何氏释义此句,以战例印证。

蜀刘表遣刘备北侵至邺,曹公遣夏侯惇、李典拒之。一朝备烧屯去,惇遣诸将追击之。典曰:"贼无故退,疑必有伏。南道窄狭,草木深,不可追也。"不听。惇等果入贼伏里。典往救,备见救至,乃退。

西魏末,遣将史宁与突厥同伐吐谷浑,遂至树敦,即吐谷浑之旧都,多储珍藏。而其主先已奔贺真城,留其征南王及数千人固守。宁攻之,伪退。吐谷浑人果开门逐之。因回兵夺门,门未及阖，宁兵遂得入，生获其征南王，俘获男女财宝，尽归诸突厥。

北齐高澄立，侯景叛归梁，而围彭城。澄遣慕容绍宗讨之。将战，绍宗以梁人剽悍，恐其众之挠也，召将帅而语之曰："我当佯退，诱梁人使前，汝可击其背。"申明诫之。景又命梁人曰："逐北勿过二里。"会战，绍宗走，梁人不用景言，乘败深入。魏人以绍宗之言为信，争掩击，遂大败之。

"锐卒勿攻"——李筌注曰："避强气也。"杜牧注曰："避实也。楚子伐隋，隋臣季良曰：'楚人尚左，君必左，无与王遇。且攻其右，右无良焉，必败。偏败，众乃携矣。'隋少师曰：'不当王，非敌也。'不从，隋师败绩。"陈皞注曰："此说是避敌所长，非'锐卒勿攻'之旨也。盖言士卒轻锐，且勿攻之；待其懈惰，然后击之。所谓千里远斗，其锋莫当，盖近之尔。"

何氏解释此句，采用以事言理之法。

蜀先主率大众东伐吴，吴将陆逊拒之。蜀主从建平连围至夷陵界，立数十屯，以金帛爵赏诱动诸夷。先遣将吴班以数千人，于平地立营，欲以挑战。诸将皆欲击之。逊曰："备举军东至，锐气始盛，且乘高守险，难可卒攻。攻之纵下，犹难尽克；若有不利，损我必大。今但且奖励将士，广施方略，以观其变。"备知其计不行，乃引伏兵八千人，从谷中出。逊曰："所以不听诸军击班者，揣之必有巧故也。"诸将并曰："攻备当在初，今乃令人五六百里相衔持，经七八月，其诸要害，贼已固守，击之必无利矣。"逊曰："备是猾虏，其军始集，思虑精专，未可干也。今住已久，不得我便，兵疲意沮，计不复生。掎角此寇，正在今日！"乃先攻一营，不利。逊曰："吾已晓破之之术。"乃令各持一把茅，以火攻，拔之。备因夜遁。

魏末，吴将诸葛恪围新城，司马景王使毋丘俭、文钦等拒之。

俭、钦请战，景王曰："恪卷甲深入，投兵死地，其锋未易当。且新城小而固，攻之未可拔。"遂令诸将高垒以弊之。相持数日，恪攻城力屈，死伤大半。景王乃令钦督锐卒趣合榆，断其归路，恪惧而遁。

前赵刘曜遣将讨羌，大酋权渠率众保险阻，曜将游子远频败之。权渠欲降，其子伊馀大言于众中曰："往年刘曜自来，犹无若我何。"晨，压子远垒门。左右劝出战，子远曰："吾闻伊馀有专诸之勇，庆忌之捷，其父新败，怒气甚盛。且西戎劲悍，其锋不可拟也，不如缓之，使气竭而击之。"乃坚壁不战。伊馀有骄色。子远候其无备，夜分誓众，秣马蓐食，先晨具甲扫垒而出，迟明设伏而战，生擒伊馀于陈。

李靖从河间王孝恭讨萧铣，兵至夷陵，铣将文士弘率精卒数万屯清江。孝恭欲击之，靖曰："士弘，铣之健将，士卒骁勇。今新出荆门，尽兵出战，此是救败之师，恐不可当也。宜且泊南岸，勿与争锋，待其气衰，然后奋击，破之必矣。"孝恭不从，留靖守营，与贼战。孝恭果败，奔于南岸。

"饵兵勿食"——李筌注曰："秦人毒泾上流。"杜牧注曰："敌忽弃饮食而去，先须尝试，不可便食。虑毒也。后魏文帝时，库莫奚侵扰，诏济阴王新成率众讨之。王乃多为毒酒；贼既渐逼，使弃营而去。贼至，喜，竞饮。酒酣毒作。王简轻骑纵击，俘虏万计。"陈皞注曰："此之获胜，盖亦（非）偶然，固非为将之道，垂后世法也。孙子岂以他人不能致毒于人腹中哉？此言喻鱼若见饵，不可食也；敌若悬利，不可贪也。曹公与袁绍将文丑等战，诸将以为敌骑多，不如还营。荀攸曰：'此所以饵敌也，安可去之？'即知饵兵非止谓置毒也。'食'字疑或为'贪'字也。"张预注曰：《三略》曰：'香饵之下，必有悬鱼。'言鱼贪饵，则为钓者所得，兵贪利，则为敌人所败。夫饵兵非止谓置毒于饮食，但以利留敌，皆为饵也。若曹公以畜产饵马超，以辎重饵袁绍，李矩以牛马饵石勒之类，皆是也。"

"归师必遏"——李筌注曰："士卒思归，志不可遏也。"杜牧注曰："曹公自征张绣于穰，刘表遣兵救绣，以绝军后。公将引还，绣兵来追，公军不得进。表与绣复合兵守险，公军前后受敌。公乃夜凿险为地道，悉过辎重，设奇兵，会明，贼谓公为遁也，悉军来追，乃纵奇兵，步骑夹攻，大破之。公谓荀文若曰：'虏遏吾归师，而与吾死地，吾是以知胜矣。'"孟氏注曰："人怀归心，必能死战，则不可止而击也。"杜佑注曰："人人有室家乡国之往，不可遏截之，徐观其变而制之。"张预注曰："兵之在外，人人思归，当路邀之，必致死战。韩信曰：'从思东归之士，何所不克？'曹公既破刘表，谓荀或曰：'虏遏吾归师，吾是以知胜。'……古人似此者多，不可悉陈。"

"围师勿阙"——曹操注曰："《司马法》曰：'围其三面，阙其一面，所以示生路也。'"李筌注曰："夫围敌，必空其一面，示不固出。若四面围之，敌必坚守不拔也。项羽坑外黄，魏武围壶关，即其义也。"杜牧注曰："示以生路，令无必死之心，因而击之。后汉妖巫维氾弟子单臣、傅镇等相聚，入原武城劫掠吏人，自称将军。光武遣臧宫将北军数千人围之。贼食多，数攻不下，士卒死伤。帝召公卿诸侯王问方略。明帝时为东海王，对曰：'妖巫相劫，势无久立，其中必有悔者；但外围急，不得走耳。小挺缓令得逃亡，则一亭长足以擒矣。'帝即敕令开围缓守，贼众分散，遂斩臣、镇等。大唐天宝末，李光弼领朔方军，与史思明战于土门，贼众退散，四面围合。光弼令开东南角以纵之。贼见开围，弃甲急走，因追击之，尽歼其众。是开一面也。"杜佑注曰："若围敌平陆之地，必空一面，以示其虚，欲使战守不固，而有去留之心。若敌临危据险，强救在表，当坚固守之，未必阙也。此用兵之法。"

"穷寇勿迫"——杜牧注曰："春秋时，吴伐楚，楚师败走，及清发，阖闾复将击之。夫概王曰：'困兽犹斗，况人乎？若知不免而致死，必败我。若使半济，而后可击也。'从之，又败之。汉宣帝时，赵充国讨先零羌。羌睹大军，弃辎重，欲渡湟水；道厄狭，充国徐行驱之。或曰：'逐利行迟。'充国曰：'穷寇也，不可迫。缓之则走不顾，急之则还致死。'诸将曰：'善。'虏果赴水，溺死者数万，于是大破之也。"何氏注曰："五代晋将符彦卿、杜重威经略（恪）北鄙，遇虏于阳城。戎人十万，围晋师于中野，乏水，军人凿井，取泥衣绞而吮之，人马渴死甚众。彦卿曰：'与其束手就擒，曷若以身徇国？我今穷矣！'乃率劲骑出击之。会大风扬尘，乘势决战，戎人大溃。此彦卿为虏十万所围，乃穷蹙之寇，遂致死力以求生，戎人不悟之，致败也。"

三、"用兵八法"之义析

今人审视孙子"用兵八法"，很明显地感到，孙子言词过于肯定，立论过于机械，认识过于片面。其实不然，合理之义深含其中。现辨析诸条如下。

"高陵勿向"，是说当敌军占据高山，居高临下进行防守时，我军不可仰攻。这一原则，不仅在冷兵器时代必须遵守，就是火器时代也同样必须遵守。揭示了山地进攻作战的一般规律，是一条用兵常法。当然，这并不排斥特殊情况下的特殊打法。比如，从战斗全局出发，对于个别山头必须采取强攻硬冲，以求用小的代价换取较大的胜利，那么，即使造成人员器材的损失，也必须付诸实施。

"背丘勿逆"，是说敌军利用丘陵有利地形，依托高地进行防守，我军则不可正面进攻。"逆"是迎击的意思，这里应理解为正面攻击。换言之，对于依托有利地形之敌，应当采取击其翼侧或侧后的方式。当然，与"高陵勿向"一样，在特殊情况下，"背丘有所必逆"，这是反常用兵的特殊原则。

"佯北勿从"，是说敌人伪装败走，诱我入伏，我决不要上当，决不要中敌诡计。很明显，这是古今概莫能外的作战通则。

"锐卒勿攻"，此意孙子多次说过。《计篇》说过"强而避之"，《军争篇》说过"避其锐气"，都是同一意思。锐卒者，或恃其兵力强大，或恃其士气旺盛。对于此类敌人，孙子主张"勿攻"——意思是说，不要死打硬拼地强攻，而应当"避其锐气，击其惰归"。这条作战原则，战术范围内适用，战略范围内也适用；古代适用，现代亦适用。

"饵兵勿食"，字面之义是不要食用敌人遗弃的有毒食物，饮用敌人遗弃的有毒酒、水。实际上是说，不要贪敌小利，上敌大当。"饵我之利，必有奇伏"（王晢注语），"鱼贪饵而亡，兵贪饵而败"（梅尧臣注语）。饵兵勿食是一个作战的通则。特殊情况下，饵兵是可食，还是不可食，那要根据战场的具体情况具体处置了。

"归师勿遏"，是说撤退回归的军队，人怀归心，必能死战，因而不可阻截，不可追击。孙子把它作为常法提出来，是有相当道理的。我们必须明白，"归师"不是那种仓皇败逃之军，而是主动撤退之师。对于这种不顾胜败，有必死之志的敌军，孙子主张不予阻截；如果是人有依险自全之心，无同力致命之意的敌师，那就应当观敌之动，断然阻截。至于退却逃跑之敌，那当然要跟踪追歼，无论截击、侧击、尾击还是平行追击，都应力求在运动中将其歼灭，而不能不"遏"。

"围师必缺"，此句汉简本"必"作"遗"。无论是"必缺"还是"遗缺"，孙子绝不是主张包围敌人时要留出缺口，放跑敌人，而只能是为了更好地消灭敌人。"围师必缺"就是围三缺一，网开一面，虚留生路，为歼敌创造条件。如果不是虚留生路，而是真给被围之敌留有缺口，那么敌人一定会逃之夭夭。这是不符合孙子原义的。

"穷寇勿迫"，孙子更有其特定的含义。按他的定义，"粟马肉食，军无悬甂，不返其舍者，穷寇也"（《行军篇》）。就是说敌军用军粮喂马，甚至杀食牲口，收拾炊具，不准备再回营寨，决心死战的才是穷寇。孙子亲自参加指挥的吴楚柏举之战中，夫概王针对楚军困兽犹斗之状，曾主张穷寇勿迫。可见"穷寇"不是指的夺路狂逃的败军，而是危急拼命之敌，勿迫不是指不要追击，而是说不要威迫太甚，威逼太急，徐行驱之，以争取瓦解敌人困兽犹斗的意志，以便伺机歼灭。

孙子"用兵八法"，直观而论，似乎大有论此失彼，互相矛盾，互相抵牾之嫌。其实，这并不奇怪，古往今来，今非昔比，历史条件不同，战斗指导规律不同。孙子所揭示的某些战斗原则，在他那个时代可能是真理，而在今天却可能是不适用了。因此，我们就要取其新义，弃其旧说，历史地、阶级地对待之，分析之。只要我们孜孜以求地研读，就能从中觅到合理的成分，引出新原则，发现新规律。

跋

曹操以降，千百年来，研读孙子的专家学者，大都进行些断句、校注、译释工作。其著名者，如曹操《孙子注》《十一家注孙子》，孙星衍《孙子十家注》等。

民国将去，共和将至之际，当时在陕北的伟人毛泽东命军事高参郭化若将军研读《孙子兵法》，以取教益。郭君不违上命，以唯物主义视角，从治军、战略战术及军事哲学思想三个方面研读孙子。这可谓行无前人之举，开一代先风。"文化大革命"后期，军事科学院战略部根据郭将军研究成果出版了《孙子注》。90年代初，中国孙子兵法研究会成立，集全国名学者之力，著述《孙子校释》。之后，郭将军门生吴如嵩君开始十论孙子思想。

吾辈后学，寻同仁之迹，辟蹊径之路，于90年代末推出《孙子今论》，斗胆从20个侧面剖析孙子思想精义。此书还算中规中矩，在第四届孙子兵法国际研讨会上，引起中外孙子研究专家的注意。继尔，吾辈主编五百万字十册的《孙子兵学大典》在北京大学出版社得以出版。《思想精义》作为该《大典》的其中一卷，已扩大为40多个命题了。

本书《兵行诡道——孙子思想精义》是吾辈在上述《孙子今论》《孙子兵学大典·思想精义卷》基础上，探矿淘金，增补充实，修改删节，斟酌命题，全方位、多角度揭示、阐发孙子思想精义。此一创新劳作，其得其失，效果其佳其劣，请读者赐正，请学界同仁定夺。

邱复兴

2022 年 11 月 22 日